Andreas Grosz
Jochen Witt (Hrsg.)

# Living at Work

Andreas Grosz
Jochen Witt (Hrsg.)

# Living at Work

HANSER

Bibliografische Information Der Deutschen Bibliothek
Die Deutsche Bibliothek verzeichnet diese Publikation in der
Deutschen Nationalbibliografie; detaillierte bibliografische
Daten sind im Internet über http://dnb.ddb.de abrufbar.


Redaktionsleitung: Sylvia Englert, changeX, Erding/Berlin
Übersetzung: Gordon H. Broxton-Price, Würzburg
Herstellung: Ursula Barche
Umschlaggestaltung: Büro plan.it, Michael Knoch, unter
Verwendung eines Bildmotivs von Hartmut Keitel
Satz und Gestaltung: Presse- und Verlagsservice, Erding
Druck und Bindung: Kösel, Krugzell
Printed in Germany

ISBN 3-446-22914-0

# Inhalt

# Vorwort

Die heutige Arbeitswelt ist ein unfertiger Zwischenzustand voller Dynamik. Auf der einen Seite entstehen zahlreiche Unternehmen, in denen Vertrauen, Kooperation und Kreativität gefördert werden, andererseits verschärfen sich in vielen Firmen Hierarchisierung und Kontrolle. Der Hintergrund: Noch lasten die Gesetze industrieller Massenproduktion bleiern auf den Zukunftsträumen der humanen Arbeitswelt. In dieser Situation des Zwischendrin ist es notwendig, die Zukunftspfade in eine bessere Arbeitswelt zu beschreiben. Dieses Buch ist ein fundamentaler Beitrag, das Leben in der Arbeitswelt von morgen auszubuchstabieren.

Diese basiert als Erstes und vor allem auf einem neuen Menschenbild. Keine Frage, Menschen sind heute anspruchsvoller, sie sind emanzipierter und selbstbewusster geworden. Sie fragen nach Qualität, Wert und nach Möglichkeiten, ihren Wunsch nach Selbstverwirklichung und Mitbestimmung ausleben zu können. Sei es als Mitarbeiter, Kunde oder Manager. Die Menschen wollen sich zunehmend selbst organisieren. Alte Rollenklischees geraten dadurch ins Wanken. Wir erinnern uns: In der alten Bundesrepublik war alles geordnet. Als Mitarbeiter war man in hierarchisch aufgestellten Organisationen als Funktion und Befehlsempfänger geparkt. Als Kunde konsumierte man, was einem vorgesetzt wurde. Als Bürger war man über Steuern und Abgaben, über Bürokratie und Regulierung fest im Blick und Griff des Staates. Heute ist alles unübersichtlich, bunt und schillernd. Der Mensch nimmt sein Schicksal selbst in die Hand. Als Kunde wird man Kodesigner der Warenwelt. Als Mitarbeiter wird man selbst aktiv. Als Bürger wird man zur Stütze des Staates. Die Ära der Almosen und Alimentierungen geht zu Ende.

Die humane Arbeitswelt basiert neben der Individualisierung zweitens auf einem neuen Verständnis von Führung. Sie ist nicht mehr etwas, was man Mitarbeitern zuteil werden lässt, sondern etwas, was man mit ihnen teilt – in einer Kultur der Partnerschaft und des Vertrauens. Eine solche werden wir auch dringend benötigen, wenn wir morgen noch wettbewerbsfähig sein wollen. Denn Innovationen, auf die unsere Wirtschaft heute so dringend angewiesen ist, wachsen bevorzugt in einem Klima des Vertrauens. Dafür muss man aber dem Einzelnen etwas zutrauen, ihm Autonomie gewähren und Verantwortung übertragen.

*Andreas Grosz*

Galt früher die Maxime: »Wir arbeiten, um zu leben«, so kann heute zunehmend von einem »Leben mit der Arbeit« gesprochen werden. Die Gesellschaft und mit ihr die Arbeitswelt haben sich seit der Mitte des vergangenen Jahrhunderts radikal verändert. Diese Entwicklung wird sich auch in den nächsten Jahrzehnten fortsetzen. Gerade in den hoch technisierten Staaten produziert der Einzelne immer weniger »mit den Händen«, sondern übernimmt steuernde Funktionen, entwickelt Marketing-Tools, sucht neue Distributionswege. Die entwickelten Volkswirtschaften wandeln sich von der Dienstleistungs- zur Informationsgesellschaft.

Die Welt ist zu einem globalen Marktplatz geworden, jeder kann mit jedem via modernen Kommunikationswegen Geschäfte machen. Diese einschneidenden Prozessveränderungen erfordern auch ein Umdenken in den Köpfen der Unternehmer und Manager. Nicht allein die Qualität des Produkts oder die Qualifikation der Mitarbeiter entscheidet über unternehmerischen Erfolg oder Misserfolg. Auch die Motivation und das Engagement aller Beteiligten sind wesentliche Faktoren. Hoch motivierte Mitarbeiter leisten mehr, sind kreativ und identifizieren sich mit ihrer Aufgabe. Sie leben mit ihrer Arbeit – LIVING AT WORK.

Die Koelnmesse hat die Orgatec 2004, die internationale Leitmesse für Planung, Einrichtung und Management von Business-Welten, unter dem Motto LIVING AT WORK konzeptionell neu positioniert. Wir vollziehen den Wandel von der reinen Produkt- zur breit gefächerten Themenmesse. Im Fokus der Orgatec 2004 stehen neben Büromöbeln die gesamte Wertschöpfungskette des Planens, Einrichtens und des Managements von Business-Welten, denn die Gestaltung moderner und zukunftsorientierter Office-Welten muss in konkretem Zusammenhang mit Architektur-, Bau- und Immobilienprojekten gesehen werden. Und am Ende dieser Prozesskette muss gedanklich immer der eigentliche »Nutzer« stehen und dessen Beitrag zum unternehmerischen Gesamterfolg.

LIVING AT WORK – die Frage, wie wir morgen leben und arbeiten, beschäftigt uns alle. Daher war es für uns spannend, gemeinsam mit Andreas Grosz, dem Online-Magazin changeX und dem Hanser Verlag das vorliegende Buch zu entwickeln, in dem Experten der unterschiedlichsten Bereiche ihre konkreten Gedanken und Meinungen äußern.

Entstanden ist ein Buch, das nicht nur zum Nachdenken anregt, sondern die Vision zukünftiger Arbeitswelten Wirklichkeit werden lässt.

*Jochen Witt*

# Foreword

The present-day work world is an incomplete intermediary state full of dynamics. On the one hand, we have numerous companies where trust, co-operation and creativity are fostered, while, on the other hand, many companies see hierarchic activity and control being bolstered. The backdrop to this: The laws of industrial mass production are still weighing heavily on the future dreams of the humane work world. In this situation of in-between-times, it is necessary to describe the future paths to a better work world. This book is a fundamental contribution to spell out life in tomorrow's work world.

This is based firstly on a new image of man. There's no question about it, people today have become more discerning, are more emancipated and more self-confident. They ask for quality, value and for possibilities to be able to realise their wish for self-realisation and co-determination – no matter whether as a member of staff, customer or manager. These people increasingly want to organise themselves. Old role clichés are thus beginning to totter. We recall: In the old Federal Republic, everything was straightened out. As an employee, you were parked in hierarchical organisations with a function and as a command recipient. As a customer, you used to consume what you were presented with. As a citizen, you were fast in the grip and gaze of the state through taxes and duties, through red tape and regulation. Today, everything is confused, multi-coloured and enigmatic. Man is taking his fate into his own hands. As a customer, you become a co-designer of the merchandise world. As an employee, you become active yourself. As a citizen, you become a support for the state. The era of alms and charity is drawing to a close.

Alongside individualisation, the humane work world is – secondly – based on a new understanding of management. Management is no longer what staff are allowed to do, but rather is something that is shared with them – in a culture of partnership and trust. We could urgently do with such a culture if we want to be competitive tomorrow as well. This has to do with the fact that innovations, which our economy is in dire need of, prefer being cultivated in a climate of trust. But, to do this, you have to think the individual is capable of doing something, you'll be granting him or her autonomy and delegating responsibility in his or her direction.

*Andreas Grosz*

While the adage »we work to live« used to hold true not too long ago, today we increasingly speak of »living with work«. Society and – with it – the work world have radically changed since the middle of the last century. This development will also continue in the next few years. It is precisely in the high-tech countries where the individual is producing less and less »manually«, rather undertaking controlling functions, developing marketing tools, and seeking new distribution channels. The developed economies are changing from the service to the information society.

The world has turned into a global marketplace, anyone being able to do business with anyone else via modern communications. These far-reaching process changes also necessitate a re-think by managers and industrialists. The quality of the product or the qualifications of staff are not alone decisive for business success or failure. The motivation and commitment of all those concerned are essential factors as well. Highly motivated employees perform better, are creative and identify themselves with their assignment. They live with their work – LIVING AT WORK.

Koelnmesse – The Cologne Fair – has newly-positioned the model for Orgatec 2004, the international index fair for planning, equipping and managing business worlds, under the motto LIVING AT WORK. We are making the change from the pure product fair to the diversified theme fair. Alongside office furniture, Orgatec 2004 is focused on the entire added creation chain of planning, equipping and managing business worlds, since the design of modern and future-oriented office worlds must be considered in the specific framework of architecture, construction and real-estate projects. Now, the »user« proper has to stand at the end of this process chain, in our mind's eye, with his or her contribution to overall business success.

LIVING AT WORK – the question as to how we will be living and working in the future concerns us all. This is why it has been exciting for us to develop this book with Andreas Grosz, the on-line magazin changeX and Hanser Verlag, in which experts from the most varied fields express their concrete thoughts and opinions.

The result is a book that proves stimulating not only to ponder on, but also allows the vision of future work worlds to become reality.

*Jochen Witt*

# Teil I
# Management der Zukunft

## Section I
## The Management of the Future

# Smart Work!

## Matthias Horx über die Arbeitswelt der Zukunft.

Viele Teilnehmer der New Economy haben wie ein Feuerwerk gebrannt. Sie haben die Komplexität ihres Lebens reduziert, indem sie Privatsphäre und Arbeitssphäre zusammengelegt haben: *Wir sind eine Power-Working-Familie!* Viele von ihnen mussten feststellen, dass das nur eine begrenzte Zeit lang geht. Geblieben ist aus dieser Zeit aber ein kreativer Impuls, der die Frage nach dem Sinn des Lebens anders stellt. »New Economy« heißt heute für mich: Wie bekommen wir Leben und Arbeit in einen vernünftigen, nachhaltigen Kontext? Wie funktioniert »Work-Life-Balance«? Das sind die spannenden Fragen der neuen Gesellschaft, der Wissensgesellschaft.

### Ein stetiges Aushandeln von Rollen

Im alten Gesellschaftskontrakt war es einfach, da waren die Rollenbilder klar und geordnet: Frauen übernahmen die Hausarbeit und Männer die Erwerbsarbeit; die Frauen haben den Männern den Rücken für die Karriere freigehalten. Jetzt muss jeder das für sich neu verhandeln. Aber die Erfahrung im Privaten zeigt, dass dabei nicht alles über den Haufen geworfen wird. Es eröffnen sich vor allem neue Möglichkeiten. Und die Menschen stellen neue Bedingungen an ihre Arbeitgeber: Ermöglicht mir mein Arbeitgeber eine flexible Lebens- und Arbeitsgestaltung?

Ich halte den Konflikt zwischen den Geschlechtern, und damit auch den Konflikt zwischen Familie und Beruf, für einen ganz wichtigen Aspekt, der in der neuen Arbeitswelt oft unterschätzt wird. Durch diesen Kampf entstehen starke persönliche und existenzielle Krisen, und gerade bei Wissensarbeitern kann das sehr, sehr teuer werden.

Unsere Zukunftsaufgabe ist, das alte »eherne Gehäuse der industriellen Arbeit«, wie Max Weber das einmal genannt hat, aufzusprengen. Es ist in einer lebendigen Kultur völliger Quatsch, jeden Tag siebeneinhalb Stunden »auf die Arbeit zu gehen«. Wissensarbeit funktioniert anders, und das Leben funktioniert anders. Mal haben wir große Zeit- und Energieressourcen, dann wollen wir vielleicht zehn oder zwölf Stunden arbeiten. Mal sind wir in einem Dilemma zwischen Familienzeit und Arbeitszeit, bei dem es besser wäre, wir hätten Zeitreserven.

## Mehr Gestaltungsfreiheit

Wir können sehen, wie sich Menschen fast unbemerkt aus alten ökonomischen Zwängen befreien. Heute steigt die Selbstständigkeitsrate wieder, ein Milieu der »Ich-AGs« entsteht in den Städten. Viele Menschen beginnen auch damit, sich individuell von den Zwängen der alten Lohnabhängigkeit zu lösen. Sie nehmen sich heraus, eigene Kriterien zu entwickeln für das, was ihre Arbeit sein soll. Dazu ist es nötig, Nein sagen zu können. Viele Menschen können auch mit relativ geringem Erwerbseinkommen ganz gut leben – in sozialen Netzwerken. Weil sie »Kombi-Ökonomien« entwickeln. Weil für sie materieller Lebensstandard nicht mehr das einzige Kriterium für Lebensqualität ist. Es gibt immer mehr so genannte Puzzle-Ökonomien. Ich nenne es das »Prenzlauer Prinzip« und die »Starnberger Lebensart«: Entweder die Leute haben das »Betriebsvermögen des Lebens« schon, weil die Eltern ein Haus abbezahlt haben, in dem man wohnen kann. Oder sie pflegen eine poststudentische Lebensform, in der man für wenig Geld eine hohe Lebensqualität erreicht. Je mehr sich solche Bohemien-Formen, die vorher nur für eine winzige Minderheit möglich waren, in der Gesellschaft durchsetzen, desto größer ist auch die Entscheidungsmacht des Einzelnen. So entsteht eine »Kreative Klasse«, die ihr Auskommen jenseits traditioneller Karrierelaufbahnen findet. Da die Tendenz der Arbeit immer mehr in Richtung Wissen und Bildung geht, kann man davon ausgehen, dass sich dieser Sektor noch weiter ausweitet.

## Jeder kann eine Aktiengesellschaft sein!

Aber nur mit entsprechender Hilfe, mit Coaching und gegenseitiger Vernetzung. Das reine Einzelkämpferdasein funktioniert nicht. Aber man könnte in die Zukunft weiterzeichnen, wie sich eine Ökonomie der

Wissensselbstständigen entwickelt, oder, ökonomisch ausgedrückt, wie sich das Kapital an seinen neuen Träger bindet, das Individuum. In Zukunft werden sich vielleicht »Portfolio Dealer« um vielversprechende Talente kümmern. Diese wiederum geben Anteile aus, man kann also in sie investieren. Ein Beispiel: Ihre Tochter ist Kernphysikerin und bringt sich in einen Talentpool ein, an dem ich Anteile zeichnen kann. Oder mein Sohn wird Künstler und ich setze auf ihn und bringe ihn an die Börse. Der Deal ist: Ihr zahlt eine Zeit lang sein Atelier, dann bekommt ihr zehn Jahre zehn Prozent der Erlöse aus seinen Werken. Wer in ihn investieren möchte, muss natürlich ein Risiko eingehen – es gibt Künstler, die Multimillionäre sind, aber auch arme Schlucker. Aber wäre dieses Risiko nicht interessanter, persönlicher und lukrativer als die Investition in bizarre Biotech-Aktien?

## Die Globalisierung als Triebfeder

Die Globalisierung ist wie eine Peitsche. Sie zwingt uns dazu, unser ökonomisches System weiterzuentwickeln – oder aber auf das Niveau eines Zuliefererlandes abzusinken, das den Finnen oder Chinesen Bauteile fabriziert. Nur wenn der evolutionäre Druck der Globalisierung aufrechterhalten wird, kann »Smartness« im Sinne einer besseren Kultur des Arbeitens und Wirtschaftens aus den Pionierunternehmen auf die ganze Breite der Soziokultur überspringen. Je mehr ein Unternehmen sich im globalen Kampf um die Humanressourcen behaupten muss, desto wichtiger wird der Mitarbeiter. Gäbe es tatsächlich eine Renationalisierung der Wirtschaft, dann würden die Errungenschaften der New Economy, die auch die Old Economy verändert haben, wieder zurückgenommen. Zum Beispiel die Flexibilisierung der Geschlechterrollen.

Neulich war ich in der Schweiz und habe einen Vortrag gehalten, in dem es ganz stark um das Verhältnis Männer-Frauen ging. Die Zuhörer waren 300 Männer, die Chefetage einer Bank. Danach kam der CEO zu mir und sagte: »Das war ja ein netter Vortrag, aber ich glaube Ihnen kein Wort. Hier wird noch in zehn Jahren keine Frau in der Chefetage sitzen.« Mir wurde klar: Wahrscheinlich hat er Recht. Aber nur, wenn die Schweiz eine relativ geschlossene nationale Einheit bleibt und seine Bank nie mit ausländischem Kapital in Berührung kommt. Würde beispielsweise eine amerikanische Bank sein Unternehmen kaufen, würden die Frauen in der Human Resources-Chefetage sofort einige der Männer im mittleren

Management hinauswerfen und durch Frauen ersetzen. Denn in Amerika hat man eine andere Diversitätskultur, dort ist die Alleinherrschaft der alten Männer in den Unternehmen zu Ende.

Das verstehe ich unter den Errungenschaften der Globalisierung. Es wird in Bezug auf Leistung oft härter zugehen, in Bezug auf Kultur jedoch wesentlich liberaler, offener und »diverser«. Das empfinde ich als die bessere, die spannendere Welt, die vielleicht nicht mehr ganz so sicher ist, aber im Sinne einer Entwicklung der Lebenspotenziale, des eigenen Reifeprozesses, unendlich viel spannender.

*Matthias Horx* ist einer der bekanntesten Zukunftsforscher Deutschlands.

# Smart Work!

## Matthias Horx about the work world of the future.

Nowadays, »New Economy« means for me: How do we get life and work into a reasonable, sustainable context? How does the »work-life balance« actually work? These are the exciting questions posed by the new society, the knowledge society, the society of brainworkers.

Life was simple in the old societal contract when the role models were orderly and unequivocal: Women used to do the housework and men the wage-earning, wives supporting their husbands' career. Now, everyone must re-negotiate for themselves. And people are starting asking more of their employers: Does my employer make a flexible life and work style possible for me? I consider the conflict between the sexes – and thus the conflict between family and work – a quite essential aspect that is frequently taken too lightly in the new work world. This clash results in hefty personal and existential crises, and it is precisely with brainworkers that this can turn out to be very, very expensive.

It will be our task in future – as Max Weber once put it – »to blow open the old iron shell of industrial work«. In an energetic culture, it is completely ridiculous »to go to work« every day for seven and a half hours. Brainwork functions differently, and life does too. We can see how people – almost unnoticed – free themselves of old economic fetters and age-old wage dependence. The rate of self-employment is climbing, a milieu of »one-person companies« arising in the municipalities. There is even a »creative class« which finds its income beyond traditional concepts of »making a career«. Due to the trend towards knowledge and learning, it can be readily surmised that this sector will continue to expand. However, that works only with corresponding assistance, coaching and reciprocal networking. Fending for oneself completely without support is difficult.

In the future, perhaps portfolio dealers will be concerned with promising high-potentials. Such talented people will, in turn, be hawking shares, which means they can be invested in.

Globalisation forces us to continue developing our economic system – or to decline to the level of a country subcontracting and producing components for the Finns or Chinese. Only if the evolutionary pressure of globalisation is maintained can »smartness« – in the sense of an improved culture for working and doing business – jump from the pioneer companies to the broad socio-cultural basis. For example, flexibilisation in the roles of the sexes. As far as work performance is concerned, it will often be a great deal harder, however, as far as culture goes, it will be considerably more liberal, more open and more »diverse«. This, I feel, is a better world, perhaps no longer quite so secure, but in the sense of developing life potentials – one's very own maturity process – infinitely much more exciting.

*Matthias Horx* is one of Germany's most prestigious researchers on the topic of trends and future developments.

# Vertrauen führt – mit Augenmaß

Reinhard K. Sprenger über Unternehmenskultur.

In Zeiten wie diesen wird klar, wie wertvoll, ja unersetzlich Vertrauen ist und was uns fehlt, wenn wir es zerstören. Wer einem anderen vertraut, macht sich verwundbar und verzichtet auf Kontrolle. Aber er erhält auch etwas dafür. All das, was nicht durch Macht oder Geld zu steuern ist: echtes Commitment, eine Zusammenarbeit, die diesen Namen verdient, Innovation durch geteiltes Wissen, letztlich ein Unternehmen, in das die Menschen morgens gerne kommen. Und damit die Chance, für gute Mitarbeiter zum *employer of choice* zu werden.

Was immer dem Menschen wichtig ist – es gedeiht in einer Atmosphäre des Vertrauens. Das kann aus individueller Sicht vielerlei sein. Denken wir nur an die Netzwerkwirtschaft, die auf Technologie gründet, aber nur auf Beziehungen errichtet werden kann. Oder an die Führung virtueller Teams. Wenn Menschen spüren, dass man sich um sie sorgt und das Management ihnen wohlwollend gegenübertritt, wird der Widerstand bei Reorganisationen geringer. In einer Atmosphäre des Vertrauens reduzieren sich auch die Reibungsverluste durch permanente Absprachen und Vereinbarungen sowie die zum Teil prohibitiv hohen Kosten für Kontrolle und Monitoring. Und nicht zuletzt ist Vertrauen die einzige wirklich funktionierende Basis wirksamer Führung. Die Ökonomie des Vertrauens beschreibt einen Mechanismus, der Menschen wirkungsvoller bindet, als es jede vertragliche Regelung je könnte: die enorme Verpflichtungswirkung, die aus selbstbewusster Freiwilligkeit und dem geraden Verzicht auf explizite Verträge erwächst. Was man loslässt, sucht die Bindung. Und was man festhält, flieht.

Doch Vertrauen gibt es nicht kostenlos. Wer einem anderen vertraut, braucht Selbstvertrauen und ein gutes Auge. Ein Preis ist immer fällig, wie bei den anderen Steuerungsmitteln Macht und Geld auch. Dieses persönliche Risiko des Kontrollverzichts ertragen nur Menschen mit einem Minimum an Selbstvertrauen – mit der inneren Gelassenheit und Ich-

Stärke, die einen die Spannung zwischen Vertrauenserwartung und Verratsmöglichkeit aushalten lässt. Nur wer sich selbst vertraut, kann anderen vertrauen.

Vertrauen ist ein Relationsbegriff. Es gibt ihn keineswegs, wie viele Menschen überzeugt sind, im Entweder-oder, sondern im Mehr-oder-Weniger. Dafür braucht man Augenmaß. Sonst orientiert man jede Pommesbude an der Gefahrenklasse von Atomkraftwerken. Vertrauen bewegt sich zwischen den Extremen »blindes Vertrauen« und »blindes Misstrauen«. Irgendwo dazwischen ist das richtige Mischungsverhältnis. Wenn ich in meinem Buch *Vertrauen führt* für Angemessenheit streite, für ein neues Maß des Vertrauens, dann plädiere ich dafür, eine neue Urteilskraft zu entwickeln. Das ist die Fähigkeit, Urteile über die relative, die proportionale Wichtigkeit von diesem oder jenem zu fällen. Das kann ich nur, indem ich den Einzelnen würdige, den Einzelfall sehe, es möglichst vermeide, ins Misstrauen zu eskalieren, wenn ich enttäuscht werde. Wenn es eine Orientierung gibt, dann daran: Ich vertraue, und manchmal werde ich enttäuscht, und das nehme ich in Kauf.

## Zielvereinbarungen und 360-Grad-Feedback – geboren aus Misstrauen

Wenn sich Vertrauen nicht von selbst einstellt, greifen wir zu so genannten Vertrauensprothesen. Eine davon sind Zielvereinbarungen, wie sie zwischen Chef und Mitarbeitern üblich sind. Zielvereinbarungen sind ihre Misstrauensgeburt nie wirklich losgeworden. Vor allem, wenn ein variabler Einkommensanteil vom Zielgehalt abgespalten und an die Zielerreichung geknüpft wird. Das schafft vielleicht Belohnungs- und Bestrafungsverhältnisse, aber keine Zusammenarbeit. Kohärenz schafft nur Vertrauen auf gemeinsamen Wegen. Mehr noch: Zielvereinbarungen führen oft dazu, dass das Unternehmen als Wertschöpfungsgemeinschaft völlig aus dem Blick gerät und jeder nur noch an das denkt, was Folgen in seiner Brieftasche hat. In Zeiten planbarer, ruhiger Massen- und Verteilungsmärkte war das vielleicht in Ordnung. In einer Economy of Speed ist dieses System neu zu bewerten. Ich glaube, dass ein Mehr an Vertrauen unter den zu erwartenden wirtschaftlichen Bedingungen hilfreich ist. Denn ein hoher Vertrauenspegel in einem Unternehmen ist die einzige Voraussetzung, auf schnellen Märkten Schritt zu halten. Nur Vertrauen macht schnell.

Umso bedauerlicher, dass es im Moment in der Wirtschaft keine echte Entwicklung in Richtung Vertrauen zu geben scheint – dafür aber umso mehr Lippenbekenntnisse. Die scheinbar partizipativen Vorgehensweisen im Management wie 360-Grad-Feedback sind aus Misstrauen und Kontrolle geboren. In den Start-ups hat sich eine Sehnsucht geäußert: danach, »das eigene Ding zu machen«, der Wunsch nach mehr Freiraum. Wenn viele dot.coms gescheitert sind, heißt das nicht, dass diese Sehnsucht nicht mehr da wäre. Im Gegenteil. Und da der Wettbewerb der Zukunft zunehmend auf den Personalmärkten entschieden wird und weniger auf den Absatzmärkten, ist es wichtig, die Bedürfnisse der Menschen zu berücksichtigen. Nicht weil es moralisch ist, sondern weil es intelligent ist. Man muss Vertrauen aus der idyllischen Ecke herausholen. Die Frage lautet: Wie rechnet sich Vertrauen? Oder anders herum: Wie teuer ist Misstrauen? All das, was unter der Flagge von Innovation, Kreativität, organisatorischer Verbesserung und Steigerung der Produktivität an Misstrauen inszeniert wird, verursacht in Wirklichkeit extrem hohe Kosten.

Ökonomie ist grundsätzlich eine Misstrauenstheorie. Mehr an Vertrauen kann man daher nicht herstellen, indem man von dem Einzelnen fordert: »Hey, jetzt vertrau mal mehr.« Das geht nur, indem man strukturelle Entscheidungen fällt. Und das hat einen Preis: Verlust von Kontrolle. Manchen Leuten tut das extrem weh. Es lohnt sich trotzdem, es zu wagen.

*Reinhard K. Sprenger* ist Unternehmensberater und Buchautor. Er gilt als einer der profiliertesten Führungsexperten hierzulande. Mit seinen Büchern *Mythos Motivation. Das Prinzip Selbstverantwortung* sowie *Aufstand des Individuums* wirkte er als Trendsetter in der Managementtheorie.

# Trust Leads – with Perceptiveness

Reinhard K. Sprenger on corporate culture.

In times like this, it becomes evident how valuable, indeed indispensable, trust is, and what we lack when we destroy it. If you trust someone, you make yourself vulnerable. But you also receive something in return – everything that cannot be controlled by power or money: Genuine commitment, co-operation deserving this name, innovation by shared knowledge, in the final analysis – a company that people like going to every morning. In this lies the opportunity to become the *employer of choice* for good staff.

Whatever is important for people – it will flourish in an atmosphere of trust. Let us think, for one moment, about the network economy based on technology, which, however, can only be established with the help of relationships. When people feel they are being cared for and management faces them benevolently, resistance to re-organisation will lessen. In an atmosphere of trust, the friction losses engendered by permanent consultations and agreements are reduced – as well as, in part, prohibitively high costs for controlling and monitoring. Finally, trust is the one and only really functioning basis for effective management. The economy of trust describes a mechanism that more successfully unites than any contractual arrangements ever could: The enormous effects of a sense of duty growing from self-confident voluntariness and from deliberately doing without explicit agreements. What you let go of seeks attachment. And what you hold on to takes off.

But trust does not come free of charge. If you trust someone, you need self-confidence and perception. This personal risk of doing without control can only be borne by people who have at least a minimum of self-confidence – combined with the inner composure and ego strength which enables you to put up with the tension between expectations in this trust and the possibility of betrayal. Only if you trust yourself can you trust others.

Trust is a term of relations. It does not exist – as many people are convinced – in an either/or situation, but rather in a more-or-less one. Trust moves between the extremes »blind trust« and »blind distrust«. Somewhere in-between is the right mixture.

If trust is not established on its own, then we resort to so-called trust protheses. One of them is target agreements as usual between a boss and employees. Target agreements were born from distrust and have never really lost this connotation. Particularly, when a variable income share is split from the target salary and tied to target attainment. This will perhaps create reward and punishment relations, but certainly not co-operation. The apparently participative procedures in management, such as 360 degree feedback, are also born from distrust and control.

A high level of trust in a company is the one and only prerequisite for keeping up on rapid markets. Only trust causes acceleration. All the more regrettable that there does not appear to be any genuine development in the direction of trust at present in the economy – but, for that, all the more lip-service. Economics is basically a distrust theory. This is why you cannot produce more trust by demanding of the individual: »Hey, trust a bit more!« This will only work by structural decisions being made. Which has its price: Loss of control. This will hurt some people extremely. But it is worthwhile to try it.

*Reinhard K. Sprenger* is a successful consultant and author; he is said to be one of the most prestigious management experts in Germany. With his books *Mythos Motivation. Das Prinzip Selbstverantwortung* as well as *Aufstand des Individuums* he became a trendsetter in management theory.

# Wandel beginnt im Kopf

## Klaus Doppler über Change Management.

Es gibt zwei Grundantriebe für Menschen, sich zu wandeln. Der eine ist Attraktivität und Lust – wenn man sich auf neues Gelände wagen will. Der andere ist Angst – wenn Menschen erkennen, sie kommen auf dem Weg, auf dem sie sich bewegen, wahrscheinlich nicht weiter. Meist greift eine Kombination aus beiden Faktoren am besten. Je älter der Mensch, desto mehr neigt er dazu, in die Vergangenheit zu schauen und sein Leben als Verlängerung der Vergangenheit zu konzipieren. Daher glaube ich, dass man ihm erst einmal einen kleinen Schock versetzen muss, damit er diesen an der Vergangenheit orientierten Weg verlässt. Aber nur mit Angst allein kann man nichts verändern. Angst blockiert, da gehen die Menschen in Deckung und sagen: »Hoffentlich erwischt es mich nicht.«

Sehr viel besser funktioniert es, die Kreativität und Innovationsfähigkeit der Mitarbeiter zu aktivieren. Menschen neigen prinzipiell auch zum neugierigen Suchen – nur wird ihnen das irgendwann ausgetrieben. Dann suchen sie nicht mehr, sie glauben, alles zu wissen. Diese Suchbewegung wieder freizuschaufeln ist die hohe Kunst des Managements.

Zum Beispiel kann man Zukunfts- und Innovationsworkshops machen und das Motto ausgeben: »Lasst uns mal überlegen, welche zukünftigen Möglichkeiten wir haben. Was lässt sich mit dem, was wir können, noch anderes anbieten und bewirken? Wie können wir neue Märkte erschließen?« Generelles Ziel: Das Unternehmen für neue Ideen öffnen. Bevor die Öffnung zu Neuem möglich wird, muss man aber Menschen erst mal aus ihrer Routine herausbringen. Man muss sie irritieren, dass sie nicht davon ausgehen, es ginge alles weiter wie bisher.

Im Moment stecken wir mitten in einer politischen Liveshow, die zeigt, wie so etwas gesellschaftlich ablaufen kann. Das Aufrütteln der Deutschen ist mehr oder weniger gelungen, so langsam ahnt jeder, dass wir nicht einfach so weitermachen können. Aber bei der Innovation hört es schon wieder auf. Wir blicken auf die Rezepte von vorgestern. Und bei den wirklich innovativen Dingen heißt es dann: »Geht nicht, es würde zu viel verändern.«

Die Frage ist, wie es Unternehmen und Mitarbeitern gelingt, sich darauf einzustellen, dass Veränderung ein Dauerzustand sein wird. Das zyklische Modell mit kurzen Veränderungs- und langen Stabilitätsphasen entspricht zwar unserer Sehnsucht nach Ruhe, Klarheit und Ordnung, aber es trifft nicht mehr die Realitäten, in denen wir leben.

Es ist die große Frage, ob wir es schaffen können, uns diesen Realitäten anzupassen. Der Mensch ist eigentlich programmiert auf Kontinuität und Klarheit. Aber Stabilität ist für mich kein Wert an sich. Und wenn man sich dann intensiv mit Wandel auseinander setzt und mit dem neuen Umfeld konfrontiert, wird es leichter, sich darauf einzustellen.

Mentale Modelle spielen bei solchen Prozessen eine große Rolle. Denn sie betreffen innerlich verfestigte Glaubenssätze. Sie bestimmen die Art und Weise, wie wir die Realität wahrnehmen, und können unser Verhaltensrepertoire drastisch begrenzen. Viele Manager haben zum Beispiel das Leitbild im Kopf, dass Organisation heißt, klare Zuständigkeiten zu haben. Wir brauchen aber meiner Meinung nach durchgängige Prozessketten, bei denen jeder zwei »Hüte« aufhat, den seines eigenen Bereichs und den des gesamten Unternehmens. Das Modell mit den klaren Zuständigkeiten passt nicht mehr dazu. Deshalb rate ich Menschen, die eine Organisation verändern wollen, zunächst genau zu prüfen, welche Modelle sie im Kopf haben und sich erst mal darüber zu verständigen, bevor sie mit den Veränderungen anfangen.

Das richtige mentale Modell im Kopf zu haben ist gut, aber das heißt noch lange nicht, dass man sich sofort umstellen kann. Viele Firmen sind derzeit zum Beispiel dabei, Leitbilder zu formulieren – auf dem Papier wunderschön. Aber es ist höchstens ein Zehntel der Miete, dass man sich theoretisch verständigt, wohin man will. Zumal in der Belegschaft und im Führungskreis häufig sehr unterschiedliche Vorstellungen zu finden sind, über die man sich erst einmal austauschen muss.

Mein wichtigster Tipp für Führungskräfte ist: »Verändere deinen Nächsten wie dich selbst.« Wer von anderen verlangt, dass sie sich verändern sollen, und selbst keine Anstalten macht, es auch zu tun, hat ein Glaubwürdigkeitsproblem. Die Mitarbeiter werden sich zu Recht fragen, wieso sie sich ändern sollen, während die oben nichts tun.

Um sinnvolle Veränderungen angehen zu können, muss man auch ein realistisches Bild der Mitarbeiter haben. In der Praxis sieht das oft anders aus: Jeder bastelt sich seine Realität zurecht und das Ergebnis hängt davon ab, welche Informationen er überhaupt zulässt. Je nachdem, ob jemand sich in seiner Funktion und Position einen offenen Zugang zu Kunden, Mitarbeitern und Kollegen schafft beziehungsweise bewahrt, wird er die Wirklichkeit anders wahrnehmen als jemand, der ausschließlich von dem abhängt, was ihm geboten wird, und eventuell gar nicht merkt, dass er wie am königlichen Hof von Hofschranzen umgeben ist, die ihn von der Realität des normalen Volkes völlig abschotten und ihm die Scheinwelt vorgaukeln, von der sie annehmen, dass sie ihm gefällt. Ich wundere mich manchmal, wie naiv viele Manager in dieser Hinsicht sind: Sie verhalten sich wie gut bezahlte Söldner – nicht weniger, aber auch nicht mehr –, verlangen aber von unten totale Loyalität, Flexibilität und Identifikation.

Wenn für mich der persönliche Nutzen das Maß aller Dinge ist, dann muss ich diesen Maßstab auch anderen zugestehen. Ich bin für realistische Konzepte, die den Nutzen für das Unternehmen und den Nutzen für den Mitarbeiter miteinander verzahnen – sonst gibt es keine tragfähige Basis.

Jeder Mitarbeiter muss selbst entscheiden, wie weit er bereit ist, flexibel zu sein und sich immer wieder den veränderten Rahmenbedingungen anzupassen. Denn das betrifft sein Selbstverständnis, wie er ist und sein will, und seine Vorstellungen darüber, was seine Persönlichkeit ausmacht. Jeder steckt die Grenzen seiner Flexibilität ab. Deshalb werden wir nicht umhinkommen, in einen echten Dialog zu treten, um herauszufinden, wie weit jemand zu gehen bereit ist. Ist es aus Sicht des Unternehmens nicht weit genug, setzt man sich mit ihm auseinander – und weist ihn auch auf die Konsequenzen seiner Entscheidung hin. Wir wissen jedoch, dass der Mensch nicht einfach manipulierbar ist. Sonst könnten wir ihm Prozac zu essen geben, damit er glücklich ist, und noch ein Aufbaumittel, damit er funktioniert.

Gerade bei unternehmerisch denkenden Mitarbeitern, nach denen so viele Vorgesetzte rufen, funktionieren Druck, Manipulation und eine zu enge Führung am allerwenigsten. Sie haben höhere Ansprüche. Ich kann mir als Vorgesetzter erlauben, Ziele zu setzen, aber die Art und Weise, wie sie da hinkommen, wollen unternehmerisch denkende Mitarbeiter selbst gestalten können. Man kann ihnen nicht nach dem Motto kommen: »Sie können hier alles tun, wenn Sie Folgendes berücksichtigen – erstens, zweitens, drittens ...« Spätestens bei »drittens« kommt die Gegenreaktion: »Dann mach doch dein Zeug allein.«

Viele Unternehmensleitlinien, die das Hohe Lied vom »Mitarbeiter als Unternehmer im Unternehmen« singen, sind pure Makulatur, weil man den angeblich erwünschten, unternehmerisch denkenden Mitarbeiter in Wirklichkeit nicht erträgt. Noch sind die meisten Unternehmen so geführt, dass sie in erster Linie angepasste, opportunistische Umsetzer fördern.

## Die Tücken von Change-Projekten

Selbst wenn man es geschafft hat, im Unternehmen einen Wandel zu bewirken, ist noch nicht alles gewonnen. Genauso wichtig ist, Rückfälle zu verhindern. Denn das alte System, Verantwortung abzugeben, ist attraktiv, weil bequem. Man muss also die Unternehmenswelt so nachhaltig verändern, dass sie nicht ohne weiteres wieder umgedreht werden kann – sowohl im Hinblick auf Prozesse, Strukturen als auch Personen. Ich erlebe in diesem Zusammenhang immer wieder die hohe Bedeutung von Schlüsselpersonen. Sie sind die Garanten und Bürgen für das neue Modell. Sobald diese Personen ausgewechselt werden, ist das neu Geschaffene in seinem Bestand gefährdet.

Man sollte Veränderungen überdies regelmäßig gegenchecken. Denn die Umwelt der Unternehmen ist ja alles andere als stabil. Ich habe immer wieder mit Unternehmen zu tun, die zu einem bestimmten Zeitpunkt eine hervorragende Veränderung hinbekommen haben – die aber nach drei bis fünf Jahren selbst wieder veraltet war. Und gerade Manager, die gegen viel Widerstand mit hohem persönlichem Engagement einen sehr tief greifenden Wandel durchgezogen haben, tun sich oft schwer, das hart Erkämpfte erneut radikal in Frage zu stellen. Ich weiß, dieser ständige Wandel ist eine Zumutung, aber ich kenne keine andere Therapie.

Der gesellschaftliche Wandel verläuft nicht ganz so schnell, da hält sich ein gutes Modell auch mal ein Jahrzehnt oder auch länger. Unternehmen müssen hingegen alle zwei bis drei Jahre grundsätzlich überlegen, ob ihre strategische Ausrichtung noch stimmt, ob im Wettbewerb neue Faktoren aufgetreten sind, ob nicht neue Erkenntnisse in der Technologie oder etwas anderes Anlass gibt, die bisherige Positionierung und Vorgehensweise zu verändern.

Doch selbst wenn man das tut, geht bei den anschließenden Change Management-Projekten oft etwas schief. Zwei Fehlerquellen sind häufig zu beobachten. Die eine: Man ändert zu schnell, ohne sich genau überlegt zu haben, was das eigentliche Problem ist. Nicht selten gerät das Management in eine operative Change-Hektik, weil sich jemand ganz oben etwas in den Kopf gesetzt hat und Veränderungen einfach verordnet.

Die zweite ist, dass man zu lange wartet, weil man ganz genau wissen will, wo das Problem liegt. Dann hat man die Sache zwar in allen Details und Verästelungen seziert, aber der Patient ist längst tot. Deshalb plädiere ich dafür: Sobald einigermaßen plausible Hypothesen verfügbar sind, woran es liegen könnte, anfangen! Aber beobachten, was läuft und wie es läuft, Reflexionsschleifen einbauen und aus dem Handeln lernen!

Sobald eine Firma nach außen nur berichtet, dass alles bestens ist, gehen bei mir die Warnlampen an. Denn das heißt, dass ein Unternehmen nicht mehr so genau hinsieht, sein Früherkennungssystem vernachlässigt. Wenn man einiges erreicht hat, dann will man keine Kritik mehr hören. Das ist gefährlich. Man wird lernresistent. Es ist schwer, nach oben in die Spitzengruppe zu kommen, aber es ist viel, viel schwerer, sich auch oben zu halten. Denn das schafft man nur, wenn man laufend problematisiert und immer wieder grundsätzlich alles in Frage stellt. Wer tut das schon gerne, wenn einem alle zujubeln.

Es ist kein Problem der Größe, wenn ein Unternehmen nicht mehr lernfähig ist. Es ist eher eine Frage seiner Organisation. Es gibt große Firmen, die eine sehr gute dezentrale Steuerungsstruktur haben: oben die strategische Gesamtausrichtung und unten sehr große lokale Freiräume. Unabdingbar dabei ist allerdings ein lückenloses Controllingsystem, durch das man von diesen lokalen Schauplätzen rechtzeitig Informationen bekommt über Anzeichen von Krisen. Kleine Firmen sind per se nicht flexibler, weil sehr viel von der Persönlichkeitsstruktur der Führungskraft beziehungsweise des Inhabers abhängt. Neulich bei einem Vortrag vor kleineren Mittelständlern habe ich ein paar provozierende Thesen zum Thema Notwendigkeit von Veränderungen vorgetragen. Prompt kam der Einwand: »Wissen Sie, wie alt wir schon sind? Wir haben schon 300 Jahre auf dem Buckel – mit unserem Produkt und unserer Strategie!«

Nun ja, dieses Jahr kann das letzte sein. Diese »Wir-sind-unsterblich-Denke« ist oft der Anfang vom Ende.

*Klaus Doppler*, Berater und Autor, ist spezialisiert auf Wandel- und Veränderungsprozesse in Unternehmen. Sein Buch *Change Management* gilt als absolutes Standardwerk. Sein neues Buch heißt *Der Change Manager. Sich selbst und andere verändern – und trotzdem bleiben, wer man ist.*

# Change Starts in the Head

## Klaus Doppler about change management.

There are two basic human drives and motivations concerning change. One is attraction and curiosity – if you want to venture into virgin territory for yourself. The other basic human drive is fear – when people realise they will probably not get any further on the path they are currently pursuing. Combining these two factors generally achieves the best results.

Yet, because fear can be very blocking, the end is much better reached by stimulating the creativity and innovative capability of employees. Basically, people tend towards inquisitive seeking – it's only driven out of them. Then they no longer seek, for they believe they know everything. Shovelling this search movement free again is the high art of management. For example, futurist and innovative workshops can be organised, and the motto announced: »What else can we offer and initiate with what we are capable of?«

The question is how companies and staff manage to focus on change becoming a permanent state. True, the cyclical model with brief change segments and long phases of stability falls in line with our longings for quiet, clarity and order, yet this no longer applies to the realities we live in. Mental models play a large role in such processes, for they impinge on internally reinforced postulates of commitment. This is why I advise people who want to change an organisation to first precisely check what models they have in mind and come to an understanding about this before they start with the changes.

The most essential hint I have for top executives is: »Thou shalt change thy neighbour as thou wouldst thyself.« If you demand of others that they should change themselves, and you yourself do not make a move to do so as well, then you will have a credibility problem. The employees will quite rightly ask why they should change, while those above do nothing.

All employees must decide individually for themselves to what extent they are prepared to be flexible and to constantly adapt themselves to the changed basic conditions. For this concerns their individual identity, how they are and want to be individually, and their mental image of what makes up their own personality. Each employee marks out the limits of his or her flexibility. This is the very reason why we cannot avoid entering into a genuine dialogue with each other in order to discover how far somebody is prepared to go. It is precisely with entrepreneurially thinking staff, whom so many executives are crying out for, that pressure, manipulation and too confining a management work the least. They are more sophisticated. Most companies are still managed in such a manner that they foster and promote, first and foremost, conformist and opportunist »renderers«.

Even if you have managed to bring about a change in the company you work for, you still have not yet reached the finish post. What is equally essential is to ward off any setbacks. Moreover, changes should be counterchecked on a regular basis. Companies must have a fundamental rethink, every two to three years, as to whether their strategic orientation is still right, as to whether new factors have put in an appearance, or whether new technological know-how or something else gives cause to changing the company position and its course of action up till now. As soon as a company externally reports only to the effect that all is well, the alarm bells start ringing for me. For this means that this given company no longer contemplates its situation in all detail, ignores its early-warning system – and very probably will oversleep the change.

*Klaus Doppler* is one of the best-known consultants on Change Management. His book *Change Management* is said to be the absolute standard work on this subject. His new book is entitled: *Der Change Manager. Sich selbst und andere verändern – und trotzdem bleiben, wer man ist.*

# Führen durch Fordern

## Felix von Cube über Mitarbeitermotivation.

Der moderne Mensch ist weitgehend selbstbestimmt und selbstverantwortlich. Aber viele Menschen haben Probleme damit, weil sie in ihren freien Entscheidungen unsicher sind. Entscheidungen brauchen eine relativ sichere Basis – und die kann die Verhaltensbiologie liefern. Sie beschäftigt sich mit den evolutionären Verhaltensprogrammen des Menschen, jenen Urmotiven oder Trieben, die sich über Jahrmillionen entwickelt haben und trotz aller Veränderungen und Umbrüche unverändert bleiben, etwa den Bewegungsprogrammen oder dem Aggressions-, Neugier- und Bindungstrieb.

Leider geht der moderne Mensch mit diesen Programmen oft falsch um. Ein kleines Beispiel aus der Welt des Homo oeconomicus: Der evolutionäre Sinn von Neugier ist, dass man aus einer Sicherheit heraus neue Risiken eingeht, Herausforderungen aktiv aufsucht, um das »Revier« zu erweitern und damit mehr Lebensqualitäten zu gewinnen. Dabei sucht man Unsicherheiten auf, um sie in Sicherheit zu verwandeln. Verhaltensbiologisch gesehen ist der Neugiertrieb also ein Sicherheitstrieb. In der Arbeitswelt wird dieses Programm oft falsch angewendet, entweder man überzieht das Risiko oder man meidet die Herausforderung. Beides hat bekanntlich schädliche Konsequenzen. Die Verhaltensbiologie kann dabei helfen, Arbeit so zu organisieren, dass sie den Naturgesetzen des menschlichen Verhaltens entspricht.

Der Mensch ist von Natur aus auf Leistung und Anstrengung programmiert und wird dafür mit Lust belohnt. Kaum zu glauben, angesichts der weit verbreiteten Lust auf Bequemlichkeit, Entspannung und Genuss. Und genau das ist das Problem. Der Mensch hat offenbar schon immer geglaubt, das Glück liege darin, alles zu haben und nichts zu tun. Verständlich ist das schon. Aber grundfalsch. Wir vermeiden die Anstrengung der Bewegung – und leiden an Rückenproblemen oder Fettleibigkeit. Wir möchten unser Leben auf einer Finca in Mallorca genießen –

und sterben fast vor Langeweile. Wir suchen den leichten Weg zu Erfolg und Anerkennung – und ernten Ablehnung und Niederlagen. Nun könnte man folgern, dass es das Luststreben selbst ist, das uns in Teufels Küche bringt, und dass die Lösung in Lustverzicht, Genügsamkeit oder Askese liegt. Aber diese Verzichtsideologie entspricht nicht unserer Natur. Die Lust winkt nämlich als körpereigene Belohnung dafür, dass wir aktiv werden und unsere Verhaltensprogramme erfüllen, was allerdings mit Leistung und Anstrengung verbunden ist.

## Aggression und Bindung

Das gilt auch zentral für die Arbeitswelt. Führung hat die Aufgabe, diese natürlichen Aktivitätsprogramme herauszufordern. Dieses »Führen durch Fordern« hat nichts mit Zwang oder Maloche zu tun, auch nicht mit Zuckerbrot und Peitsche. Es bedarf keiner Manipulation, um die Aktivitätspotenziale der Mitarbeiter abzurufen. Ganz im Gegenteil: Flow – also die Lust des Neugiertriebs – stellt sich nur dann ein, wenn es Freiräume für Verantwortung, Entscheidungen und Qualifikation gibt. Wenn wir die Lebens- und Arbeitswelt so gestalten, dass sie in Übereinstimmung mit den evolutionären Programmen steht, dann steht der Mensch im Mittelpunkt und nicht das System.

Es gibt einige Antriebe, auf die Führungskräfte besonderes Augenmerk legen sollten. Zum Beispiel den Aggressionstrieb. Es ist ein Fehler, Aggression immer negativ zu sehen. Es gibt auch positive Seiten der Aggression. Eine der wichtigsten davon ist Anerkennung. Wenn jemand einen Sieg davonträgt, befriedigt er damit oft auch seinen Aggressionstrieb. Mobbing zum Beispiel hängt oft mit fehlender Anerkennung zusammen: Die Aggressionslust wird durch den Sieg über den Schwächeren befriedigt.

Ganz besonders wichtig ist auch der Bindungstrieb – die Lust an Zugehörigkeit und am gemeinsamen Handeln. Leider ist die Bindung in unserer Massengesellschaft zurückgegangen und am Arbeitsplatz wird sie nicht selten durch überzogene Flexibilitätsforderungen zerstört. Dabei wird missachtet, dass Bindung und Leistung eng zusammengehören: Ohne Leistung gibt es keinen Anspruch auf Bindung. Außerdem gibt Bindung die erforderliche Sicherheit, um etwas zu riskieren und Flow zu erleben. Bindung herzustellen und aufrechtzuerhalten ist also eine wichtige Führungsaufgabe, vielleicht sogar eine der schönsten und lohnendsten, aber auch sie ist ohne Anstrengung nicht zu bewerkstelligen.

## Vorbild Alphatier

Ich halte es für ein großes Defizit, dass viele Führungskräfte die verhaltensbiologischen Erkenntnisse nicht studiert haben. Es ist bei uns ja so, dass die Führungskräfte im Allgemeinen für ihr Fach ausgebildet sind, aber nicht für die Führung von Mitarbeitern. Um Mitarbeiter aber richtig führen und motivieren zu können, muss man sehr genau wissen, wo deren Motive verwurzelt sind und wie man sie in der Arbeitswelt realisiert.

Wenn jemand ein guter Fußballer ist und deshalb zum Trainer gemacht wird, heißt das noch lange nicht, dass er dort auch seine Stärken und seinen Spaß hat. Im optimalen Fall erleben Führungskräfte in der Mitarbeiterführung ihren Flow, sie bekommen aus dieser Aufgabe heraus ihre Anerkennung und ihr Zugehörigkeitsgefühl. Das ist ganz wichtig, weil die Führungskraft als »Alphatier« in gewisser Weise Vorbild ist, ob sie will oder nicht. Das heißt aber auch, dass ihr Verhalten nachgeahmt, übertragen und praktiziert wird.

»Lust durch Leistung« ist so eine ganz wichtige Formel. Aus einem einfachen Grund: Wir haben ein Anstrengungs- und ein Lustprogramm, und wenn wir eines davon nicht erfüllen, geht es uns schlecht. Wenn man aber beide Programme miteinander verbindet – wenn man also in der Anstrengung Lust empfindet, dann ist das eigentlich das Optimale. Ich sehe auch in der Praxis bestätigt, dass Menschen, die etwas leisten und diese Leistung gerne und mit Lust erbringen, die glücklichsten sind. Lust an Leistung ist nicht nur für das Unternehmen lukrativ, sondern vermittelt auch Lebensqualität. Das sollte keinem Menschen vorenthalten werden.

*Felix von Cube* ist Erziehungs- und Naturwissenschaftler. Gemeinsam mit Klaus Dehner und Andreas Schnabel betreibt er das Institut BioLogik der Führung und Fortbildung in Heidelberg. Neben seiner Forschungsarbeit hält er Vorträge und Seminare und hat mehrere Bücher geschrieben, unter anderem *Führen durch Fordern. Die BioLogik des Erfolgs*.

# Managing by Challenging

## Felix von Cube about motivating staff.

Man's evolutionary behavioural programmes have been developing for millions of years and in spite of all changes and upheavals have remained unaffected. Unfortunately, modern man frequently tends to cope with these programmes wrongly. Here is a tiny example from the world of Homo oeconomicus: The evolutionary sense of curiosity is to take new risks from a feeling of safety, to actively seek challenges in order to extend one's »hunting grounds« and thus to gain more quality of life. One seeks dangers in order to transform them into something safe. In the work world, this programme is often wrongly used – either the risk is overstated or the challenge avoided. Behavioural biology can be of assistance here by organising work in such a manner that it falls in line with the laws of nature regarding human behaviour.

By nature, people are programmed for performance and exertion, for this they are rewarded for with pleasure. This is hard to believe since everybody seems to like comfort, relaxation and enjoyment. People have always believed that happiness lies in having everything and doing nothing. This is quite understandable. But utterly wrong. We avoid the exertion of movement – and suffer from back pains or obesity. We would like to enjoy our lives on a finca in Mallorca – and almost die of boredom. The conclusion might now be drawn that it is striving for pleasure itself that puts us in a quandary, and that the answer is to forswear pleasure and indulge in modesty or ascetics. But this ideology of renouncement does not conform with our nature. Pleasure namely beckons as the body's own reward for our becoming active and meeting our behavioural programmes, both of which, however, are linked with performance and exertion.

This also applies to work. It is management's job to challenge these natural activity programmes. There is no need for manipulation. Quite the contrary: Flow – which is to say the pleasure of the curiosity drive – only presents itself when there is freedom for responsibility and decisions.

There are some forms of drive that managers should pay special attention to. For example, the aggression drive. Mobbing, for instance, is often connected with a lack of appreciation. The desire for aggression is satisfied by the victory over the weaker person.

What is also especially important is the drive for ties or relationships – the yearning for a sense of belonging and for joint action. Unfortunately, ties in our mass society have beaten a retreat and at the workplace they are more often than not destroyed by exaggerated demands for flexibility. What is disregarded here is that ties and performance are intimately interconnected. In other words, making and maintaining ties is an essential managerial job.

I have seen confirmed in daily practice that people who perform and like performing with pleasure are the happiest. Pleasure in performing is not only lucrative for a company, but also expresses quality of life. No one should be denied this.

*Felix von Cube* is an educationalist and natural scientist. Together with Klaus Dehner and Andreas Schnabel, he runs the Institute BioLogik der Fuehrung und Fortbildung in Heidelberg. He has written several books including *Fuehren durch Fordern. Die BioLogik des Erfolgs.*

# Lasst uns Story-Manager werden!

## Hans Rudolf Jost über ein neues Verständnis von Unternehmenskultur.

Es gibt so viele Definitionen für Unternehmenskultur wie Führungskräfte. An den Hochschulen heißt es: »Unternehmenskultur ist die Summe der Werte, Normen und Artefakte, die sichtbar oder unsichtbar, bewusst oder unbewusst in einer Firma gelebt werden.« So eine Definition ist völlig unpraktikabel. Ich definiere Unternehmenskultur anders: Sie ist »die Summe der Geschichten, die man sich erzählt«. Diese Geschichten sind Teil der sozialen Konstruktion von Realität in einem Unternehmen. So etwas wie die mentale DNA eines Unternehmens.

Wenn man wissen will, wie diese DNA entsteht, muss man sich die Struktur von Unternehmen anschauen. Es gibt zwei Organisationsebenen: der formelle, sichtbare und der informelle, unsichtbare Teil. Zum sichtbaren Teil der Organisation gehören die Abläufe, die Hierarchien, die Organisationsstrukturen, auch die Architektur und die Produkte. Der unsichtbare Teil der Organisation umfasst die Mythen und Geschichten, den Klatsch und Tratsch, der sich um eine Firma rankt, aber auch die informellen Beziehungen, verdeckten Regeln, Dogmen und Tabus. Auf der ersten Ebene wird Sicherheit geschaffen, auf der zweiten entsteht Vertrauen. Wie bei einem Eisberg befinden sich die Gravitationskräfte einer Unternehmung, die genetischen Codes der Unternehmenskultur, in der nicht sichtbaren, zweiten Organisation. Wer diese Kräfte beeinflussen kann, hat den Schlüssel zur Unternehmenskultur.

Es gibt keine gute oder schlechte Unternehmenskultur. Aber die Kultur eines Unternehmens kann funktional oder dysfunktional sein. Die Frage ist: Unterstützt oder behindert sie das Unternehmen auf dem Weg, seine Geschäftsziele zu erreichen? Wenn die Menschen im Unternehmen über die HR-Frau herziehen, die mit dem Vertriebschef in der Sauna gesichtet wurde, ist das sicher eine gute, aber dysfunktionale Geschichte. Wenn der Erfolg der Abteilung beim Pitch die Runde macht, kommt das dem Unternehmen zugute.

## Auf funktionale Geschichten fokussieren

Damit Geschichten erzählt werden, die den Menschen nützen, brauchen die Unternehmen ein professionelles Story-Management. Der Chef ist der Corporate Storyteller. Ziel ist es, gute Geschichten durch noch bessere Geschichten zu verdrängen. Bis neun Uhr morgen früh müssen die Budgetzahlen abgegeben werden, das ist kein Reißer. Da muss sich ein Chef etwas Besseres einfallen lassen. Ich muss mir überlegen: Welche Geschichten funktionieren in meinem Unternehmen, welche sollen verstärkt werden, mit welchen soll ich mich als Führungskraft hauptsächlich beschäftigen?

In der Regel verbringen wir 80 Prozent der Zeit mit Geschichten über Defizite. Wir erzählen uns, was nicht funktioniert, wo Performance oder Verhalten schlecht waren. Der Fokus ist: Beseitigung von Defiziten. Völliger Unsinn. Wir müssen den Fokus auf das richten, was funktioniert. Da liegen die guten Geschichten, die den Menschen helfen, ihr Handeln zu steuern und Ziele schneller zu erreichen. Die stärkste Geschichte jeder Unternehmung ist ihr Erfolg, der stärkste Treiber von Unternehmenskultur der »Winning Spirit«. Das kennen wir sehr gut aus anderen Bereichen. Zum Beispiel eine Fußballweltmeisterschaft. Da erheben sich plötzlich nationalstaatsmüde Steuerzahler zu Fahnen schwingenden Patrioten, fallen wildfremden Menschen in die Arme, fahren mit hupenden Korsos durch die Stadt. Das ist die Triebkraft der Geschichte Fußball. Solche Geschichten schlummern in jedem Unternehmen: Geschichten über Erfolge, über die Gründerzeit, über Menschen und Innovationen, aber auch frei erfundene Geschichten in Form einer Vision etwa.

## Gute Geschichten verstärken

In jedem Unternehmen gibt es unterschiedliche Typen. Die Beständigen, die Herzmenschen, die Draufgänger etwa. Und die Pioniere. Wer die Pioniere in einem Veränderungsprozess zuerst in die Schulung schickt, macht einen guten Schachzug. Denn die sind eher offen für Neues als ihre Kollegen. Wenn sie in der Schulung neue Methoden lernen, und damit gute Erfahrungen machen, werden sie anschließend begeistert ihre Geschichte erzählen: »Hey, die Neuerung hat funktioniert, ich habe mehr verkauft als vorher, eine tolle Sache.« Diese Geschichte macht die Runde, die anderen werden sich nicht mehr per se skeptisch gegen die Änderung stemmen, sondern fragen: Wieso dürfen wir das nicht auch lernen? Und schon haben sie mit guten Geschichten den Wandel beschleunigt. Durch einen weichen Faktor.

Ähnliches haben wir mal in einer deutschen Unternehmensberatungsgruppe versucht. Alle Consultants mussten sich in wechselnden Rollen ihre Erfolgsgeschichten der letzten sechs Monate erzählen. Wir haben drei Gruppen gebildet: Interviewer, Reporter, Zuhörer. Die Zuhörer versuchten zu ergründen, was die Triebfedern des Erfolgs waren. Was macht die Geschichte so einzigartig, was war das Gefühl dabei? Am Ende kam heraus: Wir sind ein Unternehmen, das die Funken fliegen lässt. Das ist unser Motor.

Solche Methoden einzuführen scheint dringend nötig zu sein. Im Mai und Juni 2002 haben wir 280 Fragebogen ausgewertet. Befragt wurden die größten Unternehmen, Verwaltungen und Unternehmensberatungen in der Schweiz. Überraschend war: 71 Prozent der befragten Unternehmen sind mit ihrer aktuellen Unternehmenskultur unzufrieden. Das ist alarmierend. 35 Prozent haben ihre Unternehmenskultur als »Partizipationskultur« bezeichnet, 24 Prozent erkennen in ihrer Firma eine »Veränderungskultur« und 22 Prozent eine »Problemlöserkultur«. Interessant finde ich, dass als wichtigster Treiber von Unternehmenskultur das Vorbild der Führung gilt. Erst an zweiter Stelle stehen die »sozialen Kompetenzen des Managements«, an dritter die »interne Kommunikation«, gefolgt von »viel Freiraum/Möglichkeiten zur Selbstorganisation und Eigenverantwortung«. Bei einer Kontrollfrage hat sich die Ranklist allerdings relativiert. Gefragt nach den drei wichtigsten Triebkräften, die eine Unternehmenskultur prägen, rutscht die soziale Kompetenz auf Platz sechs ab. Die Berufung auf soziale Kompetenzen des Managements hat eben oft noch etwas Beliebiges.

## »Walk to Talk«

Dennoch wird es mehr und mehr Job der Führungskräfte, durch »walk to talk« gute Geschichten zu verbreiten und damit die Unternehmenskultur zu prägen. Doch viele Manager machen einen Bogen um das Thema, weil sie es als weichen Faktor abtun. Oder sie versuchen, die Unternehmenskultur zu prägen, indem sie Leitbilder formulieren, sie auf Poster schreiben, neben den Aufzug pinnen und froh sind, wenn das erledigt ist. Es geht dann oft um Sätze wie: Wir möchten die Nummer eins auf dem mittelpreisigen Fotokopierermarkt werden. Das ist noch keine Vision, das wollen viele.

Besonders offensiv muss man bei kritischen Themen mit dem Storytelling umgehen. Beispielsweise bei Entlassungen oder Fusionen. Nehmen Sie zwei IT-Unternehmen, die zusammengeschlossen werden. Beide CEOs sagen: Klar Leute, wir packen das. Die Mitarbeiter aber haben ihre Schweißperlen auf der Stirn gesehen. Schon ist das Vertrauen in den Wandel dahin. Wir holen in so einem Fall die beiden Geschäftsleitungen zusammen und fordern sie auf, ihren Leuten die besten Geschichten der vergangenen zwei Monate zu erzählen. Dabei erfahren beide Unternehmen etwas über die Arbeitsweise des anderen, sie sehen auch die Vorteile einer Partnerschaft und nicht nur die Bedrohung. Denn Storytelling hilft, soziale Realitäten aufzubauen. Natürlich durchlaufen Sie bei vielen grundsätzlichen Veränderungen eine Phase der Destabilisierung. Gerüchte kursieren, die Mitarbeiter machen sich Sorgen. Aber die Situation stellt sich ganz anders dar, wenn Sie das offensiv angehen. Stellen Sie die Gerüchte ins Netz, reden Sie darüber, machen Sie es zum Teil der offiziellen Kultur. Dann haben Sie die Chance, konstruktives Storytelling zu betreiben.

*Hans Rudolf Jost* arbeitet seit 23 Jahren als Berater und Trainer. Seit 1997 beschäftigt er sich mit Change-Prozessen. Als Gründer und Inhaber der Change Factory Unternehmensberatung AG in Zürich begleitet Jost Firmen in komplexen Veränderungsphasen. Schwerpunkt seiner Arbeit sind weiche Faktoren wie Unternehmenskultur und Kommunikation. Unter seinen Veröffentlichungen ist das Buch *Unternehmenskultur. Wie weiche Faktoren zu harten Fakten werden.*

# Let Us Turn into Story Managers!

## Hans Rudolf Jost about a new understanding of corporate culture.

I define corporate culture as »the sum of the stories that are told about a company«. These stories are part of the social structure of reality in a company. Something like the mental DNA of a company.

If you want to know how this DNA comes about, you have to take a look at the company's structure. There are two organisational levels: The formal, visible and the informal, invisible part. Included in the latter are myths and stories, gossip and tittle-tattle, as well as dogmas and taboos. On the first level, security is created, on the second, trust and confidence.

A company's culture can be functional or dysfunctional. The question is: Does the company's culture help or hinder it on its way to attain its business objectives? For stories to be told that are useful to people, companies need professional story management.

As a rule, we spend 80 percent of our time with stories about deficits. We tell ourselves stories of what does not work, where performance or conduct was bad. This is complete nonsense. We have to focus on what does work. It's there where we find the good stories that help people to control their actions and to reach their objectives all the faster. Stories about successes, about the company's early days, about people and innovations, as well as fictitious stories, for instance, in the form of visions.

The job of executives will grow more and more into spreading good stories through »walk to talk« and thus into underscoring the corporate culture. Yet, quite a number of managers keep well clear of this subject, because they denigrate it as a soft factor. Or they try to underscore the corporate culture by wording guiding principles, writing them on posters, pinning them up next to the lift and being glad when that's done.

When dealing with critical issues, storytelling must be especially offensive. Such as with dismissals or fusions. Put the rumours on the network, talk about them, make them part of the official culture. Then you will have the chance to make use of constructive storytelling.

As the founder and owner of Change Factory Unternehmensberatung AG in Zürich, *Hans Rudolf Jost* accompanies companies in complex changing phases. Included in his publications is the book *Unternehmenskultur. Wie weiche Faktoren zu harten Fakten werden.*

# Die neuen Managementrebellen

## Holger Rust über frischen Wind in den Chefetagen.

Auf den Karrierewegen in die Chefetagen geschieht etwas Bemerkenswertes: Man beobachtet, dass der Wettlauf um die besten Positionen hier und da unterbrochen ist. Da stehen Gruppen zusammen, verschnaufen und diskutieren über den Sinn ihres karrieristischen Sturmlaufes, fragen sich, was das alles soll, was sie an Universitäten, in Trainee-Programmen und Managementparcours lernen, die Modelle und Managementmoden. Und sie kommen auf die Idee, dass man vielleicht mal was ändern sollte, weil der klassische Weg des formalistischen Kennzahlenmanagements so rasend erfolgreich ja sichtlich nicht war und ist. Kurz: Beim Führungsnachwuchs entsteht eine neue Mentalität, die sehr unterschiedliche Menschen zwischen 20 und 35, aber auch ältere, zusammenführt. In den Köpfen der Menschen formiert sich ein »essayistisches Mentalitätsmilieu«, wie ich es nenne. Essayistisch heißt: Diese Menschen wollen Offenheit. Sie öffnen sich für andere Menschen, die anders denken und anderen Berufen nachgehen. Sie öffnen sich für Kultur und wirtschaftsgeschichtliche, politische, künstlerische, soziologische Impulse, mit deren Hilfe sie die enge, betriebswirtschaftlich konzeptionierte Sicht auf die Welt erweitern können. Der Nachwuchs ist nicht mehr bereit, ein Unternehmen nach vorgefertigten Rezepten zu führen. Die starren Korsetts der etablierten Managementmethoden will niemand mehr. Schon die Studenten wehren sich gegen den Formalismus bloßer Kennzahlenorientierung, gegen die Dominanz der metrisch-mathematischen Modelle, mit deren Hilfe sie auf den Beruf vorbereitet werden sollen. Zu Recht. Denn Kennzahlen werden den Markt- und Kundenproblemen nicht gerecht.

Sie suchen nach neuen, jeweils angemessenen Lösungen. Um sie zu finden, setzen sich viele Leute zusammen und tauschen sich aus. Hierarchisches Denken verliert an Bedeutung, der egozentrische Karrierismus der ehemaligen Nobel-Ich-AGs ebenso. Die Kommunikation untereinander und mit den Mitarbeitern ist eine der Kernmotivationen der Nachwuchsmanager: »intellektuelle Wertschöpfung«, Wir-AGs statt Ich-AGs.

## Schlechte Noten für Ausbildung und Chefs

Es ist neu, dass eine wachsende Zahl von jungen Führungskräften einerseits die Grenzen des fantasielosen Formalismus und andererseits die blinde Zielstrebigkeit des egozentrischen Karrierismus überwinden möchte. Es ist auch neu, dass sich hier eine weltweite Gedankenbewegung bildet. Eine Fokussierung dieser neuen Mentalität macht sich mittlerweile weltweit machtvoll bemerkbar: die Bewegung der »Postautisten«. Im Juni 2000 verfassten Studenten in Paris ein kämpferisches Pamphlet, demonstrierten für mehr Pluralität in der Ausbildung, wollten den Konzepten des amtierenden Establishments eine neue Vielfalt des Denkens hinzufügen. Über das Internet werden ihre Ideen verbreitet. Die Initiative wirkt. Viele Studenten der Wirtschaftswissenschaften begehren auf gegen die mathematische, formalistische, ja autistische Vorgehensweise derer, die zurzeit am Ruder sind. Sie suchen nach überraschenden Lösungen, nach einer Kultur eines neuen Pluralismus. In Diskussionsforen wird heiß debattiert: Weit über 6.000 Abonnenten konsultieren regelmäßig die Website der Bewegung, renommierte Professoren schreiben auf ihr. Sie erreicht Menschen in 145 Ländern. Und überall stellt man sich diese Frage: Wozu machen wir das eigentlich alles? Damit kein Missverständnis entsteht – hier sind keine Romantiker unterwegs. Der rebellierende Topnachwuchs bestreitet dabei nicht, dass Kennzahlen, Balanced Scorecard und all dieses betriebswirtschaftliche Handwerkszeug wichtig sind und weiterlaufen müssen. Aber sie wollen wissen: Wozu brauche ich die Modelle?

Dieser Nachwuchs findet Mitstreiter. An den Hochschulen, in den Unternehmen, auf Kongressen. Die Studenten und die jungen Managerinnen und Manager, die ähnlich denken wie sie, rennen nicht wie 1968 das ganze System nieder. Es sind sanfte Managementrebellen. Doch in einer Frage sind sie hart: bei der Bewertung der amtierenden Führungskräfte. In empirischen Studien zeigt sich der Gegensatz: altes Management – neue Rebellen, deutlich. Ich habe in verschiedenen Studien die Möglichkeit gehabt, Hunderte von Studenten und Berufseinsteigern, meist zwischen 25 und 30, zu diesem Thema zu befragen: Wie sieht der CEO von morgen aus? Und wie schätzt ihr die von heute ein? Das Idealbild ist klar: Er muss kommunikativ sein und visionär, kooperativ und lernend, kundenorientiert und analytisch. Auf einer Fünferskala erhalten die Idealmanager von morgen Punkte zwischen 1,5 und 2. Dieselben Befragten bewerten die amtierenden Manager auf einer Fünferskala um durchschnittlich 1,5 Punkte schlechter. Die Absolventen sehen sich selbst näher am Wunschbild als ihre heutigen Vorgesetzten. Weiter befragt, was sie als Erstes und ohne Umschweife tun würden, wenn sie selbst ein Unternehmen führen müssten, antworteten die meisten: Die Kommunikation mit den Mitarbeitern stärken. Auch in Sachen Werthaltung und Ethik erhärten sich diese Ansprüche, und wieder auch ganz anders, als sie sie bei ihren Chefs erfüllt sehen: Die Aspekte der Pflege der Mitarbeiterpersönlichkeiten sind ihnen das Wichtigste. Ob es um das Lohngefälle zwischen Männern und Frauen geht oder um die Frage, ob Mitarbeiter über die Ziele des Unternehmens informiert werden sollen: Verstöße gegen die Loyalitätspflicht gegenüber den Mitarbeitern finden sie verwerflich. Sehr viel rationaler argumentieren die jungen Leute, wenn es um betriebswirtschaftlich relevante Entscheidungen geht, um die Frage beispielsweise, ob es zulässig ist, der Konkurrenz die besten Mitarbeiter abzujagen. Da agieren sie sehr ähnlich wie ihre heutigen Vorgesetzten.

## Jenseits der Managementmoden

Woher kommt dieser Wunsch nach einem Wandel? Wahrscheinlich dadurch, dass durch Hunderte Managementmoden und ausgefeilte Modelle, Tausende Tipps von Trendforschern und noch einmal so viele Einflüsterungen von Erfolgsgurus nichts besser geworden ist in den Unternehmen. Man hat alles berechnet, oft ohne Erfolg. Da fragt man irgendwann: Wo ist der Rest, den man nicht berechnen kann? Und was heißt das eigentlich, wenn sich Unternehmen auf Humankapital und Sozialkompetenz besinnen? Ihre Antwort ist klar und empirisch belegbar: Erfolg hat mit dem individuellen Mut von Menschen zu tun, sich intelligent und gemeinsam unerwarteten Herausforderungen zu stellen, die Basis der Problembewertung dadurch zu erweitern und die Zeit für Lösungen dadurch zu verringern, dass das Spektrum der Perspektiven ausgedehnt wird. In vielen erfolgreichen Unternehmen finden sich Beispiele. Ob IBM-Chef Gerstner sagt: »Wir müssen uns in Meetings unterhalten, statt Charts zu präsentieren.« Ob VW ein ausgefeiltes Coaching-System einführt oder DaimlerChrysler auch horizontale Karrieren zulässt statt des Up-or-out-Prinzips. In vielen anderen herrscht jedoch das Regiment der Formalisten, die egozentrische Karrieristen um sich scharen. Natürlich: Auch die Mitglieder des essayistischen Mentalitätsmilieus möchten Karriere machen und an die Schalthebel der Macht kommen, nur möchten sie das auf andere Weise tun, als es bisher üblich war. Dieser Nachwuchs will eine Karriere mit Kollegialität und Verantwortung, Herausforderung und Entwicklungschancen. Gibt es diese Entwicklungschancen in ihrem Unternehmen nicht, ziehen die Managementrebellen schnell entschlossen Konsequenzen: Sie wechseln das Unternehmen. Die Mobilität dieser Gruppe ist enorm hoch.

## Gelingt die Rebellion?

Die sanften Managementrebellen sind keine Gruppe, die sich scharf abgrenzen lässt. Letztlich eint sie ein diffuses Gefühl gemeinsamer Sichtweisen, Werte, Ansichten. Es wäre falsch, sie als »Generation« zu bezeichnen. Und noch ist nicht klar, ob die jungen Rebellen gegen alle Widerstände das Ruder herumreißen können. Die Gefahr besteht, dass sie sich im Laufe der Zeit immer mehr anpassen. Aber wir sollten an den Wandel glauben. Ich denke, dass man erste Zeichen der Veränderung sehen kann. Die empirischen Daten vieler Wertestudien stützen diese Annahme.

Die neuen Chefs lassen ihre Mitarbeiter laufen, wenn sie Lösungen suchen. Sie lassen Kommunikation zu. Zwar bleibt die Hierarchie der klassischen Führung unangetastet, aber die intellektuelle Hierarchie wechselt je nach Fragestellung. Führungskräfte umgeben sich bewusst mit sehr unterschiedlichen Menschen, die jeweils auf bestimmten Gebieten weit besser sind als sie. Ihr Genie liegt in einem geradezu soziologischen Konstruktivismus: Sie bauen mit Menschen Wissenswelten auf, die aus der Konfrontation von Kompetenzen neue Ideen produzieren. Sie suchen Menschen, die unterschiedliche Bereiche des Wirtschaftslebens durchlaufen und Unterschiedliches kennen gelernt haben. Das Wissen, in vielen Sonntagsreden als das wichtigste Kapital unseres Landes beschworen, kann nur auf diese Weise aktiviert werden. Das schaffen wir nicht mit einem formalisierten Wissensmanagement, das alles schematisch kartografiert. Aus Formalismen entstehen keine neuen Ideen. Das geht nur mit intellektueller Konfrontation und Kommunikation. Diese Atmosphäre kann im essayistischen Mentalitätsmilieu der sanften Managementrebellen vorzüglich gedeihen. Sie sind so etwas wie die »Dritte

Kultur« im Management, die eine Synthese schaffen zwischen der Kultur der Wirtschaftswissenschaften und der Geisteswissenschaften. Und manchmal spürt man diese Verknüpfung an ganz alltäglichen beispielhaften Änderungen der Gewohnheiten: Menschen zu treffen, die anders sind. Also fordern die Essayisten: Ihr Managerinnen und Manager, geht nicht immer gleich nach Dienstschluss in die After Work Clubbings, in denen ihr ohnehin nur andere Manager trefft. Aber auch ihr, ihr Literaten, geht nicht immer in die Kneipen, in denen ihr ohnehin nur euresgleichen findet. Sucht euch gegenseitig, setzt euch auseinander, provoziert den unerwarteten Impuls. Denn den braucht unsere Gesellschaft, wenn sich etwas ändern soll. Derartige Kommunikationsmöglichkeiten sollten, um die Begeisterung der Mitglieder dieses essayistischen Milieus zu wecken und zu erhalten, aber auch innerhalb der Unternehmen konsequent ermöglicht werden – thematisch und räumlich. Folgt man den Ergebnissen großer Studien beispielsweise über die Attraktivität möglicher Arbeitgeber, spielt dieser Gesichtspunkt der vielfältigen Kontakte eine große Rolle.

*Holger Rust* ist Professor für Soziologie an der Universität Hannover. Er beschäftigt sich vor allem mit Bildung, Arbeit, Wirtschaft und Karriere. Neben seiner Hochschultätigkeit sammelte er breite Praxiserfahrung. Zu seinen Büchern zählt *Die sanften Managementrebellen. Wie der Nachwuchs die Chefetagen aufmischen wird.*

# The New Management Rebels

Holger Rust about fresh wind in the corner office suites.

Something quite remarkable is happening on the career ladders leading to the corner suites: We can see that the race for the best positions is being interrupted here and there. Groups are standing around, taking a breather and debating the sense of their career dash, asking themselves what it's all about what they learn at universities, in trainee programmes and management courses, the models and management fashions. And they hit on the idea that they should perhaps change something, because the classical path of formalistic statistical management has evidently not been and is not so enormously successful. In brief: The new management blood is adopting a new mentality bringing together very different people between 20 and 35. An »essayistic mentality milieu« is being formed in the heads of people, as I call it. Essayistic means: These people want candour. They open themselves for other people, who think differently and pursue other professions. They open themselves for culture and economic-historical, political, artistic, sociological impetuses, with the assistance of which they will be able to expand the narrow, business-conceived view on the world. The new generation is no longer prepared to manage a company following preconstructed recipes. No one wants the unbending corsets of the established management methods. Even students are fighting the formalism of mere statistical orientation, the dominance of metric-mathematical methods, with the help of which they are to prepare themselves for their later profession. Quite rightly. For statistics do not do justice to the problems related to the market and customers. They are looking for new answers suitable for the given situation concerned.

What is unusual is that this new movement of ideas is being generated world-wide. In the meanwhile, it has become powerfully noticeable that this new mentality is being focused on throughout the world: The movement of the »post-autistic«. In June 2000, students in Paris drew up an aggressive pamphlet, demonstrated for more plurality in education and wanted to add new variety of thinking to the concepts of the presiding establishment. Their ideas were disseminated via the internet. This initiative was effective. Today, the students and young managers of both sexes, who think along similar lines as they did, are not running down the entire system as in 1968. They are peaceful management rebels. When asked as to what they would do first and without beating about the bush, when they themselves have to manage a company, most replied: Boost communications with staff. These claims are substantiated even further when it is a question of ethics and preserving values, and again quite differently than how they are regarded as fulfilled by their bosses.

Where does this hankering for change come from? Probably from the fact that the hundreds of management fashions and refined models, the thousands of tips presented by trend researchers and the so many evocations whispered by success gurus have not resulted in one iota of improvement in companies. Everything was minutely calculated – often without success. Some time or other the question is then posed: Where's the rest that cannot be calculated? And what does it actually mean when companies have second thoughts about human capital and social competence? Their reply is clearly and empirically exemplified: Success has to do with people's individual courage to face unexpected challenges intelligently and in common, thus extending the basis of how to assess the given problem and cutting down on the time for finding answers – to enable the spectrum of perspectives to be broadened.

The peaceful management rebels are a group that cannot be sharply delineated. In the final analysis, what unites them is a diffuse feeling of common viewpoints, values, opinions. And what is still not evident is whether these young rebels will be capable of wheeling around the helm against all resistance. There is the danger that they will increasingly fit in in the course of time. However, we should believe in change. I think we can already see the first intimations of change.

*Holger Rust* is Professor for Sociology at the University of Hanover. He is principally concerned with education, labour, industry and careers. Alongside his university work, he has gathered considerable practical experience. His books include *Die sanften Managementrebellen. Wie der Nachwuchs die Chefetagen aufmischen wird.*

# Raus aus dem Tief

Jörg Middendorf über Coaching für Manager.

»Coaching« ist in aller Munde, alles und jeder scheint mittlerweile gecoacht werden zu müssen. Diese Welle kam in den 90er Jahren aus den USA zu uns, noch vor dem Aufstieg der New Economy. Man hatte gemerkt, dass die allgemeinen Bildungsangebote in den Unternehmen, die standardisierten Führungskräfteseminare und Weiterbildungen, nicht den erhofften Erfolg brachten. Es wurde deutlich: Gerade die Topleute brauchten mehr individuelle Lernangebote. Seitdem boomen computergestütztes Lernen und Coaching. Das ist viel mehr als eine Modewelle. Die Aufgaben in den Unternehmen werden immer komplexer, gerade für die Führungskräfte. Sie müssen Fachexperte und Mediator sein, sie müssen emotionale Intelligenz mitbringen und sich selbst coachen. Ein Chemiker, der eine Laborleitung übernimmt, muss plötzlich auch Betriebswirt und Psychologe, Kommunikationsvirtuose und Verhandlungsprofi sein. Das kann nicht gehen. Dabei braucht er Unterstützung.

## Was macht eigentlich ein Coach?

Man unterscheidet zwischen Trainer und Coach. Aufgabe eines Trainers ist es, einer Gruppe Wissen zu vermitteln. Was ist Konfliktmanagement, worauf kommt es bei Rhetorik an, wie präsentiere ich richtig? Ein Coach dagegen ist ein individueller Berater, der gemeinsam mit dem Coachee – wir verwenden in der Branche den amerikanischen Begriff so wie bei Trainee – ein neues Licht auf seine ganz spezifische Problemsituation wirft. Dabei kann es sich um eine Berufswegentscheidung handeln oder um eine Problemkonstellation am Arbeitsplatz, wie Schwierigkeiten mit der Führungsrolle oder Kommunikationsprobleme.

Ziel ist es, gemeinsam einen Weg raus aus der Situation zu definieren. Dabei steht die Frage im Mittelpunkt: Wie kann diese Person ihre berufliche Rolle bewältigen? Die Arbeit beschränkt sich nicht auf den beruflichen Kontext, sondern schließt immer den ganzen Menschen, seine Fähigkeiten und sein Umfeld ein. Die Betrachtung dieser Systeme, in denen sich der Coachee befindet, ist immens wichtig. Ein Beispiel: Welche Auswirkungen hat es, wenn im Coaching ein Lösungsansatz erarbeitet wird, der auf eine Kündigung des Coachees hinausläuft, seine Frau aber gerade mit dem dritten Kind schwanger ist?

Der Coach ist niemand, der den Weg bestimmt. Es geht um eine partnerschaftliche Beratungsbeziehung zwischen Coach und Coachee. Der Coach ist kein Sachexperte, sondern ein fachfremder Berater, der neue Denkanstöße gibt und auf das nicht ausgeschöpfte Potenzial seines Kunden zurückgreift. Er hilft, Dinge auf den Punkt zu bringen, Ziele bewusst zu machen und neue Lösungswege zu finden. Während ein Trainer in einem Gruppenseminar in solchen Fällen soziale Fertigkeiten trainieren würde, schaut sich ein Coach erst einmal die individuelle Lage an: In welchen Situationen tauchen Probleme mit den Kollegen auf? Wo kommen sie her? Welches Verhältnis hat der Coachee generell zu anderen Menschen? Welche Werte hat er verinnerlicht? Wenn dabei herauskommt, dass sich der Manager zu den Mitarbeitern sozial verhält, zu den Kollegen auf der gleichen Ebene aber nicht, muss man weiterforschen. Welches Bild von Mitarbeitern und Kollegen steht dahinter? Welche Werte sind in seinem Beruf für ihn wichtig?

Ich hatte einmal einen Fall, da zeigte sich, dass der Coachee unbewusst das Gefühl hatte, die anderen Führungskräfte können für sich selbst sorgen, die Mitarbeiter nicht. Bei der Frage nach den Werten kamen die Kollegen auf derselben Hierarchieebene und Partner überhaupt nicht vor. Sie waren einfach ausgeblendet. Wenn einem solche Dinge erst einmal klar werden, dann kommt ein wichtiger Prozess in Gang. Plötzlich achten Sie darauf, wo mache ich das, wo nicht? Und Sie fangen an, gegenzusteuern.

Viele sind überrascht, wenn ich betone, dass der Coach kein Sachexperte sein sollte. »Feldkompetenz«, wie wir das nennen, kann sogar hinderlich sein. Die Erklärung dafür ist einfach: Die Chance liegt gerade darin, dass der Coach eine ganz andere Welt im Kopf hat als der Coachee. Ist er zu sehr Fachmann, geht er weniger unvoreingenommen an das Problem heran. Wenn beide aus demselben Fachbereich kommen, glauben sie schnell, sich wortlos zu verstehen. Doch oft benutzt man dieselben Wörter, meint damit aber anderes.

Ein ähnlicher Stallgeruch ist allerdings sinnvoll. Berät der Coach einen

Manager aus einem großen Industrieunternehmen, sollte er mit dem Wirtschaftsumfeld vertraut sein. Ein Coach, der keine Fachkenntnis auf dem Arbeitsgebiet seines Coachees hat, muss wissen, wo er gegebenenfalls die Informationen bekommt, die seinem Kunden helfen, zu fundierten Entscheidungen zu kommen. Welche Personalberatungen kennen sich aus, wie entwickelt sich die Branche et cetera?

## Wie findet man den richtigen Coach?

So nützlich ein guter Coach ist – beide Seiten müssen darauf achten, dass er nicht zum Dauerberater in jeder schwierigen Lebenslage wird. Coaching versteht sich als Hilfe zur Selbsthilfe. Und ist ein zielgerichteter Prozess. Deshalb sollte ein Coaching in der Regel nicht mehr als etwa fünf bis zehn Sitzungen umfassen.

80 Prozent unserer Kunden werden von ihren Unternehmen geschickt, etwa 20 Prozent zahlen selbst. Obwohl Coaching grundsätzlich für Mitarbeiter auf allen Hierarchieebenen sinnvoll ist, zahlen die Firmen meist nur für Topmanager einen Coach. Denn diese wichtigen Entscheider muss das Unternehmen bestmöglich einsetzen. Es kann sich nicht leisten, dass eine teure Führungskraft in einem beruflichen Tief durchhängt, und wird deshalb einiges tun, um ihr da rauszuhelfen – oder auf einen harmonischen Abschied hinzuarbeiten.

Bei den hohen Kosten eines Coachings erwarten Unternehmen und Management einen nennenswerten Effekt. Doch wie misst man den Erfolg eines Coachs? Sinnvoll sind zum einen anonyme Befragungen bei den Mitarbeitern. Wie hat sich das Führungsverhalten des Chefs verändert? Wie läuft jetzt die Zusammenarbeit? Zum anderen sollte man mit dem Coachee gemeinsam überprüfen, ob man die anfangs gesetzten Ziele gemeinsam erreicht hat. Letztlich hängt der Erfolg eines Coachings aber auch von der Unternehmenskultur ab. Es macht wenig Sinn, Führungskräfte aufwendig fit zu machen und gleich darauf einen Merger durchzuführen, der alles erneut auf den Kopf stellt.

Nehmen Sie sich Zeit, um Ihren Coach zu finden. Und schauen Sie dabei nicht nur auf die Geldbörse. Mittlerweile werben Anbieter sogar mit Online-Coaching, doch der Begriff ist natürlich übertrieben. Beim Coaching von *Managementwissen online* (*www.mwonline.de*) beispielsweise können die Leute Fragen stellen, die von bis zu sechs verschiedenen Coachs beantwortet werden. Das können durchaus sinnvolle Denkanstöße sein, die den Blickwinkel verbreitern. Doch das eigentliche Coaching würde erst danach losgehen. Anbieter gibt es reichlich. Achten sollte man darauf, dass der Coach psychologisch geschult ist und eine Beraterausbildung hat. Ein kostenloses Erstgespräch, in dem er seine Strategie ausführlich erläutert, ist selbstverständlich. Vorsicht, wenn das Geld dabei im Vordergrund steht und nicht das partnerschaftliche Beratungsverhältnis. Am besten bringt der Coach natürlich Referenzen mit. Vor allem aber: Die Chemie muss stimmen. Das ist Voraussetzung für ein erfolgreiches Coaching.

*Jörg Middendorf* ist Diplom-Psychologe, Supervisor und Organisationsentwickler. Er arbeitete in der Personalabteilung der Bayer AG und als interner Coach bei der Unternehmensberatung McKinsey & Company. Anfang 2003 machte er sich als Coach und Organisationsberater selbstständig. Er ist Autor von *Fit durch Coaching.*

# Stop Feeling Low

## Joerg Middendorf about coaching for managers.

Daily work in companies is getting increasingly more complicated – particularly for top executives. They have to be expert specialists and mediators; they must exhibit emotional intelligence, and coach themselves. A chemist who takes over laboratory management must, all of a sudden, also be a business manager and psychologist, a communication virtuoso and negotiation pro. This won't and can't work. Here he will need support. Differentiation is made between a trainer and a coach. It's the job of a trainer to provide a group with know-how. A coach, on the other hand, is an individual consultant who – together with the coachee – will throw new light onto a quite specific problematical situation that confronts his coachee. This may involve a career decision or a constellation of trouble at the workplace, such as difficulties with the manager role or communication problems. The objective is to jointly identify a way out of the quandary. The question to focus on is: How can this person deal with his or her professional role? Work is not restricted to the professional context, but always encompasses people in their entirety, their capabilities and their surroundings. Consideration of these systems where the coachees find themselves is immensely important.

A coach is not somebody who paves the way. Here, it is a question of a partner-like consultancy relationship between the coach and coachee. The coach is not an expert specialist, but a consultant alien to the subject on hand, giving the coachee something fresh to think about and resorting to his client's unexploited potential. He helps to get to the heart of the matter, to make objectives conscious and to find new answers.

As useful as a good coach is – both sides must take care that he does not become a permanent consultant in any difficult phase of life. Coaching is to be understood as help for self-help. It is a process directed by objectives. Coaching should therefore comprise, as a benchmark, no more than five to ten sessions.

80 percent of our clients are sent by their companies, some 20 percent paying themselves. Although coaching is basically meaningful for staff on all hierarchical levels, companies mostly pay for a coach only for top managers. This has to do with the fact that a company must employ these essential decision-makers in the best possible manner. A company cannot afford to have an expensive upper-echelon executive feeling low in his job, which is why it will start moving things to help him or her out of the quandary – or to work for a harmonious parting.

Faced with the high costs of coaching, companies and management expect a significant effect. But what are the criteria for a coach's success? An anonymous survey of staff is one meaningful method.

Take your time to find your coach. You should ensure that the coach is trained as a psychologist and has consultant training. An initial interview in which he explains his strategy in all detail should be included free of charge. But above all else: The chemistry must be right. That is an absolute must for successful coaching.

*Joerg Middendorf* is a graduate pychologist, supervisor and organisation developer. He worked in the Human Resources Department of Bayer AG and as internal coach for McKinsey & Company. At the beginning of 2003, he set himself up as a coach and organisational consultant. He is the author of *Fit durch Coaching.*

# Teil II
# Unternehmensorganisation der Zukunft

## Section II
## The Corporate Organisation of the Future

# Die Gesetze der Netze

Zwölf Inspirationen von Michael Gleich.

Netze haben dem Planeten Erde mächtig die Luft rausgelassen. Innerhalb von 100 Jahren ist er von Größe XL auf Größe S geschrumpft. Mitgewirkt haben daran Eisenbahnverbindungen, Fluglinien, Telefondrähte, Satellitenfernsehen, Internet, E-Mail, Börsennetze und finanzielle Transaktionen in Echtzeit. Mittlerweile ist jeder von uns irgendwie in dieses globale Netz der Netze verstrickt. Und immer mehr Menschen üben einen heimlichen Zweitjob aus – als Netzwerker. Sozialarbeiter, die Nachbarschaftsinitiativen betreuen, genauso wie freiberufliche Architekten, die Bauprojekte in wechselnden Partnerschaften abwickeln, Wissenschaftler, die im globalen Verbund forschen, oder Globalisierungskritiker, die Netze als effiziente Organisationsform ebenfalls schätzen.

## Mit Netzwerken umgehen lernen

Das Dumme ist: Niemand von uns wurde zum Netzwerker ausgebildet. Wir stehen oft ratlos vor komplexen (= miteinander verflochtenen) Systemen und ihren überraschenden Resultaten. Denn die »Gesetze der Netze« unterscheiden sich fundamental von denen in starren Hierarchien. Netze verbinden vielfältigste Knoten zu einem einheitlichen Ganzen, balancieren Chaos und Ordnung aus, organisieren Win-Win-Beziehungen, und vor allem halten sie Attacken von außen stand: Sie reißen nicht, sondern federn Störungen elegant ab – vorausgesetzt, sie sind richtig verknüpft. In dieser Hinsicht können wir eine Menge von der Evolution lernen. Sie organisiert alles Leben in Netzen: Räuber-Beute-Beziehungen und Nahrungsnetze, Symbiosen und Parasitismus, Schwärme, Herden und Familienverbände. Etwa im Ozean: Putzerfische reinigen Teufelsrochen von Parasiten (der eine bekommt Nahrung, der andere Sauberkeit), Korallen bestehen aus Plankton fressenden Polypen, die mit winzigen

Algen zusammenleben und sie ernähren; Phytoplankton wird von Zooplankton gefressen, das Fische und Pfeilwürmer verzehren, die wiederum Raubfischen als Nahrung dienen. Leben existiert nur in Beziehung zu anderem Leben.

Der Erfolg gibt dem cleversten Netzwerker auf Erden Recht: Seit 3,5 Milliarden Jahren haben seine Knoten und Stränge gewaltige Belastungen und katastrophale Einschnitte abgefedert, ohne dass die Entwicklung als Ganzes je unterbrochen worden wäre. Hier sind zwölf Vorschläge, wie das »Web of Life« unser tägliches Networking inspirieren kann.

**I. Best before – ein freiwilliges Ablaufdatum.** In der Natur sind Netze – wie alles Lebendige – vergänglich. Der Homo sapiens dagegen hofft verzweifelt auf Ewigkeit. Organisationen, die er gründet, sollen am liebsten noch die nächste Eiszeit überdauern. Hier eine interessante Alternative: Netze gründen und von vornherein mit einem Ablaufdatum versehen. Das funktioniert wie ein Ultimatum an sich selbst: »Wir arbeiten eine Zeit lang zusammen, was bis dahin nicht geschafft ist, bleibt unerledigt, weil wir dann etwas Neues anpacken!« Das freiwillige »best before«-Datum bündelt die Aktivitäten auf klar formulierte Ziele hin und verhindert, dass ein Netz nur deshalb weiter gepäppelt wird, weil Pfründe und Posten zu vergeben sind. Institutionen, die sich eigentlich überlebt haben, gibt es eh zu viele.

**II. Banker, Kicker, Mönch: Wie man ungewöhnliche Allianzen schmiedet.** Ein beliebter Fehler besteht darin, nur ähnliche Elemente zu vernetzen. Gleich und Gleich gesellt sich gern – allerdings mit dem Nachteil, dass deren Liaison auch immer das Gleiche entspringt. Wenn Sie elf Kicker zusammenbringen, haben Sie eine Fußballmannschaft, deren Welt ein Fußball ist, die an Fußbälle denkt und, im besten Fall, Fußball spielen kann. Eine Gruppe Broker ist fixiert auf Hausse und Baisse, eine Klosterbruderschaft festgelegt auf ora et labora. Spannend wird die Sache, wenn man das Prinzip der Artenvielfalt auch beim Networking berücksichtigt. Gelänge es, Banker, Kicker und Mönche in ein Team einzubinden, sagen wir mal, für ein Brainstorming »Was ist Glück?« – auf deren Thesen dürfte man gespannt sein!

**III. Sorge für zunehmende Erträge!** Nach dem Prinzip der Selbstorganisation entstehen »Anhäufungen« vor allem dort, wo schon vorher etwas existierte. Wasser läuft einen Hang hinunter: Die ersten Routen der Rinnsale entstehen vielleicht zufällig, dann aber fließt es dort am stärksten, wo schon Wasser geflossen ist. Ähnlich in der Kultur: Ein neuer Schuhladen eröffnet vorzugsweise dort, wo andere bereits gut verkaufen, und mit jedem Neuzugang steigt die Attraktivität des Standorts. Biblisch gesprochen: »Wer hat, dem wird gegeben.« Netzwerker können selbst für zunehmende Erträge sorgen, bis ihr Gebilde die kritische Masse erreicht hat und dann von allein wie ein Magnet wirkt. Dann kann man sich den Umstand zunutze machen, dass bei Netzen, die zwecks »Umsatz« zwischen den Teilnehmern geschaffen werden, beispielsweise Handels- oder Telefonnetze, der Nutzen des Verbunds mit jedem Teilnehmer nicht proportional, sondern im Quadrat wächst. Wie bei der Einladung zu einer Promi-Party: Solange noch kein Star zugesagt hat, ziert sich die Szene. Doch wenn der Gastgeber damit locken kann, dass Madonna, Brad Pitt und Julia Roberts garantiert kommen, dann strömen auch die anderen Berühmtheiten herbei. Ein Sog erzeugt einen noch stärkeren Sog.

**IV. Füttere das Netz mit Nützlichem …** und es wird dich ernähren! In der Natur würde man von »reziprokem Altruismus« sprechen, wie er beispielsweise in Tierherden praktiziert wird: Wächtertiere schützen die anderen unter Einsatz ihres eigenen Lebens vor Raubtieren – aber irgendwann tut ein anderer etwas für mich oder meinen Nachwuchs! Auch in den Weiten des elektronischen Raumes wird diese Form indirekter Kooperation praktiziert. Zwischen den Infomüllhalden entdeckt man im Internet überwältigend viele nützliche, überraschende, weiterführende Angebote. Goldnuggets im Geröll. Fleißige Menschen haben sie dort deponiert. Sie haben den kategorischen Imperativ der Netze verstanden: Stelle Brauchbares bereit, wenn du selbst etwas abzapfen möchtest! Faustregel dabei: Wertvoll ist jede Information, in deren Erarbeitung jemand viel Zeit investiert hat und die nicht leicht reproduzierbar ist. Da stellen Schüler ihre Referate anderen zur Verfügung, da recherchiert ein Philosophiestudent eine liebevolle Linksammlung zu Paul Virilio, bieten Institute und Professoren ihre Forschungsergebnisse säuberlich geordnet zum Download an. Wenn es stimmt, dass die Netze unsere neue Heimat sind, dann haben wir hier Beispiele vorbildlicher Nachbarschaftshilfe.

**V. Lass sie schwärmen!** Die Millionen Internetnutzer verhalten sich wie ein Bienenschwarm, der seinen Stock verlässt und sich auf die Suche nach Nektar macht. Diesen Schwarm kann keiner auf Dauer mit knalligen Farben oder Marktschreierei täuschen! Wenn er an einem Ort (Website) keinen Honig saugen (Informationen, Unterhaltung oder Kontakte) kann, dann schwirrt er weiter und kommt nie wieder. Qualität setzt sich auch im Reich des Virtuellen durch. Meistens jedenfalls.

Keiner von uns ist so schlau wie wir alle zusammen, eine Faustregel, die wir von guten Brainstormings kennen. Wenn sich fünf Menschen treffen und gemeinsam grübeln, kommt in der Regel eine Menge mehr dabei heraus, als wenn sich jeder von ihnen ins stille Kämmerlein verzieht. Assoziationen fliegen hin und her, auf den verrückten Vorschlag des einen reagiert ein anderer mit einem vernünftigen, ein Gag provoziert vielleicht eine tragfähige These. Dieses Mehr bringt nur der »Schwarm« als Ganzes hervor.

Eine weitere Form, sich Schwarmdenken zunutze zu machen, sind die Newsgroups im Internet. Es gibt sie für die ausgefallensten Computerprogramme, für sämtliche sexuelle Spielarten, für Nazis genauso wie für libertäre Politik, von Altägypten bis Zytologie. Solche Themen werden über Monate oder Jahre diskutiert. Die Foren funktionieren wie ein schwarzes Brett, auf das man Fragen und technische Probleme, Suche und Biete pinnen kann. Newsgroups ahmen ein wichtiges Prinzip der Evolution nach: kollektive Intelligenz, erzeugt durch verteiltes, paralleles und vernetztes Denken. Unser Gehirn weist uns die Richtung: Eine einzelne Nervenzelle ist strunzdumm, sie kann lediglich Impulse feuern oder nicht feuern; aber der Verbund, in dem jede der 100 Milliarden Zellen durchschnittlich mit 10.000 anderen verschaltet ist, bringt Philosophien, Symphonien und Relativitätstheorien hervor – Wunderwerke der Emergenz.

**VI. Sei Nomade!** Offiziell firmiert unsere Kultur als Projekt Sesshaftigkeit. Doch in Wirklichkeit wankt unsere Standorttreue jeden Tag ein bisschen mehr. Global Cities sind nicht mehr die Heimat von Festverwurzelten, sondern riesige Transiträume für Umtriebige, unstet, aber stets vernetzt. Was liegt näher, als die erforderlichen Kulturtechniken bei jenen abzuschauen, deren ganzes Leben eine einzige Abfolge von Ankünften und Abschieden ist: bei den Nomaden?

Ihre Moral heißt Migration, sie sind alle Grenzen los. Sie können uns Cybernomaden inspirieren: Erfahrungen mit anderen zu teilen und erworbenes Wissen zu guten Geschichten zu verdichten; beim Navigieren in den Netzen nicht dogmatisch an einem eingeschlagenen Kurs festzuhalten, sondern wach zu sein für die Chancen links und rechts des Weges; Ballast abzuwerfen (»Brauche ich das alles wirklich?«) und lieb gewonnene Gewissheiten bei Bedarf zugunsten neuer Horizonte aufzugeben.

**VII. Fünf-D-Denken.** Um Komplexität (sprich Verflochtenes) zu erfassen und zu bewältigen, brauchen wir eine neue Analysemethode. Zu den drei Dimensionen des Raumes und der der Zeit muss eine fünfte hinzukommen: die Netzdimension. Sie beschreibt, auf welche Weise in einem komplexen System Knoten und Stränge verschaltet sind, sie analysiert die Qualität der Vernetzung und wie sie sich im Laufe eines Prozesses verändert. Fünf-D-Denken zeichnet eine Art Netzkarte, die angibt, wie sich verschiedene Knoten zueinander verhalten. Unsere Situation als »Systementwickler« ist vergleichbar mit der eines Schachspielers, der vor einem besonders vertrackten Spielaufbau sitzt: Alle Figuren hängen mit Gummibändern zusammen, versetzt man eine Figur, bewegen sich alle. Deshalb sollte man mehr als einen Moment lang überlegen, wie die Fäden verlaufen, bevor man zum vermeintlich genialen Zug ansetzt.

**VIII. Vernetzt fühlen – dem »Bauch« vertrauen.** Notwendigerweise bleibt in komplexen Situationen eine »irgendwie« nicht fassbare Grauzone übrig. Hier hilft eine bei eingefleischten Rationalisten verpönte Instanz weiter: die Intuition. Sie hat nichts mit Esoterik zu tun, sondern mit gespeichertem und zu einem Gesamtgefühl kondensiertem Erfahrungswissen. Intuition ist unser Sinnesorgan für vernetzte Wirkungen.

**IX. Ehre deine Fehler,** zumindest die kleinen, denn sie bringen dich weiter! Sie sind so etwas wie eine Schutzimpfung für Netze, wie beim Immunsystem des Körpers: Eine kleine Dosis Erreger darf eindringen, Antikörper werden gebildet, und wenn später eine massivere Attacke auftritt, ist das Abwehrsystem vorbereitet und macht sie unschädlich. Der Kampf zwischen Hackern und Firewall-Programmierern im Internet ist ein weiteres Beispiel solch einer Koevolution, die letztlich alle weiterbringt: Auf die Freisetzung von Viren reagieren Softwareentwickler mit neuen, noch raffinierteren Schutzwällen. Insofern sind Fehler keine Katastrophe, sondern das notwendige Stimulans lernender Organisationen. Sonst sterben sie schon am ersten kleinen Schnupfen.

**X. Die Geraden und die Schrägen.** Wenn Ihr Netz aussieht wie ein münsterländischer Acker nach der Flurbereinigung, dann haben Sie was falsch gemacht. Es sollte vielmehr vielfältig wie ein Zoo angelegt sein und auch komischen Käuzen, Paradiesvögeln und Tausendsassas ein Plätzchen bieten. Oder gleich wie das Modell Regenwald, denn dort sieht man: Je mehr Tier- und Pflanzenarten auf engem Raum zusammenleben, desto stabiler das Ökosystem. In der Evolution wie in der Marktwirtschaft ist die Suche nach neuen Optionen nie zu Ende – ein Plädoyer für hohe Diversität!

**XI. Kunst im CHAORD.** Netze sind hervorragend geeignet, CHAos und ORDnung miteinander zu versöhnen. Lebensgemeinschaften zum Beispiel balancieren in einem Fließgleichgewicht zwischen den beiden Extremen »totale Anarchie« und »starre Ordnung«, sie bewegen sich am Rande des Chaos, um einerseits noch genug Ordnung zu haben, um Impulse von außen verarbeiten zu können, andererseits aber auch genug kreatives Potenzial zu haben, um auf Umweltveränderungen reagieren zu können. Zum Wesen einer chaordischen Organisation, gehört es, eine klare Vision zu formulieren, aber genügend Spielraum für spontane Selbstorganisation zu lassen. Sie wacht darüber, dass die richtigen Wege eingeschlagen werden, lässt aber Fehler zu, damit das Netz daraus lernen kann.

Oft ist Chaos die bessere Strategie als Kontrolle. Ein Experiment aus der Biologie: Wenn man jeweils ein Dutzend Fliegen und Bienen in eine leere Flasche sperrt, die unverschlossen und mit dem Boden in Richtung Fenster liegt – wer wird als Erstes der Falle entkommen? Die Bienen, die für effiziente Kommunikation in einem straff organisierten Staat stehen, oder die Fliegen, mit denen man wildes Herumsausen verbindet? Die Bienen suchen mit Fleiß und Akribie jeden Millimeter des Flaschenbodens ab, der dem Licht zugewandt ist und wo sie den Weg in die Freiheit vermuten, bis sie irgendwann an Erschöpfung sterben. Die Fliegen dagegen schwirren in heller Aufregung hin und her, suchen, jede für sich, den Ausweg und entkommen irgendwann, jede für sich, der Falle.

**XII. Die Gesetze der Netze** sind noch lange nicht ausgeforscht. Doch um die sich selbst beschleunigende Dynamik zu verstehen, mit der wir den Blauen Planeten in einen immer dichter gesponnenen Kokon hüllen, brauchen wir ein völlig neues Denken, eine Bionik der Netze, die vom Erfolg evolutionärer, hochkomplexer Systeme profitiert. Die Grundzüge des neuen Paradigmas zeichnen sich bereits ab: Kommunikation statt Kontrolle, Netzlogik statt der herkömmlichen mechanistischen Logik, Netzwerk statt Uhrwerk. Oder frei nach Karl Valentin: Netze sind schön, machen aber viel Arbeit.

*Michael Gleich* ist Wissenschaftspublizist und hat mit seinem Buch *Web of Life. Die Kunst, vernetzt zu leben* Maßstäbe gesetzt.

# The Laws of the Networks

## Twelve inspirations from Michael Gleich.

Each and everyone of us is involved in global networks in some way or other. And an increasing number of people have a secret job on the side – as networkers. Social workers, taking care of neighbourhood initiatives, just like self-employed architects, dealing with construction projects in rotating partnerships, scientists, conducting research in global co-operation, or globalisation critics, who likewise highly regard networks as efficient forms of organisation.

The only dumb thing about this: None of use has been trained as a networker. Frequently, we are confronted with complex (= interconnected) systems with their surprising results. The »laws of the networks« are fundamentally different from those in rigid hierarchies. In this respect, we can learn a great deal from evolution. It organises everything alive in networks: Predator/prey relations and food networks, symbioses and parasitism, swarms, herds and family clans. Success proclaims earth's cleverest networker – nature – the winner. Here are twelve proposals as to how the »Web of Life« may inspire our daily networking.

**I. A voluntary expiry date.** Networks in nature are – like everything living – ephemeral. Establish networks and – right from the start – give them a »best before« date. The voluntary »best before« date bundles together activities into clearly comprehensible goals, and rules out that a network would be further fostered just for the posts and sinecures on offer.

**II. Bankers, football players, monks: How to forge unusual alliances.** A popular error is only to network similar elements. Imagine tying in bankers, football players and monks into one team, say, for a brainstorming session on »What is happiness?« – and imagine just what might come out of it!

**III. Make sure the results keep getting better!** What comes into existence on the principle of self-organisations are »agglomerations« – especially where there was something beforehand. Networkers themselves can ensure growing earnings until their line of business has reached critical mass and then works like a magnet on its own.

**IV. Feed the network something useful.** The categorical imperative of the networks is »Reciprocal altruism«: *Provide something useful, if you want to get something out of it yourself!*

**V. Let them swarm!** None of us is as clever as all of us together – a rule of thumb we know from good brainstormings.

**VI. Be a nomad!** What could be more natural than to imitate the cultural techniques needed from those whose entire lives represent one single sequence of arriving and taking their leave: the nomads? They may well inspire us, the cyber-nomads.

**VII. Five-D thinking.** To record and deal with complexity, we need a new analytical method. A fifth dimension must be added to the three dimensions of space and the one of time: the net dimension. It describes in what way nodes and branches are switched in a complex system.

**VIII. Feeling networked – trusting your »belly« feeling.** Remaining of necessity in complex situations is a grey zone that is »somehow« not comprehensible. It has to do with stored empirical know-how condensed to an overall feeling.

**IX. Honour your errors**, or at least the minor ones, for they will help you further! They are rather like an inoculation for networks, akin to the body's immune system.

**X. The straight and the narrow.** If your network looks like a brand-new chess board, then you have done something wrong. Rather, it should be laid out miscellaneously like a zoo. In evolution as well as in free enterprise, the search for new options never ends – an argument for great diversity!

**XI. Art in CHAORD** Networks are excellently suited to reconcile CHAos and ORDer with each other. Long-term relationships, for example, maintain an equilibrium in a balanced flow between the two extremes »total anarchy« and »rigid order«. In many instances, chaos is a better strategy than control.

**XII. The laws** have by no means been researched in all detail. However, the essential features of this new paradigm are already becoming apparent: communication instead of control, net logic instead of the conventional, mechanistic logic, network instead of a clockwork mechanism. Or free à la Karl Valentin: Nets are nice, but make a lot of work.

*Michael Gleich* is a science publicist; his book *Web of Life. Die Kunst, vernetzt zu leben* is considered a milestone.

# Überleben im Information Overload

## Hermann Sottong über den Wert von informellen Kommunikationsnetzwerken.

»Und dann merkst du – kein Mensch hat es wirklich gelesen«, klagte neulich im ICE ein Manager einem Kollegen sein Leid. Verzweiflungsvoll ruhte sein Blick auf dem umfangreichen Dossier, das er zur Information seiner Mitarbeiter für das Meeting zusammengestellt hatte, von dem er gerade kam. Keine Frage, der Mann war frustriert. So viel Mühe, so viel akribischer Fleiß, so viel Liebe fürs Detail sind in seine umfänglichen Informationsbemühungen eingeflossen – und dann wurde alles einfach ignoriert.

»Aber das Meeting ist doch gut gelaufen. Du hast doch erzählt, dass alles glatt durchging«, wirft sein Gegenüber ein. »Du weißt doch, wie das ist: Alle nicken, alle sagen, sie hätten es verstanden, aber dann wird klar, die haben das bloß überflogen. Und du weißt genau, dass du die nächsten Monate bei jedem Umsetzungsschritt wieder alles erklären musst, überzeugen musst, nachkarten musst. Es ist immer dasselbe.«

Stellt sich die Frage, ob es unserem Manager in diesem Moment ein Trost gewesen wäre, ihm bewusst zu machen, dass es vielen seiner Kollegen in ihren Unternehmen mit ihren Dossiers und Präsentationen, ihren Konzeptbroschüren und Rundschreiben ebenso ergeht. Sie werden einfach nicht mehr wahrgenommen. Ganz zu schweigen von all den Mitarbeiter- und Führungskräfteinformationen in Druckform, in Intranets, den Memos und E-Mail-Rundschreiben, den Foliensätzen und PowerPoint-Dateien, den Informations- und Wissensdatenbanken.

Alles, wirklich alles ist da – verschriftet und verbildlicht, analogisiert und digitalisiert, greifbar, lesbar, downloadable – und doch scheinen die Menschen in Unternehmen und Organisationen nicht den richtigen Gebrauch davon zu machen.

Für viele Mitarbeiter und Führungskräfte gleicht das tägliche Bemühen, sich in der (internen) Kommunikationsflut zu orientieren, dem Versuch, Wasser mit einem Sieb zu schöpfen: Wenig bleibt hängen, auch wenn man tief hineingreift, und je mehr man sich bemüht, desto frustrierter bleibt man zurück.

Gerade Mitarbeiter, die mit allen zur Verfügung stehenden Mitteln informiert werden, klagen gleichzeitig über einen »Information Overload« und darüber, nicht genug informiert worden zu sein. Auf diese offenkundige Paradoxie im Kommunikationssystem reagieren viele Organisationen mit einem Lösungsversuch, der das Problem verschärft: Sie drehen den Hahn noch weiter auf und erhöhen den Druck.

## Ausgerechnet die Wirtschaft kommuniziert unökonomisch

Medien verweisen auf andere Medien, Neuigkeiten entpuppen sich als Nachrichten über Nachrichten, Äußerungen bieten Anlass für Äußerungen über Äußerungen. Und weil so viele verschiedene Menschen in Unternehmen unter verschiedenen Bedingungen arbeiten und man dabei nicht sicher wissen kann, welchem »Medientyp« sie nun eigentlich angehören, wird gleich ein großer Fächer aufgemacht und aus allen Rohren geschossen. Für den größten Teil dieser verstreuten »Informationen« gilt, dass niemand im Unternehmen mehr in der Lage ist, einzuschätzen, welche davon relevant sind und für wen. Wenn aber relevante Kommunikation nicht mehr von trivialer und überflüssiger Information unterschieden werden kann, dann ist das nicht nur ineffizient – für Unternehmen ist es sogar schädlich.

Als Organisationen, die einer ökonomischen Rationalität von Kostenminimierung, Produktivitätssteigerung und optimaler Profitabilität gehorchen sollen, können es sich Unternehmen eigentlich gar nicht leisten, intern triviale, überflüssige Botschaften zu produzieren sowie Kommunikation herauszufordern und zu exekutieren, die nicht nur nichts einbringt, sondern sogar Ressourcen verschlingt. Auf dem Feld der (internen) Kommunikation verhalten sich Unternehmen radikal unwirtschaftlich.

Nehmen wir ein reales Beispiel aus unserer Beratungspraxis: In einem Unternehmen erhalten die Manager durchschnittlich 85 E-Mails täglich. Neben den allgemeinen Mitarbeitermagazinen, zwei an der Zahl, gibt es für sie monatlich eine eigene Zeitschrift, speziell für Führungskräfte. Elektronisch und/oder per Hauspost erreichen sie wöchentlich mindestens ein Dutzend Sitzungsprotokolle. Sie sehen bei Meetings und Präsentationen durchschnittlich 4.800 Folien und Charts im Jahr. Sie können theoretisch auf einen Fundus von mehreren Hundert verschiedenen

Inhouse-Broschüren zurückgreifen, die selbstredend ständig überarbeitet und verbessert werden, jeden Tag 20 Minuten Inhouse-TV-Beiträge verfolgen oder dem täglichen Pressespiegel Artikel im Umfang von 20.000 und mehr Anschlägen entnehmen. Nicht zu reden von den Memos, Dossiers, Berichten, Statistiken, Briefen, Telefonaten, Redebeiträgen, die ohnehin zur täglichen Arbeit gehören.

Um angesichts dieser Datenflut noch handlungsfähig zu bleiben, müssen diese Führungskräfte etwas entwickeln, was ich »Routinen der Ignoranz« nennen möchte: Sie wenden täglich mehr oder weniger bewusst Regeln an, die es ihnen erlauben, die Mehrheit all dieser Informations- und Kommunikationsangebote schlicht nicht zur Kenntnis zu nehmen und sich auch den ganzen Tag über keinerlei Gedanken daran hinzugeben, ob sie vielleicht etwas Wichtiges verpasst haben. Sie handeln nach dem Grundsatz: Wo Kommunikation zum Wasserfall wird, wird Ignoranz zur Pflicht! Und lassen das meiste, was an Information auf sie einprasselt, einfach an sich abperlen.

## Nicht selten erhält Ignoranz die Funktionsfähigkeit des Systems

Sie handeln dabei im Prinzip genauso wie die meisten ihrer Mitarbeiter. Sobald dieses Phänomen in den Chefetagen jedoch wahrgenommen wird, beginnt man darüber nachzudenken, wie diesen Ignoranten am besten beizukommen wäre. Denn das Nicht-informiert-Sein der Menschen im Unternehmen kostet Zeit, Geld und Energie, es führt zu Reibungsverlusten auf verschiedenen Ebenen, schwächt den Zusammenhalt und die Effizienz der Organisation. Ignoranz, so scheint es, ist damit eindeutig ein schädliches Verhalten, ignorante Mitarbeiter verletzen ihre Pflicht. Aber ist das wirklich so?

Angesichts der Logik interner Kommunikation in vielen Organisationen lässt sich durchaus eine völlig andere, nur scheinbar absurde Hypothese vertreten: Der Ignorant verhält sich vorbildlich, die Ignorantin ist die Heldin der Organisation, Ignoranz rettet so manches Unternehmen vor dem Kollaps!

Um das einzusehen, braucht man sich nur für einen Moment vorzustellen, all diese Menschen würden ernsthaft versuchen, das, was ihnen da täglich mitgeteilt wird, auch nur annähernd aufmerksam zu rezipieren und alles gewissenhaft zu verarbeiten, was ihnen aus den Füllhörnern der internen Kommunikation zufließt! Für eine stattliche Reihe von Firmen und Branchen würde dies den sofortigen Stillstand bedeuten. Der Ignorant also ist es, der sich nicht nur rational, sondern auch loyal verhält, indem er durch seine Weigerung zur Informationsaufnahme die Funktionsfähigkeit der Organisation sichern hilft.

Die Ignoranten erweisen sich dabei oft auch als Mitarbeiter, die mit ihrer eigenen Arbeitskraft auch insofern verantwortlich umgehen, als sie sich ihre geistig-seelische Gesundheit bewahren. Denn leider ist vieles, allzu vieles, was intern publiziert und kommuniziert wird, nicht unbedingt dazu angetan, Mitarbeiter, die bei gesundem Verstand sind und mit wachen Augen täglich die Realität in ihrem Arbeitsumfeld wahrnehmen, besonders bei Laune zu halten: Verlautbarungskommunikation von »oben« macht einen beträchtlichen Teil der internen Kommunikation aus, von der es besser wäre, sie wäre nicht erfolgt. Großartige Prognosen, blumige Selbstbeschreibungen, schillernde Projektentwürfe und Elogen über die Effekte und Qualität von Programmen und »Offensiven«, wie sie in vielen Unternehmen immer noch gerne und meist »hochwertig« aufbereitet herumgeistern, richten nur deshalb keinen größeren Schaden an, weil viele Mitarbeiterinnen und Mitarbeiter sie mittlerweile gnädigerweise einfach ignorieren. Statt sich über die Kluft zwischen den publizistischen Scheinwelten und der täglich erlebten Realität am Arbeitsplatz zu echauffieren, arbeiten sie lieber weiter an der Lösung konkreter Probleme.

## Von informellen Kommunikationsnetzwerken lernen, worauf es ankommt

Dass dazu auch eine funktionierende Kommunikation mit den Kollegen gehört, die dazu etwas beitragen können, versteht sich von selbst. Also bilden solche Führungskräfte und Mitarbeiter ganz organisch informelle Netzwerke des Erfahrungsaustausches, der gegenseitigen Information und entwickeln Kodes, die dafür sorgen, dass bei Bedarf schnell und sicher kommuniziert werden kann. Die viel zitierten »Communities of Practice« sind dafür das prominenteste Beispiel. Es hat sich herausgestellt, dass funktionierende interne Kommunikation informeller Netzwerke verschiedener Ebenen stets bestimmten Mustern folgt.

- In Kommunikationsnetzwerken dieser Art überlegen sich die Mitglieder genau, für wen eine Nachricht wichtig sein könnte oder wen man am besten fragt, wenn eine bestimmte Information gebraucht wird.

- Kommunikation unter Anwesenden geht medialer Kommunikation voraus. Funktionierende interne Kommunikation gründet auf Gesprächе. Informelle Kommunikationsnetzwerke nutzen und schaffen sich Plattformen für Begegnung: von der Kaffeeküche über den Gesprächszirkel bis hin zur Tagung.
- Zuhören/Empfangen ist genauso wichtig wie Reden/Senden. Gelingende Kommunikation gründet auf gegenseitigem Interesse und Respekt. Wer immer nur »auf Sendung« ist, wer nur »inputen« und andere überzeugen will, ohne selbst zuhören zu können, wird keinen dauerhaften Platz in solchen Netzen finden.
- Fragen sind genauso wichtig wie Antworten. Wer interessiert zuhört, befindet sich schon im »Lernmodus«. Fragen zu stellen heißt, Interesse zu zeigen und den Austausch anzubieten. Informelle Kommunikationsnetzwerke entwickeln gemeinsame Fragen und gemeinsame Lösungen im Dialog: Sie lernen.
- Das Erzählen – der Austausch von Geschichten, Erlebnissen, Erfahrungen – spielt eine prominente Rolle in der Kommunikation. In funktionierenden Kommunikationsnetzwerken wird viel erzählt. Und das mit gutem Grund: Menschen denken in Geschichten, sie speichern ihre Erfahrungen in Geschichten, sie vermitteln in Geschichten, was ihnen bedeutsam erscheint. Geschichten sind das beliebteste und wertvollste Tauschobjekt der Kommunikation. Die Identität einer Gruppe manifestiert sich in ihrem gemeinsamen Fundus von Geschichten, ebenso wie das Wissen darüber, was möglich, wünschenswert, unerwünscht und wahrscheinlich ist. Und nicht zuletzt: Anhand von Geschichten lässt sich über Mögliches sprechen, ohne den Konjunktiv zu gebrauchen. Nicht »Wir sollten mal, wir müssten ...« ist der Modus der Geschichte, sondern »Es war einmal, ich habe einmal erlebt ...«. In Geschichten gibt es für das, was sein sollte, bereits ein Vorbild. Sie motivieren Veränderung.
- Gelingende Kommunikation orientiert sich an Themen, nicht an Hierarchien. Nicht *wer* etwas sagt, ist in erster Linie von Bedeutung, sondern *was* jemand beiträgt.
- Die Kommunikation ist anschlussfähig und offen für neue Teilnehmer. Zwar bilden die Netzwerke »Zirkel« oder »Communities«, aber wer sich für die Themen interessiert und aktiv bemüht ist, an der Kommunikation teilzunehmen, kann das in der Regel erreichen.

Respekt vor der Aufmerksamkeitskapazität, aber auch vor der Persönlichkeit des anderen, gegenseitiges Interesse an der Person und ihrem potenziellen Wissen, sowohl Sachlichkeit als auch Emotionalität und regelgeleitete Offenheit sind die Prinzipien einer gelingenden Kommunikation, wie sie von solchen informellen Gruppen praktiziert wird. Wo die offizielle Kommunikation intern versagt, stellen sie sicher, dass der lebensnotwendige Austausch und die Ideenflüsse dennoch nicht versiegen.

## Die Zukunft der internen Kommunikation

Diese aktiven Ignoranten ebnen damit letztlich den Weg für eine neue, bessere interne Kommunikation. Durch ihre Ignoranz setzen Mitarbeiter eine Rückkoppelungsschleife in Gang, welche die Dampfmaschine aus immer mehr »Informationen« auf immer mehr Kanälen mit immer größerem Druck bei immer weniger Aufmerksamkeit derart heiß laufen lässt, dass sie irgendwann kollabieren wird. Damit aber machen sie mittelfristig den Weg frei für ein neues Denken und für effektivere, intelligentere Ansätze der internen Kommunikation.

Gleichzeitig liefern viele von ihnen durch ihre tägliche Praxis des Austauschs das Vorbild und die Muster zur Gestaltung einer intelligenteren und eleganteren Art, interne Kommunikation zu gestalten. Viele Manager versuchen weiterhin, gerade die informelle Kommunikation »in den Griff« zu bekommen. Statt den internen Diskurs in Form und Inhalt bestimmen zu wollen, sollten sie jedoch lieber auf Entdeckungsreise gehen und von den erfolgreich praktizierten Beispielen in ihrem eigenen Hause lernen. Denn die interne Kommunikation der Zukunft wird nicht mehr daten- und mediengetrieben sein, sondern sich an denjenigen orientieren, ohne die es – Hochglanzbroschüre hin, Intranet her – Kommunikation nicht geben kann: den Menschen.

*Dr. Hermann Sottong* ist Buchautor, Coach und Berater. Zusammen mit Karolina Frenzel und Dr. Michael Müller leitet er das Beraternetzwerk System + Kommunikation in München. Ihr erstes gemeinsames Buch trägt den Titel *Das Unternehmen im Kopf*, im April 2004 erschien *Storytelling – Das Harun-al-Rashid-Prinzip*.

# Surviving the Information Overload

## Hermann Sottong about the value of informal communication networks.

Many managers have a problem: Their dossiers and presentations, their concept brochures and memos are simply no longer noticed. To say nothing of all the staff and executive information in printed form, in intranets and databases. Everything – really everything is there, lettered and illustrated, analogised and digitalised, accessible, readable, downloadable – and yet the people in companies and organisations do not seem to be able to make the right use of it.

For a host of employees and executives, their daily efforts to orientate themselves in the (internal) communication deluge are like the attempt to scoop up water with a sieve. Little is left, even if you scoop deeply, and the more you try, the greater your frustration.

It is precisely this staff – informed with all means available – that at the same time complains of »information overload« and of not being sufficiently informed. The way many organisations react to this obvious paradox in their communication systems is an attempt at a solution that aggravates the problem: They turn the tap up even more and raise the pressure.

As organisations that should be abiding by the economic rationality of minimising costs, raising productivity and optimising profitability, companies simply cannot afford to produce lots of trivial, superfluous internal messages, as well as to provoke and execute communications that not only have a low importance, but devour resources to boot.

To be capable of any action at all faced with this deluge of data, these executives must develop something that I would like to term »routines of ignorance«: They more or less consciously implement rules in their daily routine that enable them to simply ignore the majority of information and communications offered. Instead of getting worked up about the gulf between this phoney publicistic world and the daily-experienced reality at the workplace, they prefer to continue working on the solution of concrete problems. In view of the logic of internal communications in many organisations, an apparently absurd hypothesis can be argued. The ignoramus behaves in an exemplary manner, is, in fact, a champion of the organisation, ignorance rescuing many a company from literally falling to pieces.

To understand this, you need to imagine but for one moment that all these people would seriously pay attention to all the information they receive on a daily basis and to conscientiously digest what they are inundated with from the cornucopia of internal communications! For an impressive number of companies and branches, this would mean business would come to an abrupt halt.

To this end, it goes without saying that communications with co-workers who can make their own contributions is also implemented. This means such executives and employees form quite organically informal networks for exchanging experience and information, and develop codes to ensure that communication can be made swiftly and securely when the need arises. The much-quoted »Communities of Practice« are the best-known example of this. Respect for the attentive capacity as well as for the personality of the other, mutual interest in the person and his or her potential know-how, as well as impartiality, emotionality and well-regulated candour are the principles behind successful communication as practised by such informal groups. Where official communications fail internally, they ensure that the vital exchange and flow of ideas do not peter out.

This means to say that these active ignoramuses are, in the final analysis, paving the way for new, better internal communications. Through their ignorance, these employees start a feedback loop, which causes the steam engine to overheat to such a degree from the avalanche of »information« on increasingly more channels at ever-greater pressure with constantly receding attention that some time it will burst. And clear the way for new thinking and more effective, more intelligent approaches to internal communications.

*Dr. Hermann Sottong* is the writer of books, a coach and consultant. Together with Karolina Frenzel and Dr. Michael Mueller, he heads Beraternetzwerk System + Kommunikation in Munich. Their first joint book is entitled *Das Unternehmen im Kopf. Storytelling – Das Harun-al-Rashid-Prinzip* was published in April 2004.

# Wissen tauschen, gemeinsam wachsen

Kai Romhardt über lebendiges Wissensmanagement.

Der Mensch ist dem Thema »Wissen« heute viel stärker ausgesetzt als in der Vergangenheit. Er bekommt auf immer mehr Kanälen Informationen. Er wird auch viel mehr über sein Wissen bewertet. Dadurch und durch den Ansturm von Informationen haben sich alte Ängste noch wesentlich verstärkt. Vor allem die alte Angst, nicht zu genügen oder nicht genug zu wissen. Ich habe oft miterlebt, dass Leute in ein Projekt gesteckt wurden und dort kompetent aussehen mussten, obwohl sie gar nicht die Zeit hatten, das nötige Wissen aufzubauen. Erfahrung konnte nicht natürlich in ihnen wachsen, sondern sie wurden sofort in die Situation hineingeworfen.

## Wissen ist ständig im Wandel

Wo mit Wissen gearbeitet wird, wo Wissen wertvoll ist, versuchen Unternehmen inzwischen oft, ein Wissensmanagement aufzubauen. Doch in vielen Organisationen ist die Gefahr des Scheiterns groß, weil man Wissen mit Information verwechselt. Man versucht, Informationen zu archivieren, Erfahrungsberichte abzuspeichern und Experten zu »melken«. Das kann leicht dazu führen, dass man sich vom Fluss des Wissens abschneidet und etwas Altes, Überholtes, Totes konserviert. Oft wird nur das, was digitalisierbar ist, tatsächlich als Wissen anerkannt. Aber Wissen ist viel mehr, es ist in einer Situation, in einem Kontext enthalten, aber auch in unserem Körper gespeichert. Es ist ständig im Wandel. Was für mich heute stimmig und richtig ist, gilt in einer Woche vielleicht schon nicht mehr, weil ich dazugelernt habe.

Ein Wissensmanagement im Unternehmen, das auf einem Informationswissensbegriff basiert und vor allem aus einer IT-Lösung besteht, wird sehr viele Leute enttäuschen. Es ist eigentlich ein Schrei nach

Sicherheit. Wir wollen festhalten, in den Griff bekommen. Es soll quadratisch, praktisch, gut sein. Schön messbar und ablegbar. Man soll es mit einer E-Mail hin- und herschicken, bilanzieren und mit Geldbeträgen bewerten können. Doch Lern- und Entwicklungsprozesse kann man nicht einfach in den Griff bekommen, sie zeichnen sich ja gerade durch dieses natürliche Prinzip des Wachstums aus. Wir müssen in das eigene Wachstum und das von Gruppen vertrauen und die Informationstechnologie nicht zur Hauptsache, sondern zum nützlichen Helfer machen.

Viele euphorisch gestartete Wissensmanagementprojekte sind inzwischen gescheitert. Denn obwohl Wissen immer an Personen oder Gruppen gebunden ist, nehmen die meisten Wissensprojekte darauf nicht genügend Rücksicht. Auch *Best Practices, Lessons Learned,* Expertenverzeichnisse mit schicken Lebensläufen guter Wissenshelden sind oft praxisferne, sterile Konzepte, die mit der organisatorischen Realität nichts mehr zu tun haben.

Die Bedeutung von Wissensgemeinschaften, einer sehr viel sinnvolleren Form des Wissensmanagements, dringt immer mehr ins Bewusstsein von Managern und Organisationsforschern. Doch ihr Potenzial wird noch viel zu wenig ausgeschöpft. Wir alle arbeiten in der einen oder anderen Form in solchen Gruppen mit. In Gruppen, die gemeinsam Wissen entwickeln, Erfahrungen teilen und dabei eine eigene Identität aufbauen. Eine Wissensgemeinschaft kann eine Gruppe von Doktoranden sein, die an einem ähnlichen Thema forscht. Oder eine Projektgruppe eines Joint Venture, die einen bisher noch nicht existierenden Markt erforschen und schaffen will. Oder eine Selbsthilfegruppe, in der alle Mitglieder von derselben Krankheit betroffen sind. Manche dieser Gruppen schaffen eine Kultur, in der ihre Mitglieder inspiriert und gefördert werden. Nach meiner Erfahrung entsteht das Gemeinsame in einer lebendigen Wissensgemeinschaft scheinbar wie von selbst. Mit geringem Energieaufwand kommen erstaunliche Lösungen zustande. Doch das ist leider die Ausnahme. Viele Gruppen verwalten, diskutieren, kritisieren und schaffen es dabei nicht, Vertrauen zwischen den Mitgliedern aufzubauen und eine positive Basis für freie schöpferische Prozesse zu schaffen.

## Wissen weitergeben

Noch herrscht in vielen Unternehmen eine Einstellung, die solche schöpferischen Projekte verhindert. Es fehlt an wahrem Respekt für den

Menschen. Menschen werden als wandelnde »Kompetenzportfolios« konzeptualisiert, deren »Skills« effizient (aus)genutzt werden müssen. Für mich sind Menschen von Natur aus auf Entwicklung und inneres Wachstum ausgelegt. Deshalb müssen Wissensgemeinschaften zu Orten persönlichen Wachstums werden.

Wer sich als Experte über Jahrzehnte intuitives Fachwissen, ein ausgedehntes Beziehungsnetz und ein Gefühl für seine Produkte erarbeitet hat, wer mit seinem Körper über Jahrzehnte die Stimmung und Kultur seiner Branche aufgenommen hat, der wird nur einen Bruchteil seiner Erfahrungen als Information expliziert in Datenbanken übertragen können. Erfahrungen zeigen, dass zwar über einen geordneten Prozess der Datenübergabe an einen Nachfolger einiges »gesichert« werden kann, aber der Rückgriff auf tiefere Erfahrungen eines Experten/Wissensträgers nur über die lebendige, persönliche Interaktion erfolgen kann. Konsequenz für Wissensgemeinschaften: Die Übertragung impliziten Wissens und von Erfahrung ist für die dauerhafte Sicherung des Know-hows einer Wissensgemeinschaft zentral. Dies bedeutet enge, vertrauensvolle und offene Interaktion zwischen den Mitgliedern.

Der Begriff der *Community of Practice* ist weit verbreitet und bildet somit einen guten Einstieg in Diskussionen über Wissensgemeinschaften. Er betont die Bedeutung des Lernens in Gruppen, die Erfahrungen teilen. Das gemeinsame Tun an einem konkreten Thema, Objekt, Problem steht im Vordergrund. Die Erfahrung spielt eine besondere Rolle – damit ist es ein Gegengewicht zum Explizierungseifer mancher Wissensmanager, die Wissen einfach »abtanken« wollen. Lernen in Wissensgemeinschaften ist als ein selbst organisierter und selbststeuernder Prozess von Personengruppen zu verstehen, auf den von außen nur sehr beschränkt Einfluss genommen werden kann.

## Respekt und Lernbereitschaft

Meine Vorstellung von lebendigem Wissensmanagement ist:

- Lebendiges Wissensmanagement ist balanciert und fixiert nicht, ist stark innenorientiert.
- Es fordert Wissensmanager zur Selbsterkenntnis auf.
- Es akzeptiert unser letztendliches Nicht-Wissen und hält nicht an letztendlichen Wahrheiten fest.

- Es setzt bei Problemen an und klammert sich nicht an Instrumente.
- Es schaut erst auf den Menschen, die Wissensgemeinschaft und dann auf die Computer (und verknüpft beides zu einem lebendigen System).
- Es basiert auf ethischen Prinzipien im Umgang mit Wissen und postuliert keine Wertneutralität.
- Es kann intensiv zuhören und schweigen und durchbricht somit das Dauergerede in vielen (Wissens-)Meetings und anderen Kommunikationszusammenhängen.
- Es setzt auf interne Kooperation und nicht auf internen Wettbewerb.

In unserer Vision ist eine Wissensgemeinschaft eine Gruppe von Menschen,

- die ein Thema durchdringen wollen und sich ihm ganz öffnen,
- die sich alle als Lehrer und Schüler verstehen,
- die ihre wahren Überzeugungen und Erfahrungen äußern,
- die offen über Fehler und Misserfolge reden,
- die nicht an bestehenden Konzepten festhalten, sondern bereit sind, alles neu zu überdenken,
- die einander zuhören und versuchen, ein gegenseitiges Verständnis zu erreichen,
- die nicht mit ihrem Wissen in wirtschaftlichen Wettbewerb zueinander treten wollen.

Dieses Leitbild ist natürlich idealtypisch. Aber Utopien sind notwendig. Unsere Vision eines Ortes, an dem ein lebendiger Wissensfluss zu erwarten wäre, muss in unserem eigenen Umgang mit Wissen zum Leben erweckt werden. Dann können wir mit anderen zusammen schöpferische, positive Wissensgemeinschaften schaffen.

*Kai Romhardt* promovierte über das Thema »Wissensmanagement« und war danach Berater bei McKinsey. Heute arbeitet er als selbstständiger Unternehmensberater und Autor. Von ihm sind unter anderem *Wissen ist machbar – 50 Basics für einen klaren Kopf* und *Wissensgemeinschaften – Orte lebendigen Wissensmanagements* erschienen.

# Exchanging Know-how, Growing Together

## Kai Romhardt about living knowledge management.

Where work is carried out with knowledge, where knowledge is valuable, companies are frequently endeavouring to build up knowledge management. Yet, in many organisations, the danger of failure is great, because knowledge is often confused with information. Attempts are made to create archives, to store empirical reports and to »milk« experts. This can easily lead to the flow of knowledge being cut off and something old, obsolete, moribund being preserved. Knowledge is constantly changing. For this reason, knowledge management in a company, based on information knowledge terminology and, above all, comprising an IT solution, will disappoint very many people.

A great deal of knowledge management projects that were started with considerable euphoria have, in the meantime, failed. This has to do with the fact that although knowledge is always tied up with persons or groups most knowledge projects do not take this into sufficient consideration. The significance of knowledge communities, a very much more meaningful form of knowledge management, is penetrating ever more the consciousness of managers and organisation researchers. Yet, their potential is not by any means exhausted to date. All of us are already collaborating in one or other form in such *communities of practice*. For example, in groups that jointly develop knowledge, share experience, and thus build up their own identity. A knowledge community may be a group of graduate students studying for a doctorate and conducting research into a similar topic. Or the project group of a joint venture, intending to research a new market. Some of these groups create a culture, in which their members are inspired and fostered. With low expenditure of energy, astonishing solutions come to the fore. Unfortunately, that is the exception. Many groups administer, discuss, criticise and at the same time do not manage to build up trust between the members and to create a positive basis for freely creative processes.

The reason: Still prevalent in many companies is the attitude that hinders such creative projects. There is little genuine respect for the workforce. People are conceptualised as walking »competence portfolios«, whose »skills« must be efficiently exploited. For me, people are, by nature, disposed towards development and inner growth. This is why knowledge communities must become places of personal growth. Learning in knowledge communities is to be understood as a self-organised and self-controlling process of groups of people – a process that can only be influenced from outside to a very limited degree. However, it may well be a highly satisfactory experience.

*Kai Romhardt* did his doctorate on the subject of »knowledge management« and subsequently became a consultant at McKinsey's. Today he is working as an independent industrial consultant and author. Amongst his publications are the books *Wissen ist machbar – 50 Basics fuer einen klaren Kopf* and *Wissensgemeinschaften – Orte lebendigen Wissensmanagements*.

# Schöne neue Arbeitswelt

Ulrich Beck über die politische Ökonomie der Unsicherheit.

Die Utopie des freien Marktes hat eine ungewollte Folge: die Brasilianisierung des Westens. Nicht die hohe Arbeitslosigkeit in den Staaten Europas oder das so genannte Job-Wunder in den USA ist die bemerkenswerteste Entwicklung der Arbeitswelt, auch nicht der Übergang von der Arbeits- zur Wissensgesellschaft, also das inhaltliche Gesicht zukünftiger Informationsarbeit. Das Herausragende ist die neue Ähnlichkeit von Entwicklungsprofilen der Erwerbsarbeit in der so genannten Ersten und der so genannten Dritten Welt. Es ist der Einbruch des Prekären, Diskontinuierlichen, Flockigen, Informellen in die westlichen Bastionen der Vollbeschäftigungsgesellschaft. Damit breitet sich im Zentrum des Westens der sozialstrukturelle Flickenteppich aus, will sagen: die Vielfalt, Unübersichtlichkeit und Unsicherheit von Arbeits-, Biografie- und Lebensformen des Südens.

## Die politische Ökonomie der Unsicherheit

In einem semiindustrialisierten Land wie Brasilien repräsentieren die lohn- und gehaltsabhängig Beschäftigten in einem formalisierten Vollzeitarbeitsverhältnis nur eine Minderheit an wirtschaftlich Aktiven. Ungleich mehr Menschen arbeiten unter prekären Erwerbsbedingungen. Sie sind ambulante Verkäufer, Kleinhändler und -handwerker, verdingen sich als Dienstboten aller Art oder sind »Arbeits-Nomaden«, die zwischen verschiedenen Tätigkeitsfeldern, Beschäftigungsformen und Ausbildungen hin- und herpendeln. Wie die anbrechende Entwicklung in den so genannten »hoch entwickelten« Vollbeschäftigungsgesellschaften zeigt, bildet diese nomadische »Multi-Aktivität« – bislang im Westen vornehmlich ein Kennzeichen der Frauenarbeit – nicht eine »vormoderne Restgröße«, sondern eine sich rapide ausbreitende Entwicklungsvariante später Arbeitsgesellschaften des Westens, denen die attraktive, hoch qualifizierte und gut bezahlte Vollerwerbstätigkeit ausgeht.

Die Entwicklung in Deutschland steht für die Entwicklung in anderen westlichen Gesellschaften: In den 60er Jahren gehörte erst ein Zehntel der Arbeitnehmer dieser Gruppe der prekär Beschäftigten an. In den 70er Jahren war es bereits ein Fünftel, in den 80er Jahren ein Viertel, und in den 90er Jahren war es ein Drittel. Wenn diese Entwicklungsgeschwindigkeit anhält, und dafür spricht vieles, dann wird in zehn Jahren nur noch jeder zweite abhängig Beschäftigte einen dauerhaften Vollzeitarbeitsplatz einnehmen, während sozusagen die andere Hälfte »brasilianisch« arbeitet.

In der politischen Ökonomie der Unsicherheit drückt sich das neue Machtspiel und Machtgefälle aus zwischen territorial fixierten politischen Akteuren (Regierungen, Parlamente, Gewerkschaften) und nicht territorial gebundenen wirtschaftlichen Akteuren (Kapital-, Finanz- und Handelsmächte). Der Handlungsspielraum der Staaten ist auf das Dilemma geschrumpft, entweder zunehmende Armut mit hoher Arbeitslosigkeit zu bezahlen (wie in den meisten europäischen Ländern) oder aber eklatante Armut für etwas weniger Arbeitslosigkeit hinzunehmen (wie in den USA). Dies hängt damit zusammen, dass die Erwerbsgesellschaft sich ihrem Ende zuneigt, je mehr die Menschen durch den Einsatz intelligenter Technologien ersetzt werden. Die steigende Arbeitslosigkeit lässt sich also nicht länger auf zyklische Wirtschaftskrisen zurückführen, sondern auf die Erfolge eines technologisch avancierten Kapitalismus. Das alte, wirtschaftspolitische Instrumentarium versagt, und alle Erwerbsarbeit gerät unter den Noch-Vorbehalt drohender Ersetzbarkeit.

Die politische Ökonomie der Unsicherheit beschreibt damit einen Dominoeffekt. Was sich in guten Zeiten wechselseitig ergänzt und gestärkt hat – Vollbeschäftigung, sichere Renten, hohes Steueraufkommen, Spielräume staatlicher Politik –, gefährdet sich nun wechselseitig: Erwerbsarbeit wird prekär; die Grundlagen des Sozialstaates zerfallen; die Normalbiografie wird brüchig; Altersarmut wird vorprogrammiert; aus den leer gefegten Kassen der Kommunen kann der anschwellende Sturm auf die Sozialhilfe nicht finanziert werden.

Entsprechend geraten die orthodoxen Verteidigungsstrategien in die Defensive. Überall wird »Flexibilität« eingeklagt – oder mit anderen Worten: Ein »Arbeitgeber« soll seine »Arbeitnehmer« leichter »feuern« können. »Flexibilität« heißt auch: Umverteilung von Risiken vom Staat und von der Wirtschaft auf die Individuen. Die verfügbaren Jobs werden kurzfristig, leichter kündbar, das heißt »erneuerbar«. »Flexibilität« meint schließlich: »Freue dich, dein Wissen und Können ist veraltet, und niemand kann dir sagen, was du lernen musst, damit du in Zukunft gebraucht wirst.«

## Flexibel in die Risikogesellschaft

Die Folge ist: Je mehr Arbeitsbeziehungen »dereguliert« und »flexibilisiert« werden, desto schneller verwandelt sich die Arbeits- in eine Risikogesellschaft, die weder für die Lebensführung des Einzelnen noch für Staat und Politik kalkulierbar ist; und desto wichtiger wird es zugleich, die politische Ökonomie des Risikos in ihren widersprüchlichen Folgen für Wirtschaft, Politik und Gesellschaft zu enträtseln. Eines jedenfalls ist klar: Unsicherheit ist das Merkmal, das die Lebenswelt und Lebensgrundlage der Mehrheit der Menschen – auch in der scheinbar wohlhabenden Mitte! – in Zukunft kennzeichnet.

Unter dem Einfluss der politischen Ökonomie der Unsicherheit ändert sich das Erscheinungsbild der Gesellschaft also dramatisch. In schmalen Zonen spitzen sich extreme Eindeutigkeiten zu: im obersten Oben und im untersten Unten, das eigentlich kein Unten mehr ist, sondern ein Außen. Dazwischen entfalten, mischen und verschachteln sich Uneindeutigkeiten. Mehr und mehr Menschen leben zwischen den Kategorien von Arm und Reich. Oben und Unten polarisieren nicht mehr eindeutig, sondern überlappen und verschmelzen neuartig zu einer Art Aspekt-Reichtum beziehungsweise Aspekt-Armut oder zu einem Reichtum auf Zeit sowie entsprechend kombinierten Existenzformen. Was im Resultat bedeutet: In fast allen Lagen der Gesellschaft regiert die Unsicherheit. Entsprechend der Bedeutung von Wissen und Kapital kommt es zu Spaltungen in den Gesellschaften, möglicherweise auch sogar zu einem kollektiven Abstieg ganzer Ländergruppen. Dies mag anfangs durch die Rhetorik des »selbsttätigen unternehmerischen Individualismus« symbolisch überspielt, diskursiv versüßt werden. Auf die Dauer kann aber nicht darüber hinweggetäuscht werden, dass die Grundlagen hoch gepriesener Sozialstaatlichkeit, damit wacher, alltäglicher Demokratie, im Ganzen also das Selbstbild der auf dem »institutionalisierten Klassenkompromiss« gegründeten Arbeitsbürgergesellschaft zerfallen.

## Wohin steuert der Staat?

Mit dem unwiderruflichen Verlust der Vollbeschäftigung im klassischen Sinne stehen das Selbstverständnis und das politische Nachkriegsprojekt Europas zur Disposition. Wenn der globale Kapitalismus in den Ländern des Westens den Wertekern der Arbeitsgesellschaft auflöst, zerbricht ein historisches Bündnis zwischen Kapitalismus, Sozialstaat und Demokratie. Niemand täusche sich: Der Eigentümer-Kapitalismus, der auf nichts als Gewinn zielt und die Beschäftigten, den (Sozial-)Staat und die Demokratie ausgrenzt, gibt seine eigene Legitimität auf. Die neoliberale Utopie ist eine Form demokratischen Analphabetentums. Der Markt trägt seine Rechtfertigung gerade nicht in sich. Diese Wirtschaftsweise ist nur im Wechselspiel mit materieller Sicherheit, sozialen Rechten und Demokratie – also dem demokratischen Staat – lebensfähig. Wer nur auf den freien Markt setzt, zerstört mit der Demokratie auch diese Wirtschaftsweise. Die Turbulenzen auf den internationalen Finanzmärkten Asiens, Russlands und Südamerikas im Herbst 1998 geben davon nur einen Vorgeschmack.

Niemand stellt den Kapitalismus heute noch in Frage. Wer sollte das auch wagen? Der einzige potente Gegner des Kapitalismus ist – der Nur-noch-Gewinn-Kapitalismus selbst. Hiobsbotschaften am Arbeitsmarkt gelten als Siegesmeldungen an der Wallstreet. Das dahinter stehende Kalkül ist einfach: Wenn die Arbeitskosten sinken, steigt der Gewinn.

Doch nicht, dass der technologisch avancierte Kapitalismus nationalstaatliche Schranken niederreißt und mit immer weniger Arbeit immer mehr produziert, sondern dass er politische Initiativen zu einem neuen europäischen Gesellschaftsmodell und Gesellschaftsvertrag blockiert, raubt ihm seine Legitimation. Wer heute über Arbeitslosigkeit nachdenkt, darf sich nicht als Gefangener der alten Begriffe im Streit über den »zweiten Arbeitsmarkt«, die »Senkung der Lohnkosten« oder die »Staatsquote« verlieren, sondern muss fragen: Wie wird Demokratie jenseits der Vollbeschäftigungsgesellschaft möglich? Was als Ende und Verfall erscheint, muss umgemünzt werden in eine Gründerzeit für neue Ideen und Modelle, die Staat, Wirtschaft und Gesellschaft für das 21. Jahrhundert öffnet.

## Hin zu einer Bürgergesellschaft

Die Antithese zur Arbeitsgesellschaft ist für mich die Stärkung der politischen Gesellschaft der Individuen, der aktiven Bürgergesellschaft vor

Ort, einer zugleich lokalen und transnationalen Bürgerdemokratie in Europa. Diese Gesellschaft der aktiven Bürger, die nicht mehr im Container des Nationalstaats verbleibt und deren Aktivitäten vor Ort und zugleich über Grenzen hinweg organisiert sind, kann im Kleinen lokale Antworten auf die Herausforderungen der Zweiten Moderne finden und entwickeln – als da sind Individualisierung, Globalisierung, schrumpfende Erwerbsarbeit und ökologische Krisen. Denn auf diese Weise werden – oft konfliktvoll – in kommunalen Projekten (ökologische Initiativen, Agenda 21, Arbeit mit Obdachlosen, Theater-, Diskussions- und Kulturzentren) kommunale Demokratie und Identität belebt.

Zivilgesellschaft und Direktdemokratie setzen voraus, dass die Bürger Energie für Engagement aufbringen und einsetzen können. Sind damit nicht diejenigen ausgeschlossen, die am sozialen und politischen Leben nicht teilnehmen können, weil sie wirtschaftlich unter Druck oder am Abgrund stehen und kulturell ausgegrenzt sind? Entspringt die Idee der Bürgerdemokratie also nicht einer Mittelschichtidylle? Und: Wird auf diese Weise nicht vielleicht sogar kontraproduktiv ein Billiglohnsektor eröffnet, der zum Abbau regulärer Erwerbsarbeit beiträgt?

Die Belebung der kommunalen Demokratie ist an folgende Voraussetzungen der Arbeitsteilung in der »multiaktiven« Gesellschaft gebunden:

- Eine Arbeitszeitverkürzung im Bereich der Vollerwerbsarbeit für alle.
- Jede und jeder, Frauen und Männer sollen ein Bein in der Erwerbsarbeit haben, soweit sie das wollen.
- Elternarbeit, also die Arbeit mit Kindern, wird ebenso gesellschaftlich anerkannt wie künstlerische, kulturelle und politische Bürgerarbeit, indem beide beispielsweise Ansprüche an Rente und Krankenversicherung gewähren.
- Das gleichzeitige Engagement in Erwerbs- und Bürgerarbeit setzt damit schließlich auch eine Umverteilung der Familienverpflichtungen zwischen Männern und Frauen voraus.

Konkret stellt sich damit die Frage: Wie wird eine postnationale und zugleich politische Bürgergesellschaft in Europa möglich? Meine Antwort: Nur wenn es gelingt, das neue Prekäre der Beschäftigungsformen in ein Recht auf diskontinuierliche Erwerbstätigkeit, ein Recht auf wählbare Zeit, auf eine in tarifliche Rahmenbedingungen eingebettete neue Arbeitszeit-Souveränität umzuwandeln, können neue Freiräume in der Abstimmung von Arbeit, Leben und politischem Handeln entstehen und gesichert werden. Jedem Menschen wird es somit ermöglicht, sein Leben über einen Zeitraum von einem oder mehreren Jahren im Übergang von Familie, Erwerbstätigkeit, Muße, politischem Engagement mit den Ansprüchen und Anforderungen anderer abzustimmen und selbsttätig zu gestalten.

*Ulrich Beck* leitet das Institut für Soziologie an der Universität München und hat zugleich einen Lehrstuhl an der London School of Economics. Mit seinen Büchern *Risikogesellschaft, Kinder der Freiheit, Schöne neue Arbeitswelt* und *Macht und Gegenmacht im globalen Zeitalter* hat er die öffentliche Debatte immer wieder angeheizt.

Dieser Beitrag ist ein gekürzter Auszug aus Ulrich Becks Buch *Schöne neue Arbeitswelt.*

# Brave New Work World

## Ulrich Beck on the political economy of insecurity.

The utopia of the free market has an unintentional upshot: Brazilianisation of the West. There is a new similarity of development profiles for gainful employment to be discerned in the so-called first and the so-called third-country worlds. It is the incursion of precarious, discontinuous, fluffy and unsanctioned elements into the Western bulwarks of the full-employment society. This means the rag rug of social-structural issues is spreading to the centre of the West; in other words – the diversity, the confusion and insecurity of the South's labour, biographical and living forms.

In a semi-industrialised country such as Brazil, the wage and salary earners in a formalised full-time work relationship only represent a minority of those economically active. Incomparably more people are working under precarious working conditions. They are itinerant sellers, small tradesmen and artisans, they hire themselves out as all kinds of domestic help, or are »labour nomads« shuttling between different fields of activities, forms of employment and training. As developments dawning in the so-called »highly developed« full-employment societies indicate, this nomadic »multi-activity« – principally a characteristic of women's work in the West hitherto – does not form a »residual pre-modern quantity«, but rather a rapidly spreading development variant of the West's later labour societies, from which attractive, highly qualified, well-paid and fully-gainful employment emanates. If the rate of development hitherto persists – and much speaks for this – only every other dependent employee will be in permanent full-time employment in ten years, while the other half will be working – as it were – »like the Brazilians«.

The more labour relations are »deregulated« and »flexibilised«, the more swiftly the work society will be transformed into a risk society, which is incalculable for the individual's life style as well as for the state and politics generally. One thing at least is clear: Insecurity is the characteristic that will in future mark the basis of existence of the majority of people – including those in the apparently prosperous centre!

With the irrevocable loss of full-employment in the classical sense, Europe's identity and its political post-war projects are up for the grabs. When global capitalism dissolves the core of values of work society in the countries of the West, an historical alliance between capitalism, the welfare state and democracy will be shattered. How will democracy be possible beyond the full-employment society? What appears to be the end with rack and ruin has to be re-thought as being the period of promoting new ideas and models to open up the state, industry and society to the 21st century.

For me, the antithesis of the work society is boosting the political society of individuals, the active citizens' society on the spot. This society can find and develop, in miniature, local answers to the challenges of the Second Modernity. However, this is tied up with a few preconditions. Work time would have to be shortened for all on the full-employment labour market. Everyone – women and men – should be able to have one leg in gainful employment. Parents' work, for example, work with children, would have to be equally recognised by society as would be artistic, cultural and political civic work by, for example, claims for pensions and health care being granted to both categories – parental and civic. In the final analysis, simultaneous commitment to gainful employment and civic work will therefore presuppose family obligations being redistributed between men and women as well.

This will enable every person to harmonise his or her life with the claims and necessities of others in an interim of family, gainful employment, leisure time and political commitment as well as to shape his or her life independently for a period of one or several years.

*Ulrich Beck* is head of the Institute for Sociology at the University of Munich and at the same time has a chair at the London School of Economics. With his books *Risikogesellschaft, Kinder der Freiheit* and *Schoene neue Arbeitswelt* and *Macht und Gegenmacht im globalen Zeitalter*, he has constantly stimulated the public debate.

# Die Wiederentdeckung der Langsamkeit

Franz Josef Radermacher über den Bumerangeffekt des technischen Fortschritts.

Die extreme Innovationsdynamik der modernen Welt mit ihren enormen technischen Möglichkeiten verändert die Art, wie wir leben und arbeiten. Es ergeben sich immer wieder neue Möglichkeiten und manche sehen darin Potenziale einer völligen Veränderung gegenüber heute – und setzen oft euphorische Hoffnungen in diese Entwicklungen.

Meiner Ansicht nach werden wesentliche Dinge des Lebens dennoch gleich bleiben. Vielfältige anthropologische Konstanten haben letztlich zur Folge, dass vieles nicht viel anders ist als früher. Manchmal ist das, was in Leben und Arbeit als ein Fortschritt erscheint, sogar ein Rückschritt. Und auch die New Economy, die Wissensgesellschaft, erwies sich schnell als nicht so verschieden von dem, was vorher war. Wer anderes glaubte, hat häufig viel Geld verloren.

## Vieles ändert sich nicht

Fragt man nach dem, was Menschen tun, was sie in Arbeit und Leben versuchen, dann betrifft ein wesentlicher Teil der anthropologischen Konstanten das Leistungsvermögen des Körpers, die Gesundheit, die materielle Robustheit. Im seelischen Bereich kommen Voraussetzungen hinzu wie inneres Gleichgewicht, sich wohl zu fühlen, die Fähigkeit, sich zu konzentrieren, längere Zeit an einem Projekt oder Vorhaben zu arbeiten, zu verzichten, emotionale Befriedigungen auf später zu verschieben und so weiter.

Jede konzentrierte Arbeit hängt entscheidend von der Leistungsfähigkeit von Gehirn und Nervensystem ab. In vielen Fällen ist eine gute, jahrelange Ausbildung die Voraussetzung. Vieles dabei bedeutet Mühe und ist durch Technik nicht zu erleichtern, sei es das Lernen von Vokabeln oder das Verstehen mathematischer Theorien. Insgesamt muss ein enormes

Wissen über vielfältige Themenbereiche im Gehirn vernünftig abgelegt sein, wenn erfolgreiche Arbeit das Ziel ist. Noch dazu muss jeder Mensch sein Wissen permanent ergänzen, verbessern, an neue Verhältnisse anpassen.

Auch in Zukunft wird sich Leben und Arbeit in einer Wechselwirkung zwischen Menschen und Maschinen und im Kontext von Konkurrenzverhältnissen abspielen. Wenn die Konkurrenz hart arbeitet, sehr viel Zeit, Konzentration, Aufwand und beste technische und andere Möglichkeiten in ihren Beiträgen investiert, dann wird man selber, wenn man wirklich gut sein will, Ähnliches leisten müssen. Geht es um Kreativität, um Neues, um Ideen, dann wird man dafür auch in Zukunft Zeit brauchen und das verbunden mit einem geeigneten Ambiente, das Ruhe und Stimulanz beinhaltet. Man wird sich auch weiterhin für ein Brainstorming an geeignete Orte zurückziehen und Tage in schönen Villen an Seen oder in Klöstern zu verbringen suchen, die Ruhe und Inspiration miteinander verbinden. Das richtige Raummaß, viel Licht, ein weiter Blick, ein angenehmes Klima, ein vernünftiger Rhythmus im Tagesablauf werden immer noch eine wichtige Rolle spielen. Wer eine optimale Umgebung für Kreativität sucht, wird auch in Zukunft Ablenkung, Störungen und Hektik meiden und auf regelmäßige Mahlzeiten, Spaziergänge und Sport achten müssen.

## Engpass menschliches Bewusstsein

Der entscheidende Engpass bei allen nichttrivialen Arbeits- und Schaffensprozessen ist das menschliche Bewusstsein. Es ist ein sehr enger, im Durchsatzvolumen pro Zeiteinheit extrem begrenzter »Kanal«, der zu einem Zeitpunkt im Wesentlichen nur eine Sache hochkonzentriert tun kann. Dieser braucht vorverarbeitete Informationen, viele Beispiele, profitiert von der richtigen Kombination zwischen regelhaft-symbolischen und mehr ganzheitlich-holistisch-neuronalen Dimensionen des eigenen Tuns und braucht vor allem eines – Zeit.

Schaut man zurück, fragt man, wo große Werke der Weltgeschichte entstanden sind, schaut sich den Schreibtisch Martin Luthers bei der Übersetzung der Bibel in Eisenach, den Schreibtisch Albert Einsteins bei der Entwicklung der Relativitätstheorie im Patentamt in Bern oder schaut sich das Arbeitszimmer von Johann Sebastian Bach an, dann sind es wenige, aber entscheidende Dinge, die man braucht, Dinge, die sich in der Zeit kaum ändern, zum Beispiel einen vernünftigen Tisch mit einem brauchbaren Stuhl. Das mag banal klingen. Aber an diesen Tischen wurde die Welt verändert – mit geistiger Qualität, Konzentration, Ausdauer. Daran sollte man nicht sparen.

Man wird fragen, was denn dann der Beitrag der Technik oder des Neuen ist. Hat sich denn nichts geändert? Natürlich hat sich viel geändert, natürlich geben die modernen Kommunikationsmittel Möglichkeiten, mit Personen zu kommunizieren, die tausend Kilometer weit weg sind und dank Mobilfunk können sie dann sagen, dass sie sich gerade beim Jogging befinden. Früher hatte man zwar keine Handys, aber dafür waren die wichtigsten Gesprächspartner in überschaubarer Nähe. Man hatte möglicherweise keinen Computer, aber dafür – zumindest als Professor – gute Unterstützung durch Zuarbeiter, die einem das, was man brauchte, zielgerechter und in besserer Qualität besorgen konnten, als ein Computer oder eine Suchmaschine das bisher tun kann.

Auch heute hat derjenige, der gute Mitarbeiter und eine exzellente Sekretärin besitzt, enorme Vorteile. Und wenn auch eine Vielzahl von Kontakten, ein breites Netz von Beziehungen einen großen Wert darstellen, gilt doch weiterhin, dass zu viel Kommunikation weder zeitlich noch konzentrationsmäßig zu verarbeiten ist und man zum Schluss keine Zeit mehr zum vertieften Nachdenken hat. Anders ausgedrückt: Die Auswahl der Kommunikationspartner, die Qualität des Austauschs und die Priorisierung der Zeiteinsätze bleiben absolute Schlüsselthemen, und »Lost in e-mail, lost in hyper space« sind Gefahren für das eigene Leistungsvermögen, die es früher in dieser Form nicht gab.

## Hoch bezahlte Mitarbeiter ohne eigenen Schreibtisch

Oft stellt sich der so genannte Bumerangeffekt des technischen Fortschritts ein, der darin besteht, dass das, was die Lösung sein könnte, so viele Nebeneffekte nach sich zieht, dass die Situation anschließend mit der neuen Lösung in manchem schwieriger ist als vorher. Oder anders ausgedrückt: Zuweilen ist eine wirklich exzellente kreative Leistung, ein Buch, ein Theaterstück, eine Symphonie unter heutigen Bedingungen vielleicht schwieriger und nicht einfacher herzustellen als früher. Die Situation wird besonders merkwürdig, wenn Berater uns zu verkaufen versuchen, dass man kein vernünftiges Büro mehr braucht, dass Unordnung schadet, dass alles Wichtige auf einem Rechner liegen könne und es vollkommen ausreicht, wenn man sich beim Besuch seiner Arbeitsstelle einen Rollcontainer aus dem Lager holt, in dem alle Dinge drin sind, die man hat oder braucht, und mit dem man dann an irgendeinem freien Schreibtisch im Haus arbeitet.

Im Kern geht es dabei um Einsparungen. Wir können uns heute als hoch bezahlte Experten teilweise nicht einmal mehr den Luxus erlauben, der für gute kreative Arbeit über die letzten Jahrhunderte immer selbstverständlich war: über ein eigenes Zimmer zu verfügen, in dem wir die mit unserer Arbeit verbundenen Dokumente und Objekte im Raum dreidimensional anordnen können. Dieses Verteilen bedeutet, eine vernünftige Extension unseres Gehirns mit vernünftiger Zugriffslogik nutzen und eine Vielzahl von Materialien im schnellen Zugriff zu haben. Der Versuch, etwas Ähnliches auf einem Bildschirm durch Abarbeiten von Listen zu simulieren, ist von vornherein absurd und zum Scheitern verurteilt. Macht es Sinn, hohe Gehälter für wertvolle Mitarbeiter zu bezahlen, wenn es nicht einmal mehr zu einem Raum für die eigenen Unterlagen reicht?

## Mehr Möglichkeiten für viele Menschen

Es geht also bei der Frage nach dem, was die neuen technischen Möglichkeiten bieten, wahrscheinlich auch um etwas ganz anderes. Es geht darum, dass in einer Welt von immer mehr Menschen, in denen insbesondere unter Bedingungen des heutigen Marktmodells für die meisten kreativ tätigen kein Supportumfeld, kein Assistenzumfeld, kein Sekretariatsumfeld mehr vorgehalten werden kann, moderne Maschinen wenigstens etwas von dem ermöglichen sollen, was früher Menschen in entsprechenden Positionen verfügbar war.

Hierin liegt ein Element der Demokratisierung. Immer größere Teile einer immer größeren Bevölkerung können eine immer höhere Wertschöpfung erzielen. Genauso erlauben uns Licht, Heizung, Sportgeräte im Haus heute, an den unmöglichsten Stellen der Erde unter ungastlichsten klimatischen Bedingungen zu jeder Tages- und Nachtzeit zu arbeiten, Sport zu treiben und in Form von Bildern und Bildprojektionen zumindest eine Ahnung eines oberitalienischen Sees zu bekommen. Dank der modernen Verkehrstechnik können wir, die wir weltweit vernetzt arbeiten, zumindest gelegentlich unsere Partner sehen und mit ihnen auch physisch zusammenarbeiten, selbst wenn sie weit weg wohnen.

Anders ausgedrückt: Wir können heute Wertschöpfung, die heute Internationalität benötigt, und selbst Liebesbeziehungen über tausende Kilometer dank moderner Technik wenigstens so gestalten, dass wir darin etwas von dem retten können, was früher ein balanciertes Leben ausmachte. Wobei die Alternative vieler gleichzeitiger, im Zeitumfang echter physischer Interaktionen, allerdings extrem beschränkter Interaktionen, hinzukommt. Unbestreitbar sind auch die weltweiten neuen Möglichkeiten dieser Technik in den konkreten Arbeitsprozessen. Das Schreiben, Überarbeiten, Korrigieren von großen Texten wird technisch in erheblichem Umfang erleichtert. Dasselbe gilt für die Komposition von Musikstücken und die Herstellung von Filmen. Also können heute viele Menschen diese Tätigkeiten ausüben – und nicht nur wenige Menschen, die durch Zugriff auf ein entsprechendes Umfeld und einen entsprechenden Apparat dieses früher immer schon tun konnten. In vielen Fällen besser als das heute ein durchschnittlicher Akteur mit ausschließlich maschineller Unterstützung kann. Mit der Vielzahl der Akteure verlagert sich das Problem der auf diese Weise erzeugten Wirkung auf die Frage, wie man sich in einer unüberschaubaren Konkurrenz anderer Akteure bemerkbar macht. Dies gelingt wieder nur ganz wenigen, und auch in dieser Hinsicht ist alles in etwa wie früher.

Die zunehmende Intelligenz der Maschine in der Zukunft wird diese technischen Dimensionen weiter stärken. Es bleibt uns also die Hoffnung, dass sich manches weiter verbessern wird. Auch wenn unser Körper, der nur eine Sache pro Zeiteinheit richtig zu tun erlaubt, und das nur langsam, die menschlichen Möglichkeiten auf Dauer limitiert. Solange wir als Mensch noch gebraucht werden, also die Maschinen nicht alles selbst machen, sind wir begrenzt durch unser biologisches Erbe.

Diese biologische Seite braucht heute eher Verlangsamung als mehr Beschleunigung. Damit wäre eine schöne neue Welt, auf die wir zusteuern sollten, insbesondere eine solche, die uns über vernünftige ökosoziale, globale Rahmenbedingungen der Ökonomie erlaubt, wieder mehr auf ein menschliches Maß zurückzugehen. Also Zeit zu haben, nachdenken zu dürfen, Kreativität auszuleben. Wenn wir Rahmenbedingungen schaffen würden, die eine Wiederentdeckung der Langsamkeit fördern, wäre das ein wirklicher Fortschritt.

*Franz Josef Radermacher*, Mathematiker, Informatiker und Wirtschaftswissenschaftler, leitet das Forschungsinstitut für anwendungsorientierte Wissensverarbeitung (FAW).

# The Rediscovery of Slowness

## Franz Josef Radermacher about the boomerang effect of technical progress.

The extreme innovative dynamism of the modern world with its enormous technical potential is changing the way we live and work. In my opinion, the essential matters of life will nonetheless remain the same – due to a multitude of anthropological constants.

Any concentrated work depends, to a decisive degree, on the capacity of the brain and nervous system. In many cases, good training lasting years is a prerequisite. A great deal here means exertion and cannot be simplified by technology – no matter whether it involves learning vocabulary or grasping mathematical theories. If it is a question of creativity, novelty or ideas, then in future you will also need time for it and this in connection with a suitable ambience that, in turn, involves quietness and stimulation. The crucial bottleneck in all non-trivial work and creative processes is human awareness.

If you look back and ask how great works in world history were created, it appears that few items, yet critical ones, are actually needed, items that hardly change in the course of time, for example, a reasonable table with a usable chair. This may sound banal. But it was on these tables the world was changed – with intellectual quality, concentration, persistence and perseverance. Trying to save money here is not a good idea.

Naturally, much has changed; naturally, modern communications enable people to communicate with others who are thousands of kilometres away and thanks to mobile phones can then tell you that they are just going jogging. True, we did not have any mobile phones earlier on, but the most important people we had to talk to were, on the other hand, manageably close to us. We possibly did not have a computer, yet, on the other hand – at least as a professor – good support from assistants doing the groundwork. Which was usually of better quality than the information a search engine can give you.

The so-called boomerang effect of technical progress is frequently felt:

the new solution to a problem has so many side-effects that the resulting situation is more difficult in some aspects than beforehand. The situation turns into something especially remarkable when consultants try to sell us the line that we no longer need a reasonable office. This is fundamentally a question of savings. As highly paid experts, we are, in part, no longer able to allow ourselves the luxury today which used to be invariably a matter of course for good creative work over the last few centuries: Having our own room where we are able to arrange the documents and objects connected with our work three-dimensionally. This way of organising our work environment means utilising a reasonable extension of our brain with reasonable access logic and having a host of materials readily at hand. An attempt to simulate something like that on a small two-dimensional monitor by working up lists is quite absurd and doomed to failure. Is it meaningful to pay high salaries for valuable staff, if you cannot afford to give them their own room to work in?

In other words, the question of what the new technical possibilities offer probably refers to something else entirely. What this is all about is that in a world of more and more people, where – particularly under the conditions of the present-day market model – support, assistance or a secretary can no longer be provided for the most, modern machines are to make at least part possible of what successful creative people had at their disposal earlier on.

Rather, our biological side needs more slowness than more acceleration today. Creating basic conditions to promote the rediscovery of slowness would be real progress.

*Franz Josef Radermacher*, mathematician, computer scientist and economist, is in charge of the Forschungsinstitut fuer anwendungsorientierte Wissensverarbeitung (FAW).

# Der Stoff, aus dem die Zukunft ist

Klaus Burmeister und Andreas Neef über Innovationskultur.

Nie gab es so viel Innovation. Und selten herrschte so viel gähnende Langeweile in der Konsum- und Warenwelt. Die Produkte werden augenscheinlich immer ähnlicher und die Marketingkampagnen immer austauschbarer. Jedes neue Feature wird von der Konkurrenz postwendend nachgeahmt. Sei es nun das coole 1-Megapixel-Fotohandy oder der lauwarme 1-Minuten-Tassenpudding. Das Neue wird vom Kunden kaum noch wahrgenommen und es verliert in Anbetracht des ständigen Stroms von marginalen Neuerungen, die zu Innovationen hochstilisiert werden, an Faszination und Bedeutung. Innovation verkommt so zur bloßen Attitüde. Der Begriff wird Sinn-entleert. Die Demontage des Innovationsbegriffs in der Wirtschaft findet ihre Entsprechung auf der politischen Ebene mit dem Niedergang des Reformbegriffs. Was bleibt, ist ein weites Feld mit einem zunehmend trostloser werdenden Ausblick auf eine verkümmerte Innovationslandschaft. Eine ernüchternde Diagnose, die nach Antworten verlangt.

## Das Innovationsparadox

Eine schlichte Antwort lautet, dass man das wirklich Neue und Bahnbrechende, das Überraschende und Begeisternde nicht im Akkord produzieren kann. Noch dazu, wenn man keinen rechten Begriff mehr davon hat, was Innovation bedeutet und welches kreative Umfeld Innovationen benötigen. Je schneller sich die Produktzyklen verändern, desto dünner scheint die Substanz des Neuen zu werden. Andererseits fehlen die Maßstäbe, fehlen die Kriterien für die Auswahl von Innovationen. Es fehlen noch dazu die Ziele, die gesellschaftlichen Leitbilder für die Suche nach Innovationen. Es fehlt die Vision und es fehlt das Herzblut, mit dem wagemutige Unternehmer einen risikoreichen Weg beschreiten, um Innovationen den Weg zu ebnen oder mit ihnen unterzugehen. Warum ist das so?

Es herrscht eine paradoxe Innovationskultur in den Unternehmen. Einerseits wird in Sachen Innovation unglaublich auf die Tube gedrückt. »Time-to-Market« heißt das aktuelle Glaubensbekenntnis des Geschäftserfolgs. Innovationen sollen generalstabsmäßig und im Eiltempo zur Marktreife gebracht werden. Auf der anderen Seite regiert die Angst auf den Führungsetagen und in den Vorstandszimmern. Nach den Wirren der New Economy gilt jeder, der sich mit Zukunftsentwürfen oder gar mit Visionen beschäftigt, als gefährlicher Geldvernichter. Da wird jede originelle Idee sofort mit einer Marktpotenzialanalyse drangsaliert. Jeder kreative Keim wird unter der strengen Lupe des Innovationscontrollings zerpflückt. Absicherungsstrategien und Zahlenbürokratie herrschen vor, wo Kreativität und Lust an der produktiven Zerstörung gedeihen sollten. Was durch diese Mühle kommt, ist leider allzu oft uninspirierter Mainstream, getarnt als »Produktpflege«.

In Zeiten des High-Speed-Business haben Innovationen kein Ziel, keinen Raum und keine Zeit, sich zu entwickeln und zu reifen. Das merkt man den Konzepten und Produkten, den Strategien und Geschäftsmodellen einfach an. Echte Innovationen stellen für die Unternehmen und die Gesellschaft ein seltenes und kostbares Gewächs dar. Grob gesagt, geht man davon aus, dass gerade mal ein Prozent der Neuerungen innovativ sind. Sie benötigen daher eine Reife- und Auslesekultur, die sie nährt und fördert. Innovationen brauchen Menschen, die ihnen ihre Leidenschaft schenken, sie brauchen Fürsprecher und Türöffner, die sie in und mit der Welt bekannt machen, und vor allem die kleinen Helden, die für sie kämpfen.

Innovation zu schaffen ist eine Kunst mit vielen Facetten. Doch im Moment herrscht die Holzhammermethode vor. Das kann auf Dauer nicht gut gehen, denn der Konsument von heute ist nicht mehr der trendgeleitete von gestern. Geiz mag er zwar geil finden, aber er besitzt auf der anderen Seite auch ein feines und sensibles Gespür für Qualität. Seine Ansprüche an Produkte und Dienstleistungen nehmen zu. Ein Tatbestand, der in der Diskussion über die Ursachen des so genannten Konsumentenstreiks geflissentlich übersehen wird. Über die Qualitäten von Innovationen spricht heute kaum jemand. Wann hat Sie eigentlich das letzte Mal ein neues Produkt wirklich überzeugt, wenn nicht sogar begeistert, mal abgesehen vom wunderbaren Apple iPod?

## Der gereifte Konsument

Der gereifte Konsument, den wir identifiziert haben, fragt wieder nach dem Sinn der Produkte, nach ihrer Qualität. Reif ist er im zweifachen Sinne. Einerseits ist er übersättigt durch das vielfältige Angebot; er hat schon vieles ausprobiert. Zum anderen ist er aber auch an Lebensalter gereift. Er ist angesichts des demografischen Wandels älter und erfahrener geworden. So, wie der durchschnittliche BMW-Käufer bereits 53 Lebensjahre auf dem Buckel hat. Dieser gereifte Konsument ist nicht mehr so einfach durch kurzlebige Zeitgeistartikel, hippe Events oder ein sich nicht einstellen wollendes Erlebnisshopping an die Kassen zu bringen. Er beginnt, wieder in Kategorien der 70er Jahre zu denken. Fast vergessen tauchen wieder solche Begrifflichkeiten wie »Lebensqualität« auf. Eine Diskussion, die damals übrigens stark von der Gewerkschaftsbewegung mitgetragen wurde. Es ging nicht nur um solche elementaren Dinge wie die Humanisierung des Arbeitslebens, sondern um einen ganzheitlichen Ansatz, in dem auch Bedürfnisbefriedigung durch Produkte eine Rolle spielte. Heute kehrt diese Diskussion nicht eins zu eins zurück, aber im Angesicht der nachhaltig verschlechterten ökonomischen Rahmenbedingungen wird der gereifte Konsument zu einem relevanten Konsumententypus, der durch Qualität von den Produkten überzeugt werden möchte.

## Die vier Innovationsqualitäten

Denn das Neue an sich ist kein Selbstzweck. Das Neue braucht Inhalt und Sinn. Es benötigt die Verbindung von sozialen Kontexten und den eigenen Denkwelten. Und es braucht in den Produkten einen Funken, der überspringt. Wenn dies alles fehlt, findet wahre Innovation nicht statt. Da wir jedoch keinen klaren Begriff mehr haben vom Sinn des Fortschritts als Legitimation des Erneuerns, benötigen wir andere Attraktoren für die Orientierung in Innovationsprozessen. Wir müssen uns die Welt wieder aneignen. Wichtige Impulse dafür könnten aus der Open Source-Bewegung und aus den Peer-to-Peer-Netzwerken kommen. Aber die Wiederaneignung der Welt findet auch im eigenen Umfeld statt. Innovationen müssen sich, wollen sie erfolgreich sein, auf eine veränderte Wirklichkeit einstellen. Wir brauchen ein neues Qualitätsbewusstsein bei der Gestaltung und Umsetzung von Innovationen.

Wir möchten deshalb Ihren Blick auf die vier Qualitäten der Innovation lenken. Ohne sie werden wir in der Innovationssackgasse festsitzen bleiben, medienwirksam mit den Füßen scharren, viel Staub aufwirbeln, aber nicht von der Stelle kommen.

**Der Neu-Wert.** Innovationen brauchen innere Werte. Sie müssen für etwas stehen, für eine Haltung, eine Perspektive, ein Verhältnis zur Welt und zu den Dingen. Sie sind die Vorboten einer neuen Zeit und unterliegen deshalb in besonderem Maße der öffentlichen Kritik. Innovationen müssen über das Bestehende ein Stück weit hinausragen, eine Ahnung vermitteln von den Möglichkeiten und der Reichweite der Veränderung. Warum gibt es dieses Neue? Welcher Wert drückt sich in dieser Neuerung aus? Wohl den Unternehmen, die auf diese Fragen zukünftig eine überzeugende Antwort bieten können.

**Der Simplify-Faktor.** Innovationen sollen das Leben nicht komplizierter, sondern einfacher machen und angenehmer gestalten. Diese Forderung ist wahrlich nicht neu, aber sie gewinnt an Brisanz in dem Maße, in dem die Komplexität des Alltags- und Beziehungslebens zunimmt. Beim Simplify-Faktor geht es vor allem um die Qualität der Zeit. Neue Produkte und Dienstleistungen sollten dem Kunden zu mehr Zeitsouveränität verhelfen, statt unkalkulierbare Zeitfresser zu sein. Die Organisation des Alltags, Family Management und Beziehungsarbeit und -pflege bilden die Zielkoordinaten zukunftsfähiger und lebensnaher Produkte.

**Der Wow-Effekt.** Der Wow-Effekt ist verantwortlich für den Funken der Genialität, der bei gelungener Innovation auf den Kunden überspringt. Innovationen haben nicht nur eine rationale Seite, sondern sie müssen auch im Bauch ankommen. Vielleicht sind es die Schlichtheit und Eleganz einer neuen Idee, eine bedürfnisbefriedigende Funktionalität, die Überzeugungskraft eines gelungenen Designs oder das Erstaunen über einen funktionierenden Service, die das Herz des Kunden höher schlagen lassen und die gelungene Innovation zu einem unverzichtbaren Teil ihres Leben machen.

**Das Aneignungsprinzip.** Viele der heutigen Produkte und Hightech-Errungenschaften schaffen zwischen sich und dem Nutzer eine Art unsichtbare Wand. Die mangels notwendiger Programmierkompetenzen in der Bevölkerung notorisch auf 00:00 blinkenden Digitalanzeigen von Videorekordern sind hierfür ein altbekanntes Beispiel, die überbordende Funktionsvielfalt von Mobiltelefonen ein aktuelleres. Und selbst neue Produktgenerationen bringen erstaunlicherweise meist keine Besserung, sondern versuchen, mit nur noch mehr Funktionen und Optionen zu glänzen. Diagnose: Persönliche Aneignung missglückt. Doch Entfremdung führt irgendwann zum Beziehungsabbruch. Das Aneignungsprinzip bedeutet: Bei Innovationen müssen wir uns verstärkter um die Möglichkeiten und Qualitäten ihrer Aneignung kümmern als um ein pures Mehr an Möglichkeiten.

## Was tun?

Wie kann und soll es mit den Innovationen nun konkret weitergehen? Wir haben hierzu kein in sich geschlossenes und erprobtes Konzept anzubieten. Ohne eine neue Innovationskultur wird es nicht gehen, so viel ist gewiss. Eine solche Innovationskultur entspringt keinem großen Plan, keiner Programmatik und keinem überparteilichen Konsens. Sie kann nur das Ergebnis vom Handeln seiner Bürger sein. Handeln auf allen Ebenen. Unternehmer, die wieder etwas unternehmen. Mitarbeiter, die, wie geschehen, entgegen dem Willen des Vorstands ein Cabriolet als Prototyp geplant und realisiert haben. Vorgesetzte, die spleenige Ideen nicht gleich abtun. Produktentwickler, die nicht nur wissen, was technisch möglich sein wird, sondern auch wissen, wie die sozialen Kontexte in der Zeit aussehen könnten, in denen ihr Produkt Anwendung finden soll. Zum Beispiel im Jahr 2015. Kreditinstitute, die tatsächlich risikoreiche Ideen absichern. Eltern, denen es nicht zu viel ist, sich in Bildungsprozesse einzubringen. Verbraucher, die ihre Kaufentscheidung von Qualität abhängig machen. Produkte, die den Weg weisen in eine innovative, altersgerechte und nachhaltige Gesellschaft. Ein Gemeinwesen, das eine Innovationskultur entwickelt und lebt, in der das Scheitern kultiviert wird und Anpacken Kult ist.

*Klaus Burmeister* und *Andreas Neef* sind Zukunftsforscher und Geschäftsführer der Z_punkt GmbH The Foresight Company. Sie beschäftigen sich seit Jahren mit Innovationsstrategien in Unternehmen. Ihr neuestes Buch ist *Corporate Foresight – Unternehmen gestalten Zukunft.*

# The Stuff the Future's Made of

## Klaus Burmeister and Andreas Neef about innovation culture.

What is new is hardly perceived by the customer, and considering the steady flow of marginal novelties building up into innovations what is new is losing its fascination and significance. The dismantling of the term »innovation« in industry has its equivalent on the political level with the decline of the term »reform«. What is left is a broad field with an increasingly wretched outlook over an innovation wasteland.

A simple answer to how this came about would be that what is really innovative and pioneering, surprising and inspiring cannot be produced as piecework. Especially if we no longer have any precise idea as to what innovation means and what creative environment innovations need. A paradox innovation culture is prevalent in many businesses. On the one hand, incredible acceleration is being demanded as far as innovations are concerned. The current article of faith for business success is called »time-to-market«. Innovations are to be brought to market as efficiently as on an army manoeuvre and at break-neck speed. On the other hand, after the turmoil of the New Economy, anyone involved in designs of the future or even in visions is regarded as somebody with a dangerous tendency to waste lots of money. Protective strategies and numerical red tape predominate where creativity and pleasure in productive destruction should be prospering. In periods of high-speed business, innovations have no objective, no room nor time to develop and mature. This is why they need a growing and selective culture that will nourish and foster them.

Ignoring this necessity will prove to be counterproductive in the long run, since today's consumers are no longer those who were guided by fads in the past. They expect more and more of products and services. Mature consumers whom we have identified here are again asking for the sense of the products, for their quality. This has to do with the fact that the innovation per se is not an end in itself. The innovation needs content and meaningfulness.

We would therefore like to focus your attention on the four qualities of innovations. Without them, we will remain stuck in the innovation deadlock, scraping our feet on the ground to attract the media, stirring up any amount of dust, but not budging from the spot.

**The new value.** Innovations need inner values. They must extend beyond what is already there, conveying an inkling of the potential and scope of the change involved.

**The simplifying factor.** Innovations are not to make life more complicated, but simpler and more pleasant. New products and services are to help consumers to more sovereignty over time.

**The »wow« effect.** Innovations not only have a rational side, they must also make customers hearts beat faster.

**The acquisition principle.** Many of present-day products and high-tech achievements create a kind of invisible wall between themselves and people, because they expect too much of their users and have too many functions. In future, we will have to get increasingly involved in the possibilities of acquisition and no longer in generation of simply more functions.

What is going to happen in hard and fast terms with innovations now? One thing is certain: Without a new innovation structure, nothing is going to happen. This structure can only be the result of action of those concerned. Businessmen who again do business. Staff who, as has actually happened, have planned and realised a convertible as a prototype against the will of their company's board. Superiors who don't brush off way-out ideas straightaway. Banks that in fact cover risky ideas. A community that develops and experiences an innovation culture in which failure is cultivated and putting one's shoulder to the wheel is a cult.

*Klaus Burmeister* and *Andreas Neef* are future researchers and partners in Z-punkt GmbH The Foresight Company. Their new book is *Corporate Foresight – Unternehmen gestalten Zukunft.*

# Eine Revolution der Fantasie?

## Mihai Nadin über Technologie und Fantasie.

Eines der verblüffendsten Merkmale der neuen Technologie ist ihr Mangel an Fantasie. Nun werden viele protestieren: »Aber schaut euch doch nur die neuen Handys an! Die Plasma-Screens! Seht euch die DVD-Player an! Schaut nur den iPod an, den Palm Pilot!« (Oder andere ähnliche persönliche Assistenten.) Nun, wollen wir mal sehen. Sogar das Qualia 007 Stereo System von Sony, das 15.000 Dollar kostet, oder das Handy von Nokia (vertrieben von Vertu) mit einem Preis von 20.000 Dollar, aus Platin gefertigt, erweist sich letztlich als langweilig. Fünf Minuten Aufregung. Danach ist es lediglich ein sperriges, unhandliches Telefon, das manche mit sich herumtragen, sogar, wenn sie auf die Toilette gehen. Lasst uns den Tatsachen ins Auge sehen: Nach Milliarden von Dollars und Euros, die wir für UMTS-Sendefrequenzen ausgegeben haben, ist das Höchste der Gefühle, was die meisten Leute mit ihrem Handy machen, einander Fotos zu schicken, Fotos, die meist genauso wenig unvergesslich sind wie die Technologie, mit der sie aufgenommen wurden. Und das zu einem Preis, der nicht zu rechtfertigen ist. Bald werden sie auch noch Videos versenden. Na und?

Ganz im Ernst, ein Kind beweist mehr Fantasie als die »großen« Designer und Technologen, die hinter den neuesten Gadgets stecken. Kinder nehmen die einfachsten Formen und erfinden eine Fantasiewelt, mit der sich nicht einmal die neuen Spezialeffekt-»Fabriken« in Hollywood, Berlin oder Neuseeland messen können.

Habe ich die Absicht, die neue Technologie zu verteufeln? Sie niederzumachen? Mich über die Designer und Technologen lustig zu machen, die auf den großen Coup warten? Keineswegs. Ich bin mit Leib und Seele für die technologische Revolution, und was ich feststelle, sage ich nicht leichten Herzens. Es tut weh. Meine Studenten in Deutschland und in vielen anderen Ländern, wo ich schon unterrichtet habe, wissen, dass ich ein Enthusiast dieses Zeitalters bin. Sie wissen ebenfalls, dass ich mich nicht von seinem irreführenden spektakulären Aussehen blenden lasse. Ich bin vielmehr gewillt, in aller Öffentlichkeit auszusprechen, dass wir uns – Profis ebenso wie Konsumenten – trotz all der Versprechungen der neuen Technologie weiterhin mit dem kleinsten gemeinsamen Nenner zufrieden geben. »Idiotensicher« – das berühmte Adjektiv, das von all denen benutzt wird, die sich mit der Interaktion Mensch/Computer beschäftigen – sagt letztlich genau das, was die Worte sagen. Nämlich: »für Idioten«. Uns selbst eingeschlossen – die Wissenschaftler, Technologen, Designer und Marketing-Leute, die nicht gewillt sind, die Messlatte höher zu legen oder wenigstens darauf hinzuweisen, dass des Kaisers neue Kleider seine Blöße nicht verdecken.

## Fantasie ist per Gesetz verboten

Aber warum ist Technologie, wie wir sie erfahren, so langweilig? Wo ist unsere Fantasie geblieben? Unsere Verspieltheit? Ist es billiger, sich mit dem kleinsten gemeinsamen Nenner zufrieden zu geben? Effektiver? Lohnender? Profitabler? Wenn das der Fall gewesen wäre, wäre Picasso auch nicht bekannter geworden als du und ich, Beethoven wäre in Vergessenheit geraten und Schönberg aus den Archiven sogar der Menschen ausradiert, die seine Identität verabscheuten (aber nie seine Musik anhörten).

So manch einer wird anführen, dass der Marktdruck der Sündenbock ist: Man muss so viele Produkte verkaufen, dass es besser ist, wenn alle Idioten und ihre Schwestern sie kaufen. Gegen dieses Argument muss ich schon einmal Einspruch erheben. Die Industriegesellschaft hat ihr Leben auf der Formel eins-für-alle (»one-to-many«) aufgebaut. Das war effektiv, förderte aber eine alles gleichmachende Mittelmäßigkeit bei der menschlichen Bildung, dem Lebensstil, der Produktqualität und dem Gesundheitssystem ... Wie schon einmal gesagt wurde: Man darf die Attraktivität der Mittelmäßigkeit nicht unterschätzen! Das postindustrielle Zeitalter, das heißt, das digitale Zeitalter der Vernetzung und der Arbeitsteilung, ist ein Zeitalter extremer Individualität – vorausgesetzt, dass die Kräfte, die einer derartigen individuellen Entfaltung entgegenwirken, bei diesem Prozess nicht hinderlich sind.

An diesem Punkt angekommen, ist der Leser vielleicht (endlich!) perplex: Langweilige neue Technologie, die in Zukunft so viel verspricht? Mihai Nadin, du widersprichst dir selbst und hoffst, dass wir es nicht merken. Haben Sie Geduld und denken Sie daran: »Warum?«, ist die Frage, die Sie sich hoffentlich stellen. Blicken wir den Dingen ins Auge. Die Designer, Ingenieure und Computerwissenschaftler wurden nicht über Nacht vom Mangel an Fantasie überkommen. Der Prozess wurde schon vor einiger Zeit ins Rollen gebracht. Die Folgen sind nicht nur in der technologischen Entwicklung zu spüren, sondern auch auf anderen Gebieten menschlicher Handlung. Der Mangel an Kreativität kann zurückverfolgt werden zu einer fundamentalen Konzeption des menschlichen Wesens als Maschine. Darauf kommen wir gleich noch einmal zu sprechen.

Regierungspolitik, die keinerlei Fantasie erkennen lässt, keine Bereitschaft, mutig zu sein, verkörpert dieses fundamentale Konzept. Nehmen Sie einmal die Renten, das Reizthema dieser Tage. In den Büros und bei den Fachberufen gibt es weniger Arbeitsplätze, und es werden immer weniger. Aber die Antwort der Regierung lautet immer und immer wieder: Die Lebensarbeitszeit verlängern. Das ist doch absurd – wer würde einen 70-Jährigen einstellen? Betrachten Sie einmal ein anderes Feld, das der Regierungskontrolle unterliegt: Bildung. Todlangweilig. Lange Jugendjahre werden beim Erlernen von Dingen verschwendet, die der Vergangenheit angehören und heute völlig irrelevant sind – so, wie Latein – und die in Zukunft noch irrelevanter sein werden. Oder schauen Sie sich einmal die Büros an – egal welche: Joschka Fischers Büro, entworfen mit Hilfe virtueller Realitätstechnologie, oder die Büros, in denen die Angestellten von Banken, Fabriken, Regierungsbehörden und Kultureinrichtungen arbeiten. Fantasie ist von Gesetz wegen ausgeschlossen. Die Regierung legt die Quadratmeterzahl, die Luftqualität (air-conditioned, natürlich), das Licht und den Geräuschpegel fest. Das Büro als Maschine! Betrachten Sie die Arbeit als solche – in einem Büro oder wo auch sonst – als nichts anderes als eine monotone Übung in repetitiven Aufgaben, die im Detail von Gesetzen und Vorschriften kontrolliert werden.

## Die Maschinen-Metapher

»Warum?«, lautete meine Frage. Weil vor langer Zeit bewundernswerte Wissenschaftler verkündeten, dass alles, was existiert, auf eine Maschine reduziert werden kann. Sind Descartes und La Mettrie und all die anderen, die die neue Religion des Determinismus und des Reduktionismus predigten, daran schuld, dass wir nun vor einer technologischen Entwicklung stehen, die die Fantasie kastriert und sie erstickt? Keinesfalls. Descartes fertigte ausdrucksvolle Zeichnungen an, um seine Ideen zu illustrieren, und La Mettrie griff mit scharfer Zunge diejenigen an, die nicht gewillt waren, das menschliche Wesen als nichts Besseres als eine Maschine zu betrachten.

Heutzutage heuern wir Professoren (und Agenturen) an, die PowerPoint-Präsentationen für Idioten abhalten, und Geisterschreiber, die Ideen schriftlich festhalten sollen, die von Meinungsumfragen widergespiegelt werden, keine tiefen Überzeugungen, noch nicht einmal unumgängliche Wahrheiten. Die Metapher von der Maschine wurde zur Obsession. Wie kann gewährleistet werden, dass ein Buchhalter, eine Sekretärin, ein Personalchef oder ein Firmenpräsident genauso vorhersagbar und genau funktionieren wie eine Maschine? Sie werden geschult, man überlässt ihnen Technologie, die einige ihrer Aufgaben automatisiert (Addieren, Subtrahieren, Briefetippen), und ihre Leistung wird an der Menge ihres Outputs gemessen. Was sie sagen und tun und denken können, ist reglementiert. Und nachdem all das durch den Konsens von Regierungen, Eigentümern und Verbänden zustande kommt, ist das menschliche Wesen am Ende auf eine Maschine reduziert. Einstmals war diese Maschine namens menschliches Wesen dazu gedacht, zu heiraten und viele Kinder zu bekommen. Heutzutage ist Fortpflanzung nicht mehr erwünscht, die Ehe ist wirtschaftlich uninteressant. Stattdessen sollen wir konsumieren. Um die Wirtschaft am Laufen zu halten! Und hier ist der Haken: Das teure »menschliche Wesen, das auf eine Maschine reduziert ist«, kann in der Tat von einer Maschine ersetzt werden. Und wird es auch. Und diese Maschine wird in irgendeinem Teil der Welt produziert werden, wo die Arbeit noch billiger ist. Die Schulung von Softwareentwicklern aus Indien, die die teuren Programmierer aus den USA, Deutschland und England ersetzen, wird genau von den Leuten durchgeführt, die ihre Jobs aufgrund dieser Gleichung verlieren werden.

Ich habe schon angeführt, dass innerhalb des reduktionistischen Maschinenmodells weniger Arbeitsplätze zur Verfügung stehen, und noch weniger in Aussicht sind. Das gilt für alles, was langweilig, wiederholend, fantasielos und extrem genormt ist. Auch wenn die Regierungen verlangen würden, dass Menschen arbeiten, bis sie 70 oder 80 Jahre alt sind, würde das doch nicht die ganz einfache Gleichung des westlichen industriellen Modells ändern: Je breiter die Basis der sozialen Pyramide, desto mehr Mittel stehen zur Verfügung, um die sozialen Erwartungen zu befriedigen. Je mehr Konsum, desto besser! Und mit dem Konsum wachsen auch die Erwartungen! Ein Jahr Ferien im Ausland? Warum nicht zwei? Ein Auto? Warum nur eines? Und ein größeres, wenn schon. Schönheitsoperationen sind nicht länger ein Luxus, sondern ein verbrieftes Recht; dasselbe gilt für den Zugriff auf digitales Fernsehen, aufs Internet, den Zugang zu medizinischer Versorgung für Ihr Haustier. Der Erwartung sind keine Grenzen gesetzt. Und nachdem jemand für all das, was wir uns wünschen, bezahlen muss, sollte die Pyramide der steuerzahlenden Bürger breit genug sein, um der alternden Bevölkerung, den höheren Erwartungen an Bildung und Gesundheitswesen und an nationale und internationale Stabilität standzuhalten.

Was hat all das mit der Tatsache zu tun, dass die neue Technologie langweilig ist? Für die Leser, denen der Zusammenhang bisher entgangen ist, werde ich die Logik einmal vorbuchstabieren: Diejenigen, die an der Macht sind, haben das industrielle Maschinenmodell aufgegriffen, das Einheitlichkeit gewährleistet, anstatt Vielfalt zu stimulieren, die zum Außergewöhnlichen führt. Das Ergebnis hiervon ist, dass nur noch wenig Arbeit für Menschen zur Verfügung steht, die es akzeptiert haben, zu »arbeiten« wie Maschinen. (Erinnern Sie sich noch an Charlie Chaplin in *Moderne Zeiten*?) Die Arbeitslosenzahlen steigen – aber versuchen Sie doch einmal, jemand zu finden, der kompetent genug ist, Ihre Rohre oder Ihre Elektrizität, Ihr Auto, Ihren Fernseher oder Ihr Handy (ja, ich weiß, die werden weggeschmissen!) zu reparieren. Versuchen Sie, einen Arzt zu finden, der sich die Zeit nimmt, Ihnen zuzuhören, wenn Sie Ihre Schmerzen oder Ihr Unbehagen beschreiben. Ärzte haben im Durchschnitt sieben Minuten für jeden Patienten Zeit, egal, ob der Patient an Kopfschmerzen oder Krebs, an einem Kratzer oder einer Gehirnblutung leidet.

Das ist doch eine paradoxe Situation. Wir wollen etwas Individuelles, Kreatives. Aber wir wollen nicht dafür bezahlen. Wir finden es zu teuer und geben uns mit mittelmäßiger Mechanik zufrieden. Und was mechanisierbar ist, wird schließlich auch von Maschinen übernommen. Was dazu führt, dass wir wie Maschinen behandelt werden. Es gefällt uns nicht, egal wie sehr wir auf Homogenisierung konditioniert worden sind. Der Bürger entpuppt sich als das Produkt einer Maschine – die sich aus irgendeinem Grund Demokratie nennt –, die Gleichförmigkeit garantiert, was man euphemistisch »Gleichberechtigung« nennt. Das Endergebnis ist eine Gesellschaft, in der kein Individuum mehr übrig ist. Und immer weniger gehen zur Wahl.

## Ein Loblied auf Vielfalt und Fantasie

Lebewesen sind von Natur aus unermesslich vielfältig, verschieden. Das macht die Begegnung mit einem anderen menschlichen Wesen so aufregend und vielversprechend. Eine Maschine ist vorhersehbar, wiederholend und auf ihren Wirkungsbereich beschränkt. Deswegen werden Maschinen, egal, wie fortschrittlich sie sind, egal, wie gut entworfen, niemals so aufregend sein wie ein Lebewesen. Im Digitalzeitalter können wir die Beschränkungen der deterministischen Reduzierung auf die Maschine überwinden. Wir können Individualität, Unterschiedlichkeit, Einmaligkeit stimulieren. Maschinen verkörpern unser Verständnis der Welt als eine Sequenz von Ursache und Wirkung, kurzum, als einen Ausdruck von Aktion und Reaktion. Das Lebewesen reagiert ebenfalls, aber das Lebewesen hat die zusätzliche Eigenschaft der Antizipation, das heißt Vorwegnahme – in Bezug auf Gefahr, Vergnügen, Lachen, Überraschung und Kreativität.

Stellen Sie sich die freie Entfaltung dieser Unterschiede vor: nicht länger mehr ein Produkt, das für jedermann entworfen wurde, ein Bürosystem für alle, ein Leben, das nach der Definition eines anderen reglementiert ist, was am besten ist. Im Gegensatz zu der Gesellschaft, die auf dem industriellen Modell basiert, ist diese Aussicht im neuen Kontext zwischen Wissenschaft und Technologie zu verwirklichen. Das Hindernis, das der Verwirklichung dieses Ziels im Wege steht, ist der Mangel an Fantasie seitens der Gesellschaft und die starrköpfige Verteidigung des industriellen Modells durch diejenigen, die am meisten davon profitieren – oder glauben, dass dem so ist.

In der Tat werden wir im traditionellen Sinn des Wortes weniger arbeiten. Die Reproduktion unserer Arbeitsfähigkeit ist schon durch die Automatisierung gewährleistet. Deshalb muss die menschliche Arbeit kreativ werden. Das ist das einzige Kriterium, welches das menschliche Wesen durch Maschinen nicht ersetzbar macht. Das individualisierte, maßgefertigte Produkt ist zukunftsgerecht, und nicht die Massenproduktion langweiliger Gadgets, denen es an Fantasie mangelt und die noch schneller wieder verschwinden werden, als sie aufgetaucht sind.

Wenn wir erst einmal auf diesen Stand gekommen sind, wird sich uns das unermessliche Gebiet von Fantasie und Vorstellungskraft eröffnen. Wenn Sie nicht daran glauben, wenn Sie nicht verstehen, wie und warum dies geschehen muss, dann bekommen Sie, jetzt und auch weiterhin, genau das, was Sie verdient haben. Wenn Sie aber, im Gegenteil, bereit sind,

Ihre Kreativität zum Ausdruck zu bringen – jeder ist begabt, nur eben auf verschiedenen Gebieten –, dann wird sich das beschleunigen, was meiner Meinung nach eine unbedingt notwendige Entwicklung darstellt: eine Demokratie, die mit dem Credo »Vive la différence!« lebt und nicht mit den Gleichheitsslogans, die falsch verstanden werden und die auf einem Niveau der Mittelmäßigkeit stagnieren, welches die Mittelmäßigen Demokratie nennen. Eine Revolution der Fantasie? Warum nicht? Wenn wir eine Bezeichnung für alles benötigen, dann passt diese doch. Ein kreativer Journalist oder ein inspirierender Sprecher kann sie als motivierenden Slogan verwenden. Für mich ist das Zeitalter, das ich hier beschreibe, ein Zeitalter der freien Entfaltung des Individuums im Kontext einer Gesellschaft, die weiß, dass sie ihre letzten und besten Ressourcen in der menschlichen Kreativität finden wird.

*Mihai Nadin* war Professor für Computational Design der Universität Wuppertal und Professor für Informatik an der Universität Bremen; er wurde gerade berufen als Ashley Smith Professor for Interactive Arts, Technology and Computer Science an der University of Texas, Dallas.

# A Revolution of Fantasy?

## Mihai Nadin about technology and imagination.

One of the most striking characteristics of new technology is its lack of imagination. Most gadgets qualify as ultimately boring. Five minutes of excitement, that's it. Quite frankly, a child displays more imagination than the »great« designers and technologists behind the newest gadgets. Children take the simplest shapes and invent a world of fantasy not equaled even by the new »factories« of special effects in Hollywood, Berlin, or New Zealand.

Do I want to demonise new technology? By no means. My students in Germany and in many other countries where I taught know that I am an enthusiast of this age. But I am willing to state publicly that despite all the promise of new technology, we – professionals and consumers – continue to settle for the lowest common denominator. »Idiot-proof« – the great adjective used by those working in human-computer interaction – means what the words say: for idiots.

Industrial society lived on the model of one-to-many. It was effective, but it maintained a leveling mediocrity of human education, lifestyle, product quality, healthcare. The lack of imagination did not hit designers, engineers, and computer scientists overnight. The process was started some time back. Government policies, which display no imagination at all, no willingness to make an effort at daring, embody this fundamental conception. Imagination is excluded by law. Government regulates square meters, air quality (conditioned, of course), light, noise levels. The office as a machine! Consider work itself – in an office or wherever else – nothing but a monotonous exercise in repetitive tasks controlled in detail by laws and regulations.

»Why?« was my question. Because a long time ago, admirable scientists proclaimed that all that exists can be reduced to a machine. The machine metaphor became an obsession. How can one make sure that an accountant, secretary, personnel manager, or company president performs as predictably and precisely as a machine? They are trained, given technology to automate some of their tasks (adding, subtracting, typing letters), and their performance is measured on the quantity of their output. What they can say and do and think is regulated. And since this all comes about through the consensus of governments, owners, and unions, the human being ends up reduced to a machine.

Those in charge have taken the industrial machine model that ensures uniformity, instead of stimulating distinctions that lead to the exceptional. The result is that there is little work left for people who have accepted to »work« like machines. Although unemployment rates are heading up, try to find someone competent to fix your plumbing or electricity, your car, your television set, your cellular phone; try to find a doctor who will take time to listen as you describe your pain or discomfort. We want – but we do not want to pay for – what is individualised, creative. We find it too expensive and settle for mediocre mechanics. And what is mechanisable is eventually taken over by machines, and we are treated like machines in turn. But we don't like it, no matter how much we have been conditioned to homogeneity.

In the age of the digital, we can overcome the limitations of the deterministic reduction to the machine. We can stimulate individuality, distinction, uniqueness. Imagine the free unfolding of differences: no longer one product designed for everyone, one office system for all, a life regulated by another's definition of what is best. As opposed to the society based on the industrial model, this prospect is achievable in the new context of science and technology. A revolution of fantasy? Why not? If we need a label for everything, this one can do.

*Mihai Nadin* taught Computational Design at the University of Wuppertal (Germany) and Computer Science at the University of Bremen (Germany). He was appointed Ashley Smith Professor of Interactive Arts, Technology and Computer Science at the University of Texas, Dallas (USA).

# Der »Prosument« greift ein

## Frank T. Piller über die Zukunft individuell konfigurierter Produkte.

Die schöne, bunte Einkaufswelt gerät ins Wanken. Aus der Masse der schutzbedürftigen Verbraucher schälen sich allmählich gut informierte, selbstbewusste Kunden heraus, die bestimmte Vorlieben und Wünsche hegen und viel genauer hinschauen, welchen Gegenwert an Service und Freundlichkeit sie für ihr Geld bekommen.

Für Unternehmen bedeutet das: Mit Standardprodukten ist immer weniger Geschäft zu machen. Wer verkaufen will, muss kundenindividuelle Produkte entwickeln – das aber ohne hohe Preiszuschläge. Das heißt: Masse mit Klasse. Denn sonst sind wir bei der Einzelfertigung, wie zum Beispiel beim Maßschuhmacher, der individuelle Schuhe für 1.500 Euro herstellt. Was wir brauchen, sind aber Schuhe für 150 bis 200 Euro mit optimaler Passform und Tragekomfort.

Leider haben das viele Unternehmen immer noch nicht begriffen. Nehmen wir die Buchindustrie: Viele Bücher gehen am Geschmack der Leser vorbei, landen auf dem Ramschtisch oder werden gleich geschreddert. Experten schätzen, dass im Fachbuchbereich bis zu 50 Prozent aller in Europa gedruckten Bücher direkt im Reißwolf landen. Oder ein anderes Beispiel: die Bekleidungsbranche. Weil die Hersteller letztlich nicht wissen, was die Kunden tragen wollen, landen Hosen, Röcke und T-Shirts tütenweise auf den Deponien oder werden zu Spottpreisen verramscht. Für den Verbraucher bedeutet das Frust. Er zahlt einen überhöhten Preis, weil der Hersteller das Risiko, auf seiner Ware sitzen zu bleiben, im Mittel auf den Kunden abwälzt. Und er braucht Stunden, um sich durch die Warenberge zu wühlen, die von Jahr zu Jahr höher werden.

Die Diversifizierung der Märkte und die Heterogenisierung der Nachfrage haben in vielen Branchen zu ausufernden Sortimenten mit unzähligen Produktvarianten geführt. Nicht nur die Kunden sind damit überfordert. Auch die Unternehmen verlieren den Blick fürs Wesentliche. Was sie mitunter brauchen, ist eine Strategie, mit der sie individuell konfigurierbare Produkte und Dienstleistungen herstellen können, ohne die Effizienz einer Massenproduktion aufzugeben. Genau dies ist das Ziel von Mass Customization.

## Auf den Mehrwert kommt es an

Mit einem neuen Buch habe ich demonstriert, dass dies auch anders geht. Jeder Leser kann dort ganz nach individuellem Informationsbedarf aus verschiedenen Modulen und Fallstudien auswählen und sich so seine persönliche Lektüre zusammenstellen. Warum sollen Leser ein ganzes Buch kaufen, wenn sie sich nur für wenige Kapitel interessieren – zumal es die notwendige Technik dafür schon lange gibt? Auch können so ohne große Kosten viel mehr Informationen angeboten werden – gedruckt wird nur, was auch gefällt. Leider sind die meisten Verlage und der Buchhandel, einschließlich innovativer Online-Händler, noch nicht darauf eingestellt. Deshalb musste ich noch neben dem echten Individualbuch, das nur über das Internet erhältlich ist, eine zweite Version schaffen: eine klassische Buchhandelsfassung, die den kompletten Grundtext umfasst und über einen Gutschein durch Zusatzkapitel nachträglich individualisierbar ist.

In anderen Branchen, allen voran die Bekleidungs- und Möbelindustrie, ist Mass Customization bereits gängiger. Doch es ist heute klar, dass das Konzept kein Allheilmittel ist. Ein Blick auf First Mover wie GetCustom, Custom Foot, Creo Interactive oder Xaaz genügt. Sie existieren nicht mehr, weil sie selbstverliebt Individualität verkauft haben, ohne wirklichen Mehrwert zu bieten. Auch Procter & Gamble ist noch nicht da, wo es hinwollte, obwohl sich das Unternehmen vor Einführung seiner Kosmetiklinie »Reflect« umfassend informierte: Sind Frauen an hochwertigen Kosmetika, die sie je nach Hauttyp und Pflegebedürfnis zusammenstellen können, interessiert? Die Antwort lautete natürlich ja. Nun ist das Produkt drei Jahre auf dem Markt. Doch die anvisierten Zahlen konnten nicht erreicht werden. Ganz anders aber die Münchner Schuhfirma Selve. Gründerin Claudia Kieserling kann sich vor Aufträgen nicht retten. Der reale Betrieb hat die Erwartungen weit übertroffen. Mehr als die Hälfte aller Erstkunden kaufen bei Abholung der ersten Bestellung bereits ein weiteres Paar – ein Wert, den jeder Branchenexperte in der Schuhindustrie nie für möglich gehalten hätte. Doch bei Selve stimmen Produkt und Service: Die Kundinnen bekommen für 170 bis 220 Euro einen echten hochmodischen Schuh nach Maß, und dies in einer Einkaufsatmosphäre, die zugleich exklusiv als auch sehr serviceorientiert ist. Selve kennt deshalb auch keine Schlussverkäufe, Rabatte, Preiskämpfe oder großen Umtauschaktionen – und kann so die Individualität zum vergleichbaren Preis eines Massenproduktes anbieten.

Die neuen Kunden fordern Produkte, die ihren Bedürfnissen entsprechen. Aber sie bezahlen nicht für Individualität per se, sondern letztlich nur für eine Leistung, die unmittelbaren Nutzen stiftet. Denn die neuen Kunden wollen nicht anders sein, sie wollen sich einer Gruppe anschließen, dazugehören. Lands' End hat das begriffen und bietet für US-Kunden, denen die Hosen und Jeans von der Stange nicht passen, eine maßgeschneiderte Version an (für nur zehn Euro Aufpreis). Deswegen heißt Mass Customization ebenfalls, auch klassische Massenprodukte individuell anzupassen – wenn es nötig sein sollte.

## Bloß keine drei Millionen Varianten!

Hinzu kommt: Der Kunde sucht einen kompetenten Partner. Einen Anbieter, von dem er überzeugt ist, in besten Händen zu sein. Der ihn ernst nimmt und auf seine Wünsche eingeht. Deswegen ist und bleibt das Kerngeschäft eines Unternehmens in erster Linie die Vermittlung von Kompetenz und Wissen. Bestes Beispiel: Dolzer. Die vielen Tausend Kunden halten dem Maßkonfektionar nicht die Treue, weil sie mittels eines Internet-Konfigurators ihre Lieblingshemden entwerfen können. Sondern weil der Name Dolzer seit Jahrzehnten für Qualität und Service steht.

Es macht keinen Sinn, »drei Trillionen Billionen« Produktvarianten aus dem Boden zu stampfen, wie es der Schuhhersteller Customatix versucht, damit der Kunde das Gefühl hat: Wow, dieser Sneaker ist einzigartig, diese Pumps gibt es nur einmal! Natürlich gibt es Avantgardisten, die ein ganz besonderes Muster wollen, eine ganz besondere Form. Doch die Mehrheit will ein Standardprodukt, das passt. Und das man nicht erst zum Schuhmacher oder Schneider zum Weiten bringen muss.

Bestes Beispiel: adidas. Seit Jahren passt das Unternehmen seine Sportschuhe bereits für Profis individuell an. Nun bietet es diesen Service für 150 Euro auch dem ambitionierten Freizeitsportler an. Nicht nur, um sich von potenziellen Wettbewerbern zu unterscheiden und den Kunden einen Superservice zu bieten. Sondern weil adidas dadurch – wie Procter

& Gamble, Lego oder Lands' End im Übrigen auch – über seine Kunden wichtige Informationen erhält. Trendforschung leicht gemacht: Die Informationen über die individuellen Kunden sind wichtiger Input für die Absatzplanung und für den Entwurf neuer Produkte – auch im Massensegment.

Aber nicht nur Big Player können mit Mass Customization Geld verdienen. Es gibt auch kleine, relativ unbekannte Unternehmen, die mit Mass Customization erfolgreich sind. Zum Beispiel der ostdeutsche Möbelhersteller InVIDO. Mit Hilfe eines CAD-Programms am heimischen PC können Kunden individuelle Möbel entwerfen und innerhalb weniger Wochen zu einem günstigen Preis fertigen lassen. Oder Bivolino aus Belgien: Allein mit Hemden nach Maß aus dem Internet und einem super Kundenservice hat sich das Unternehmen eine feste Stellung in Europa erobert.

## Erfind's doch einfach selbst!

Clevere Unternehmen integrieren ihre Kunden allerdings noch weiter gehend in die Wertschöpfung, als sie nur Produkte selbst zusammenstellen zu lassen. Sie erklären ihre Kunden zu echten »Prosumenten« – ein Kunstwort aus Produzent und Konsument –, um mit ihrer aktiven Hilfe erfolgreiche Produkte von morgen zu kreieren. Dieses Prinzip nenne ich Open Innovation, angelehnt an die Open-Source-Bewegung, wo seit vielen Jahren Software zum Nutzen aller allein durch die Nutzer selbst (und nicht durch ein großes Unternehmen) entwickelt wird. Was den Konsumgüterbereich angeht, stehen wir damit noch am Anfang. Doch es gibt vielversprechende Ansätze. Beispielsweise Sony: Die Software für die PlayStation wird nicht nur von Spieleprofis entwickelt. Viele Tools kommen direkt von den Kunden, die ihre Ideen über eine eigens installierte Website einbringen. Oder die Lego-Community LUGNET. Dort treffen sich Lego-Fans, um mit Hilfe einer speziellen CAD-Software neue Kreationen zu entwickeln.

»Wenn du etwas richtig willst, mach es selbst« – ich denke, dass es dieser Leitsatz ist, der die Lead User antreibt, sich zu engagieren. Sie wollen nicht warten, bis das Unternehmen selbst auf die Idee kommt, ihre Produkte zu optimieren. Und sie wollen die Konsumwelt, in der sie leben, aktiv mitgestalten. Ein Wunsch, den noch nicht viele Kunden hegen. Die meisten geben sich heute nach wie vor mit dem zufrieden, was ihnen vorgesetzt wird und kaufen Produkte, die nicht zu 100 Prozent ihren Bedürfnissen entsprechen. Ganz einfach, weil sie gar nichts anderes gewohnt sind, als Kompromisse einzugehen. Auch deswegen wird Mass Customization für die meisten Unternehmen erstmal ein Add-on bleiben, wenn auch ein sehr effektives.

*Frank T. Piller*, Dozent an der Technischen Universität München und Lehrbeauftragter an etlichen internationalen Hochschulen, gilt als einer der Experten in Sachen Mass Customization, CRM und Personalisierungsstrategien. Sein neuestes Buch heißt *Mass Customization und Kundenintegration. Neue Wege zum innovativen Produkt.*

# The »Prosumer« is Intervening

## Frank T. Piller about the future of individually configured products.

The wonderful motley shopping world is beginning to totter. Gradually putting in an appearance are well-informed, self-confident customers, harbouring certain preferences and wishes and looking much more closely as to what they actually get for their money in the way of service and friendliness.

What this means for businesses is that there is increasingly less money to be made with standard products. If you want to sell, you have to develop individual customer products – however without any high mark-ups. This means: mass with class.

Unfortunately, any number of businesses has still not grasped this basic fact. Let's take the clothing industry. Because manufacturers are in the end unaware of what customers want to wear, trousers, skirts and T-shirts are dumped by the sack on tips or flogged at knockdown prices. For consumers, this means frustration. They pay prohibitive prices, because manufacturers pass on the risk of holding the bag – their goods – to the customers. And the consumers, in turn, need hours to root through the mountains of wares which get higher from year to year. In many branches, diversification of the markets and heterogeneousness of demand have led to overflowing lines of products with innumerable variants. Not only customers are asked too much of. Businesses, too, are losing sight of what is essential.

In some branches – above all in the clothing and furniture industries – mass customisation is already more prevalent. Yet, what is clear today is that this concept is not an universal remedy. A glance at first movers such as GetCustom, Custom Foot, Creo Interactive or Xaaz suffices. They no longer exist, because – in love with themselves – they sold individuality without offering any real added value. The new customers demand products that fall in line with their needs. But they will not pay for individuality per se, but, in the end, only for output that brings about direct benefits. New customers do not want anything else; they want association, to belong to a group. Lands' End has grasped this and offers US customers, whom pants and jeans from the peg do not fit, a customised version (for a mere Euro 10 extra). This is why mass customisation likewise denotes fitting classical mass products individually – when necessary. It is not meaningful to conjure up »three trillion billion« product variants out of nothing, as the shoe manufacturer Customatix is trying to do for the customer to have the feeling: Wow, these sneakers are unique, these pumps are the only one of its kind! The majority wants a standard product that fits.

Clever businesses integrate their customers even more into added valuation than having them merely making up products themselves. They declare their customers are genuine »prosumers« – a word coined from producer and consumer – in order to create, with their active assistance, tomorrow's successful products. As far as consumer goods are concerned, we are still right in the early stages. Yet there are promising beginnings. For example – Sony: The software for their PlayStation is not only developed by game pros. Many tools stem directly from customers who introduce their ideas via a website installed for this specific purpose.

»If you want something done right, do it yourself« – I think that it is this basic principle that drives lead users to commit themselves. They are not prepared to wait until businesses hit upon the idea themselves to optimise their products. And they intend to revamp the consumer world they live in energetically themselves. This is a wish that not many customers have. Most as always are satisfied, from sheer habit, with what they are served and purchase products that do not completely fall in line with their needs. This is also the reason why mass customisation will remain an add-on for most businesses for the time being – even if a very effective one.

*Frank T. Piller*, outside lecturer at the Technical University Munich and lecturer at any number of international universities, has a reputation as being one of the experts in mass customisation, CRM and personalisation strategies. His latest book is *Mass Customization und Kundenintegration. Neue Wege zum innovativen Produkt.*

# Teil III
# Unternehmenskultur

## Section III
## Corporate Culture

# Auf dem Weg zur Eigenzeit

Norbert Bolz über den Menschen in der Informationsgesellschaft.

Wir leben in einer Informationsgesellschaft. Doch die Information ist nicht, wie immer versprochen, die Lösung unserer Probleme – sondern das Problem selbst. Wir haben es nicht wie bisher in der Kulturgeschichte mit einem Mangel an Information zu tun, sondern mit einem Zuviel. Es geht nicht mehr um das Suchen und Erarbeiten von Informationen, sondern um Filtern und Selektion. Die Information muss erst modelliert werden; das ist die eigentliche Herausforderung. Da die meisten Menschen damit überfordert sind, erzeugt das fundamentale Orientierungsprobleme.

Aber wer liefert diese Orientierung? Vor allem Medien und halbwegs glaubwürdige Autoritäten. Nehmen wir mal ein Thema wie die Zukunft des Internets. Wenn Sie wissen wollen, was das Internet ist, könnten Sie theoretisch ins Internet gehen und den Begriff suchen. Aber dann bekommen Sie ungefähr eine Million Hinweise. Sie werden wahrscheinlich stattdessen in eine Buchhandlung oder die Bibliothek gehen und sich ein Buch über das Internet kaufen. Ältere Medien haben den Vorteil, dass sie überschaubarer und einfacher sind. Ein Buch fängt irgendwo an und hört irgendwo auf, erzeugt also rein formal den Eindruck von Zusammenhang und Übersichtlichkeit (auch wenn das im Einzelfall trügerisch sein kann). Das ist etwas, was das Internet niemals bieten kann.

Die zweite Möglichkeit: Sie rufen jemand an – einen kompetenten Freund und oder einen Wissenschaftler – und fragen denjenigen. Sie verlassen sich also auf die Autorität und die Kompetenz bestimmter Spezialisten oder Wissensmanager. Diese Möglichkeit, Komplexität zu bewältigen, wird immer wichtiger. Je mehr wir von Informationen abhängig werden, desto weniger können wir Probleme durch Informationen selber lösen – das steigert nur die Verwirrung –, sondern nur noch über Vertrauen. Deshalb ist die Informationsgesellschaft mehr auf Vertrauen angewiesen als jede frühere Gesellschaft.

## Aufmerksamkeitsökonomie = Emotionalisierung

Längst hat sich in dieser Informationsgesellschaft eine Ökonomie der Aufmerksamkeit herausgebildet. Herbert Simon, der berühmte Kognitionswissenschaftler und Ökonom, hat schon vor Jahren den Begriff »Attention Management« geprägt. Gemeint ist damit, dass Aufmerksamkeit eine wertvolle Ressource ist – denn nichts ist für den Menschen knapper als seine Lebenszeit, und um diese Zeit konkurrieren sämtliche Informations- und Konsumangebote. In einer Konsum- und Informationsgesellschaft wird dieser Kampf natürlich immer härter.

Eine große neue Industrie konzentriert sich darauf, die Orientierungsprobleme, die sich aus dieser Situation ergeben, zu lösen. Auf unterschiedlichen Ebenen. Einerseits mit dem klassischen Mechanismus des Vertrauens. Beim Thema Aufmerksamkeitsmanagement spielt aber auch die Funktion der Emotionen eine große Rolle. Deshalb kommt es zu einer Art Konjunktur der Gefühle in unserer Gesellschaft, man kann es auch Emotionalisierung nennen. Gefühle sind eine Art Umschaltmechanismus, mit ihrer Hilfe switcht man aus einem Denkzusammenhang in einen anderen um. Beispiel: Zurzeit schreibe ich gerade einen Aufsatz. Aber wenn im Stockwerk unter mir ein Feuer ausbrechen sollte, dann werde ich plötzlich überhaupt nicht mehr in diesem Raster denken, sondern überlegen, was tue ich jetzt und wie kann ich mich retten. Das ist es, was Gefühle ausmacht. Sie verändern die Prioritäten. Deshalb versucht man über Gefühle, Aufmerksamkeit abzulenken und sie mit Hilfe von gefühlsstarken Mustern zu dirigieren. Die Wirtschaft der Aufmerksamkeit ist im Wesentlichen eine Art *»Emotional Design«*, ein Angebot von Gefühlsmustern.

## Kommunikation, nicht mehr Produkt

Die Wirtschaft funktioniert nicht nur in dieser Beziehung anders als früher. Die Wortneuschöpfung »Coopetition« (aus *cooperation*, Zusammenarbeit, und *competition*, Wettbewerb) steht für die Einsicht, dass Wettbewerb und Kooperation sich nicht ausschließen, im Gegenteil. Zwar wird das in unterschiedlichen Denkmodellen diskutiert, aber der Grundgedanke ist richtig und bestätigt sich immer mehr: Man kann sehr viel profitabler wirtschaften, wenn man die Rivalen auf dem Feld als mögliche Kooperationspartner begreift. Wettbewerb kann eine Variante der Kooperation sein und umgekehrt. Die alte Vorstellung: »Mein Erfolg auf dem Markt hängt vom Misserfolg meiner Konkurrenten ab«, ist zu einfach. Inzwischen hat man ein komplexeres Bild und erkennt zunehmend, dass der Erfolg von anderen die Bedingung dafür ist, dass ich selbst erfolgreich bin. Lustigerweise zeigt sich, dass der Ellenbogentyp in netzwerkartigen Zusammenhängen die wenigsten Profite macht. Das ist kein Lob des Gutmenschentums in der Wirtschaft, aber es zeigt, dass kooperative Strategien in der Wirtschaft des 21. Jahrhunderts viel erfolgreicher sind als aggressive Strategien. Diese Ergebnisse, die eigentlich schon 20 bis 30 Jahre alt sind, bestätigen sich jetzt unter Bedingungen der Netzwerkwirtschaft auf sehr eindrucksvolle Weise.

Netzwerkunternehmen sehen das, was sie tun, nicht mehr primär vom eigenen Produkt her, sondern von der Kommunikation mit dem Kunden und dem Konkurrenten. Das Produkt tritt in den Hintergrund, und in den Vordergrund schieben sich die Kommunikationsaufgaben mit dem Markt und anderen Organisationen, aber auch der Politik. Wer diese Kommunikationsaufgaben löst, der arbeitet mit an diesem profitablen Netzwerk.

## Eine neue Spaltung

Ein ungelöstes Problem ist die Kluft zwischen den Menschen, die dieses Netzwerk und diese Informationswelten aktiv gestalten, und denjenigen, die nur als passive Konsumenten in Frage kommen. Das ist eine viel interessantere und zurzeit sehr viel wichtigere Spaltung als die zwischen Kapital und Arbeit. Ich fürchte, dass sich diese Gegensätze immer weiter verschärfen werden. Das hat nichts mit dem oft sentimental-dramatisch abgehandelten Thema »Ausgeschlossenheit der Dritten Welt aus der Informationsgesellschaft« zu tun. Die Spaltung, auf die ich mich beziehe, findet innerhalb unserer eigenen Ersten Welt statt.

Zunehmend wird es wichtig, ob man intelligent, flexibel, geistesgegenwärtig genug ist, um zu den Gewinnern dieser neuen Welt zu gehören. Den anderen bleibt nur die Welt der persönlichen Serviceleistungen. Man muss abwarten, wie die Gesellschaft es verkraftet, dass auf der einen Seite die Wissensarbeiter stehen und auf der anderen Seite die Menschen, die Leistungen für sie erbringen. Das ist eine Spaltung, die quer durch alle Länder hindurchgehen wird.

Parallel dazu ist eine neue Leitwährung entstanden. Die Unterscheidung Arbeitszeit/Freizeit ist in der Praxis längst nicht mehr die einzige Orientierungskoordinate. Genauso wichtig ist die Unterscheidung von Eigenzeit und Weltzeit. Die Frage ist, inwieweit mein Tagesablauf von meiner eigenen Zeitdisposition bestimmt wird oder von Zeitschemata diktiert wird, über die ich nicht verfügen kann. Zum Beispiel davon, dass um acht Uhr die Schule meiner Kinder losgeht oder um 20 Uhr die Tagesschau kommt oder dass es bestimmte Termine gibt, die der Chef vorschreibt.

Ich glaube, diese Unterscheidung wird in Zukunft wichtig, weil die Menschen erkennen, dass Individualität und konkrete Freiheit eng damit zusammenhängen, wie man über die eigene Lebenszeit verfügen kann. Deshalb sind all jene Erfindungen in Zukunft von besonderem Interesse, die diese Eigenzeit hegen und pflegen. Nur ein Beispiel: E-Mail ist ein wunderbares Medium zur Kultivierung von Eigenzeit. Man hat durch sie eine Gleichzeitigkeit mit der Weltzeit, andererseits können Sie selber darüber disponieren, wie und wann Sie mit den entsprechenden Informationen umgehen.

Dieser Wunsch nach Eigenzeit wird anwachsen, weil Zeit immer mehr zum Luxus des 21. Jahrhunderts wird. Derjenige, der Geld hat, ist daran interessiert, sich Zeit zu kaufen. Also Dinge, die ihn Zeit kosten, auf andere abzuwälzen und Dienstleistungen dafür in Anspruch zu nehmen, vom Einkaufen bis hin zur Pflege. Ein Beispiel aus dem Alltag: Wenn Ihr Auto mal wieder eine neue Plakette braucht, können Sie zum TÜV gehen und dort warten, bis Sie dran sind. Für etwas mehr Geld können Sie Ihr Auto in eine Werkstatt bringen und den TÜV dort machen lassen. Für noch mehr Geld können Sie den Werkstattinhaber dazu bringen, Ihr Auto abzuholen, Ihnen einen Ersatzwagen hinzustellen und zwei Tage später das Auto wieder zurückzubringen, fast ohne dass Sie es merken.

Wissensarbeiter kaufen sich Dienstleister, die ihre eigene Lebenszeit gegen Bezahlung an sie verschwenden. Die »armen Schlucker« dieser neuen Gesellschaft dagegen jagen nach Schnäppchen oder vergleichen tausendmal Preise, rennen von einem Shop in den anderen, um fünf Euro zu sparen. Sie tauschen ihre Lebenszeit gegen Geld. Diese Trennung im Umgang mit Zeit macht die neue Klassenspaltung sehr, sehr deutlich.

*Norbert Bolz* leitet das Fachgebiet Medienwissenschaft an der TU Berlin. Er ist einer der bekanntesten Trendforscher und Vordenker Deutschlands. Er hat zahlreiche Bücher veröffentlicht, darunter *Das konsumistische Manifest* und *Das Ende der Gutenberg-Galaxis*.

# On the Way to Your Own Time

## Norbert Bolz about humankind in the information society.

We live in an information society. Yet information is not – as always promised – the answer to our problems, but the problem itself. It is no longer a question of searching for information, but of filtering and selecting. Since most people are not able to handle this task, it generates fundamental orientation problems.

But who's going to provide this orientation? Above all else, the media and reasonably credible authorities. Older media, such as books, are advantageous in as much as they are more manageable and simpler than the internet. The second possibility: You call somebody – a competent friend or a scientist – and simply ask. In other words, you rely on the authority and competence of certain specialists or knowledge managers. This is the reason why the information society depends more on trust than any earlier society.

On the topic of attention management, however, the way the emotions work also plays a large role. For this reason, a kind of cycle of feelings is generated in our society, which can also be termed emotionalisation. Feelings are a sort of switch mechanism, with the help of which we switch from one thinking connection to another. They change priorities. This is why we attempt to divert attention via feelings and to direct them with the aid of emotional patterns. The economy of attention is basically a kind of »*emotional design*«, an offer of emotional patterns.

The economy works differently in other ways, too. The neologism »coopetition« (from »co-operation« and »competition«) stands for the viewpoint that competition and co-operation do not mutually exclude each other, quite the contrary. These results, which, properly speaking, are already 20 to 30 years old, are now being very impressively confirmed under the conditions of the network economy. Network companies see what they do no longer primarily resulting in their own product, but – rather – in the communication with the customer and competitor.

An unsolved problem is the divide between the people who actively fashion this network and these information worlds and those who only participate as passive consumers – a divide that isn't found in the third world, but in the first. It will become increasingly decisive as to whether you are intelligent, flexible, quick-witted enough to rank amongst the winners of this new world. What is left over for the others is merely the world of personal services.

Arising parallel to this is a new key currency. The differentiation between working time/leisure time has not been the one and only orientation co-ordinate for a long time now. Rather, the question is to what degree my daily routine is determined by my own time disposition (own time) or is dictated by time schedules which I cannot decide about (world time). Examples of this: At eight o'clock a.m. my children's school starts, at eight o'clock p.m. the news are on the TV, or there are certain appointments that my boss prioritises.

In my opinion this differentiation will be extremely important in future, because people recognise that individuality and personal freedom are intimately interrelated as to how you can use your own living time. This longing for your own time will escalate, because time will increasingly turn into the luxury of the 21st century. Anyone with money will be interested in buying time for themselves. This means shifting tasks that cost them time onto others, making use of their services – from shopping to caring. The »poor devils« of this new society, on the other hand, will be exchanging their time for money. These different ways of dealing with time make the new class division very, very clear.

*Norbert Bolz* is head of media science at the TU Berlin and is one of the most prestigious trend researchers and thinkers in Germany. He has written many books, among others *Das konsumistische Manifest* and *Das Ende der Gutenberg-Galaxis*.

# Wert plus Werte = Zukunftsfähigkeit

Bernhard von Mutius über das Konzept wertebalancierte Unternehmensführung.

Was hatten uns manche Trendforscher, Marketing- und PR-Strategen in der vergangenen Dekade nicht alles versprochen: unbeschränkte Wachstumssteigerungen und unermessliche Reichtumsmehrung. Über allem stand ein Wort, das jeden zu elektrisieren schien: Shareholdervalue. Mit der Zeit hatte sich dieses Konzept zu einer Doktrin mit nahezu totalitärem Charakter ausgewachsen, zu einem Diktat, dem sich jeder beugen musste. Doch heute hat das Konzept einer strikt und ausschließlich auf den Unternehmenswert zielenden Unternehmensführung seine beste Zeit vermutlich hinter sich. Denn seine Nachteile sind inzwischen offensichtlich. Was als Konzept für stabile und langfristige Wertsteigerungen gedacht war, wurde von den Aktienmärkten dankbar aufgegriffen, gemäß ihren Spielregeln kurzfristig interpretiert und immer weiter reduziert, bis es schließlich nur noch um Quartalsberichte ging. Die Konsequenz solcher strukturellen Fehlentwicklungen ist ein massiv geschwundenes Vertrauen in die Wirtschaftselite.

Nun wird sich kein ökonomisch vernünftig denkender Mensch gegen konsequente Maßnahmen zur Wert- oder Wachstumssteigerung im globalen Wettbewerb aussprechen – gerade in der gegenwärtigen Phase der wirtschaftlichen Entwicklung benötigen wir neue, innovative Impulse für mehr Wachstum. Zur Debatte steht vielmehr die Einseitigkeit einer ausschließlich in materiellen Kategorien gedachten und an finanziellen Kennzahlen ausgerichteten Zielsetzung, die in ihrer Begrenztheit lebensfremd ist und den mehrdimensionalen Steuerungsaufgaben einer zeitgemäßen Unternehmensführung nicht entspricht.

Oder, wie es der Ökonom und Nobelpreisträger Joseph Stiglitz ausdrückt: »Wachstum um seiner selbst willen ist nicht genug. Wir brauchen Strategien für ein nachhaltiges, gerechtes und demokratisches Wachstum.« Ich plädiere deshalb für ein bewusstes »Sowohl-als-auch« von materieller »Wert-Orientierung« und immaterieller »Werte-Orientierung«, das dem Aufbau des intellektuellen und sozialen Kapitals die gleiche Aufmerksamkeit schenkt wie der Mehrung des Sach- und Finanzkapitals.

## Vertrauenskapital aufbauen

Dafür spricht: In einer Wissensgesellschaft kommt den »Intangible Assets« einer Organisation eine wachsende Bedeutung zu. Das Realvermögen beruht mehr und mehr auf den immateriellen Vermögenswerten, insbesondere auf dem intellektuellen Kapital, das in den Köpfen und in grenzüberschreitenden Beziehungsnetzwerken kaum sichtbar verborgen ist. Dazu gehören Kreativität und Kundenorientierung, Kommunikations- und Kooperationsfähigkeit ebenso wie Teamgeist, Toleranz, Transparenz und Integrität. Diese »Beziehungs-Werte« ermöglichen erst die wertschöpfenden Prozesse der Verwandlung von Wissen in funktionierende, marktfähige Innovationen.

Zudem sind Unternehmen in einer wissens- und beziehungsbasierten Ökonomie zunehmend abhängig von ihrem Umfeld, insbesondere von funktionierenden Infrastrukturen, guten Forschungs- und Bildungseinrichtungen und einer intakten Umwelt in ihrer Region. Im globalen Wettbewerb – der nicht zuletzt ein Wettbewerb um die besten Köpfe der Wissensarbeit ist – können sich daraus entscheidende Standortvorteile ergeben. Daher haben Unternehmen ein strategisches Eigeninteresse an Corporate Citizenship, an Werten wie Social Responsibility und Sustainability. Denn richtig verstanden und praktiziert, mehren diese Werte ihr soziales Kapital und damit ihr letztlich zukunftsentscheidendes Vertrauenskapital. Und dieses hat – wie wir aus mehreren neuen Studien wissen – positive Auswirkungen auf das Umsatz- und Ertragswachstum.

Es ist deshalb wohl kein Zufall, dass längst verschiedene Managementmodelle und Reportinginstrumente entwickelt wurden, die das Balancieren von harten und weichen Faktoren, von materiellen und immateriellen Werten explizit oder implizit als unternehmerische Aufgabe stellen. Von der Balanced Scorecard über das Business Excellence-Modell bis hin zu den verschiedenen, vor allem in Skandinavien genutzten Intellectual Capital Rating- und Reporting-Modellen. In Dänemark sind Unternehmen beispielsweise bereits verpflichtet, ihr intellektuelles Kapital zu bilanzieren. Darüber hinaus wird europaweit vielerorts an neuen Formen der Unternehmensbewertung gearbeitet, bei denen die so genannten »ethischen« Werte der sozialen und ökologischen Verantwortung im Fokus stehen. Beispielhaft hierfür ist die »Global Reporting Initiative«, an der ja viele bekannte internationale Firmen mitwirken. Über kurz oder lang werden vermutlich auch deutsche Firmen den Nachweis erbringen müssen, dass sie sich um ihr intellektuelles und soziales Kapital kümmern und ihre »intangible assets« bilanzieren. In diese Richtung weisen bereits Basel II oder die Richtlinien des International Accounting Standard Board, die 2005 in Kraft treten sollen. Heißt das unterm Strich nicht: Die herkömmliche strikte Trennung von Unternehmensrechnung auf der einen Seite und Unternehmensentwicklung auf der anderen wird zunehmend dysfunktional?

## Der Leitcode muss sich ändern

Die gute Nachricht ist also: Eine Erneuerungsbewegung im Sinne einer neuen Balance von Wert und Werten hat eingesetzt. Die schlechte Nachricht ist, dass die entsprechenden Initiativen der Wissens-, Human Resources- und Qualitätsmanager, der Umwelt- oder Social Responsibility-Verantwortlichen nicht wirklich integriert sind in das normale strategische und operative Business. In den Präsentationen der Chefstrategen geht es immer noch nahezu ausschließlich um die immergleichen, einseitigen Ziele: »Kostensenkung«, »Fokussierung auf das Kerngeschäft«, »Ertragsentwicklung« oder »Wertsteigerung«. Von Aussagen zur »Lern- und Entwicklungsperspektive«, zum Thema »Qualität«, zum »intellektuellen Kapital« oder zur sozialen und ökologischen Verantwortung findet sich hier zumeist keine Spur. Und Integrationsversuche von tieferen Hierarchieebenen werden auf der obersten Ebene nur mit nachrangiger Priorität behandelt.

Wie aber kann man das ändern? Wie können wir es erreichen, dass aus dem »nice to have« ein »must have« wird? Meine These ist: Solange der Leitcode, der Oberbegriff für die Unternehmensausrichtung »Shareholdervalue« beziehungsweise »wertorientierte Unternehmensführung« heißt, werden wir daran nur sehr schwer etwas ändern können. Deshalb plädiere ich für eine zeitgemäße Erweiterung beziehungsweise Erneuerung des Leitbegriffs. Also: »wertebalancierte« statt wertorientierter Unternehmensführung. Vom »Value Based Management« zum »Balanced Values Management«! Die immateriellen Werte müssen Bestandteil der unternehmerischen Gesamtstrategie und der definierten Kernkompetenzen sein. Sie müssen in die Steuerungs- und Controllingsysteme integriert werden. Und sie müssen – angefangen beim Vorstand – im Business-Alltag mit höchster Priorität behandelt und gelebt werden. Zugespitzt formuliert: Das intellektuelle Vermögen und die Moral gehören in die Kostenrechnung.

## Veränderung von unten und oben

Ausgerechnet der ehemalige GE-Chef Jack Welch, sonst nicht gerade als Weichei bekannt, hat bereits ansatzweise bewiesen, dass so etwas geht. Er hat Anfang der 90er Jahre daran gearbeitet, die so genannten »GE-Values« zu entwickeln. Er hat diese Werte die »soziale Architektur des Unternehmens« genannt und um sie herum die Organisation neu ausgerichtet. Er hat diesen Values nicht nur selbst höchste Priorität zugemessen, er hat auch seine Manager ausdrücklich verpflichtet, stärker mit Werten als mit Zahlen zu führen. Von Managern, die diese Werte nicht teilten, trennte sich Welch.

Die Veränderung muss also nicht nur von unten kommen, sondern sie muss auch ganz oben ansetzen. Und sie sollte in einer neuen grenzüberschreitenden Zusammenarbeit über herkömmliche Hierarchie- und Ressortbarrieren hinweg ihren Ausdruck finden. Warum soll es nicht möglich sein, Strategen und Controller mit Wissens-, Veränderungs-, Qualitäts- und Kommunikationsmanagern an einem Tisch zusammenzubringen? Und warum sollte man diese Akteure nicht dazu bewegen können, grenzüberschreitend miteinander an einer neuen »sozialen Architektur« des Unternehmens zu arbeiten? Nur so wird es uns gelingen, aus einer relevanten »Wert-Orientierten« Hauptstruktur und einer bislang vernachlässigten »Werte-Orientierten« Parallelstruktur eine die Menschen verbindende, integrierte Struktur zu gestalten. Dies würde auf allen Ebenen neue Energien freisetzen. Es würde die Entwicklung von Innovationen fördern. Es würde vor allem Sinn machen. Und Sinn ist, wie wir wissen, eine höchst knappe, jedoch – ähnlich wie Vertrauen – eine immer wichtiger werdende Ressource in der Wissensökonomie.

Selbstverständlich ist mir bewusst, dass sich diese Gedanken nicht von heute auf morgen durchsetzen werden. Es werden noch intensive Diskussionen mit Anhängern und hartnäckigen Verfechtern der Shareholder-value-Doktrin zu führen sein. Anhänger, die sich ja in den zurückliegenden Jahren dadurch ausgezeichnet haben, dass sie zwar oft im Irrtum, aber nie im Zweifel waren. Aber vielleicht ist die gegenwärtige Vertrauenskrise der Wirtschaft bei diesen Diskussionen hilfreich. Vielleicht ist sie insofern heilsam, als sie selbst die Frage nach dem Verhältnis von Wert und Werten aufwirft – und die Dinge in Bewegung bringt. Denn es geht letztlich um ein anderes Verständnis von Führung. Die Aufgabe heißt: »Rethinking leadership in the knowledge society.« Aber das ist ein anderes Kapitel.

*Bernhard von Mutius* befasst sich als Zukunftsdenker, wissenschaftlicher Berater und Autor vor allem mit der strategischen Zukunftsausrichtung von Organisationen. Sein neuestes Buch: *Die andere Intelligenz. Wie wir morgen denken werden.*

# Value plus Values = Future Capability

## Bernhard von Mutius about the concept of value-balanced business management.

In the course of time, the shareholder value concept had turned into a doctrine with practically totalitarian character. Today, its drawbacks are, however, obvious. What is debatable is the one-sidedness of such an objective which in its limitedness is out of touch with life and does not fall in line with the multi-dimensional control functions of modern corporate management. This is why I plead for a conscious combination of material »value orientation« and immaterial »values orientation« that pays just as much attention to building up intellectual and social capital as to increasing fixed and moneyed capital.

In a knowledge society, increasing significance is paid to the »intangible assets« of an organisation. The intellectual capital lies in employees' heads and in border-crossing networks. Moreover, businesses in an economy based on knowledge and relationships are increasingly dependent on their ambience, particularly on infrastructures working, on research and educational institutions being good as well as on the environment in their region being intact. This is why businesses have their own strategic interest in corporate citizenship, in values such as social responsibility and sustainability.

Therefore, it is not surprising that various management models and reporting instruments have long been developed which are intended to balance material and immaterial values explicitly or implicitly as a corporate assignment. Over and above this, work is being done in many places throughout Europe on new forms of corporate assessment, focusing on the so-called »ethical« values of social and ecological responsibility. Exemplary for this is the »Global Reporting Initiative«, which many well-known international companies are collaborating on, and Basle II also points in this direction.

The good news is therefore: A movement of renewal has started. The bad news is that the corresponding initiatives of knowledge, human resources and quality managers, of those in charge of the environment or social responsibility are not really integrated into normal strategic and operative business. I fear that as long as the guiding code, the generic term for corporate orientation is called »shareholder value« or »value-oriented corporate management«, we will only be able to change anything with considerable difficulty. This is why I plead for a contemporary extension or regeneration of the guiding term. In other words: »value-balanced« instead of value-oriented corporate management. These concepts must be integrated into corporate strategy and controlling. And – starting with the board – they have to be treated and experienced with ultimate priority in everyday business. The change must not only come from below, but also right from the top.

*Bernhard von Mutius* – as a futurologist, scientific consultant and author – is concerned, above all, with the strategic future orientation of organisations. His latest book: *Die andere Intelligenz. Wie wir morgen denken werden.*

# Vertrau mir!

## Gertrud Höhler über Vertrauen und Selbstvertrauen.

Vertrauensverletzungen, wohin man schaut. Politiker lügen uns das Blaue vom Himmel, Manager verzocken die Zukunft unserer Unternehmen und altgediente Mitarbeiter werden rausgeworfen, sobald die Gewinne schrumpfen. Wir hatten schon immer ein lauerndes Ressentiment gegen Manager und ein deutliches Misstrauen gegen die Politik. Aber in guten Zeiten ist der Spruch: »Ich traue denen allen nicht«, so etwas wie ein Luxus. Wenn dann die Krise kommt und Verantwortliche gesucht werden, sind natürlich dieselben Führungsgruppen dran, die vorher nur spielerisch verdächtigt wurden. Allerdings haben die Menschen nicht diesen Figuren vertraut, sondern etwas ganz anderem: Seit 50 Jahren ist es bei uns nur nach oben gegangen. Man hat sich darauf verlassen, dass wir die Aufwärtsleute sind, bei denen alles klappt. Jetzt hat die Richtung gewechselt und das verursacht Enttäuschung und Angst, weil man eben keine Übung im Abwärtsgehen hat.

Der Start in eine neue Richtung ist buchstäblich nur so möglich, dass die Führung sagt: »Ich traue euch eine Menge zu. Ihr wart gut im Boom, und das heißt, ihr seid Leute, die etwas schaffen können.« Aber wir bekommen diese Appelle nicht. Stattdessen hören wir: »Gib mal ab, was du hast, das darfst du jetzt nicht behalten.« Natürlich machen die Menschen sofort ihre Fäuste zu, wenn sie so etwas hören. Es fehlt vielen Managern und Politikern an einer fürsorglichen Grundhaltung. Dem Bewusstsein, dass ihnen Menschen anvertraut sind. Und dass sie damit einen Vorsprung haben, den sie gestalten müssen, indem sie die Leute zu sich holen und sagen: »Ich traue euch eine Menge zu«. Das wäre ein Vertrauensbeweis – nur begreift das von den Führenden kaum jemand.

Wir alle haben unser Selbstvertrauen zu einem großen Teil aus der Erfahrung, dass uns andere etwas zutrauen. Nur wer eine verlässliche Vertrauenslandschaft bewohnt, kann sich selbstsicher nach draußen wagen. Doch in unserer Gesellschaft gibt es immer weniger von dieser Geborgenheit, besonders für Heranwachsende. Da haben wir schon eine Quelle für den latenten Mangel an Selbstvertrauen. Auch in unserem Bildungssystem findet die tägliche Vermittlung von Vertrauen durch Lehrer kaum statt. Statt den Schülern spürbar etwas zuzutrauen, beherrschen Kontrolle und Misstrauen den Schulalltag. Unseren Kindern wird Wissen vermittelt – aber nicht das, was die Seele stark macht, nämlich die Erfahrung: Ich bin wichtig und andere setzen auf mich. Und kaum erwachsen geworden, finden sie sich auf Karrierepfaden wieder, wo das Motto herrscht: »Trau keinem – nur dir selbst!« Leider begreifen viele nie, dass man nur nach oben kommt, wenn auch die anderen es wollen. Wer keine Vertrauenspartner hat, ist nicht stärker, sondern schwächer.

## Vertrauensvorschuss von oben

Aber wie soll man solche Vertrauenspartner finden in unserer höchst beweglichen, flüchtigen und unverbindlichen Geschäftswelt? Das große, anonyme System ist ein Feind des Wunsches nach Vertrauen. Deshalb müssen wir innerhalb der kleineren Einheiten solcher Systeme die Beziehungen höher bewerten. Und gerade dann, wenn niemand den Boss an der Spitze kennt, ist es überlebenswichtig, dass die Firma eine Grundmelodie sendet, die den Kanon der nicht aufzugebenden, gemeinsamen Werte darstellt. Wenn die Führungskräfte diese Melodie nicht kennen und an ihre Mitarbeiter weitergeben, dann zerbröseln solche Unternehmen, sobald eine Bedrohung auftaucht. Das lässt sich überall beobachten. Wenn sich wie heute die Verhältnisse, die Bedingungen, die Sachlage permanent verändern, dann gibt es nichts anderes als die Menschen, auf die man sich verlassen kann. Aber es gibt immer noch zu viele Manager, die sich lieber auf Zahlen verlassen.

In den Chefetagen ist immer noch ein tiefes Unbehagen gegenüber dem, was Vertrauen leisten kann, an der Tagesordnung. Weil man glaubt, dass sich etwas, das man nicht berechnen und einkreisen kann, auch nicht als Führungsinstrument eignet. Gleichzeitig höre ich dort immer wieder: »Klar ist Vertrauen wichtig – unsere Leute vertrauen uns.« Dann muss man die Chefs aufwecken und sagen: »Es läuft umgekehrt: Vertraut ihr euren Leuten? War das jemals eine Botschaft in eurer Firma? Dann erst bekommt ihr das Vertrauen zurück.« Daraufhin sind die meisten sehr überrascht, weil sie die Sache immer falsch herum gelesen haben: dass nämlich der Schwache dem Starken vertrauen soll, weil der so ein toller

Bursche ist. Dabei muss der Vertrauensvorschuss immer vom Stärkeren ausgehen, also von der Führung. Sie muss den Mitarbeitern klar machen: Wir gehen in das Wagnis Vertrauen, weil wir ohne euch nichts schaffen können. Das ist eine bedingungslose Vorleistung, die den Mitarbeiter aufwertet. Und die meisten Menschen reagieren darauf nicht mit Vertrauensbruch, sondern mit Vertrauensbeweisen wie Anstrengungsbereitschaft und Leistungswille.

Natürlich entsteht Vertrauen nur dort, wo man nicht das Gefühl hat, morgen rauszufliegen. Zwar gibt es heute keine Garantie für sichere Arbeitsplätze. Aber die Firma kann ihre Mitarbeiter fit für einen ähnlichen Platz in einem anderen Unternehmen machen. Nicht der Platz im Unternehmen ist wichtig, sondern das Gefühl, jederzeit unter den Besten woanders eintreten zu können. Das Grundgefühl »Sicherheit des Arbeitsplatzes« meint also heute: die Gewissheit, dass es einen Bedarf für die eigene Arbeitskraft gibt, ganz gleich wo.

## Zu viel Systemgläubigkeit

Man weiß, dass Menschen in dem Moment Angst bekommen, wenn das Bewährte, Bekannte und Vertraute umgedreht wird. Deshalb muss man ihnen sehr viel nachdrücklicher Hilfestellung geben, als es zurzeit geschieht. Das gilt für die Führungskräfte in Politik und Wirtschaft gleichermaßen. Wer den Menschen nichts zutraut, bekommt nichts von ihnen. Kein Vertrauen und auch keine Bereitschaft zum Wandel. Aber immer noch trauen wir uns selbst und den anderen viel zu wenig zu. Immer noch sind wir gefesselt an die Systemgläubigkeit und sagen, wenn das System seine Leistungsfähigkeit verliert, dann können wir alle nichts tun. Dabei ist der Mensch die Größe, die herausreißt und umdreht – die alles verändern kann. Wenn das System nicht mehr rund läuft, dann ist die Stunde der Menschen gekommen.

*Gertrud Höhler*, Publizistin und Professorin für Literatur, ist Beraterin für Wirtschaft und Politik in Berlin. Sie hat zahlreiche Sachbücher veröffentlicht, darunter *Vertrauen siegt.*

# Trust Me!

## Gertrud Hoehler about trust and self-confidence.

Breaches of trust wherever you look. Politicians tell us a pack of lies, managers gamble away the future of our companies, and veteran employees are chucked out as soon as profits shrink. However, people have not trusted these characters, but something quite different: Things have been on a steady upward trend for us for almost 50 years. Now, everything has changed direction, causing disappointment and fear for the simple reason that we are not used to heading downhill. Starting in a new direction can only be done by management literally saying: »We have a high opinion of you in many ways. You were good in the boom, and that means you are people capable of a great deal.« But we do not get these appeals. Instead, we hear: »Hand over what you have; you can't keep it now.« It is quite natural for people to be tight-fisted when they hear something like this. Many managers and politicians seem to lack the awareness that there are human beings entrusted to them.

To a considerable extent, we all summon up our self-confidence from the experience that others entrust something to us. Only if you inhabit a reliable landscape of trust will you be able to self-confidently venture outside. In our society, however, there is increasingly less of this security – particularly for adolescents. Here, we have a source for the latent dearth in self-confidence. Our educational system hardly foresees trust or confidence being communicated to the up-and-coming generation by teachers on a daily basis either. Instead of entrusting schoolchildren with something they can take note of, control and mistrust dominate everyday school life. If you do not have a partner who enjoys your trust and confidence, you are not stronger, but weaker.

But how do you get about finding such a reliable partner in our extremely mobile, volatile and non-committed business world? Our big, anonymous system is hostile to any wishes for trust and confidence. This is why we have to rate the relationships within the smaller units of such systems higher. And precisely when nobody knows the boss at the top it is a matter of survival for the company to broadcast a basic melody to represent the canon of the values that all have in common and that will not be given up.

Still the order of the day in corner offices is a profound uneasiness about what trust and confidence may lead to. This has to do with the belief that anything that cannot be calculated and isolated is not suitable as a management instrument. At the same time, I am continually hearing: »Trust is important – of course! – our people trust us.« You then have to shake the bosses awake to ask them: »It works the other way around: Do you have confidence in your people? Has this ever been the message in your company? Only then will you be trusted back.« Most people do not react to this with a breach of trust, but with proof of trust and self-confidence such as a readiness to exert themselves and willingness to perform.

Naturally trust can only come about where you don't have the feeling you'll be chucked out the next day. While it is true that there is no guarantee for secure jobs today, a company can, however, make employees fit for a similar job in another business.

We are still shackled to trust and devotion to the system, saying: If the system loses its productive capacity, then none of us can do anything about it. Yet, it is humankind that is the entity that everything revolves around – that can change everything. When the system no longer runs its usual course, then the hour of the people is nigh.

*Gertrud Hoehler*, publisher and professor for literature, is consultant for economics and politics in Berlin. She has published numerous non-fiction books, including *Vertrauen siegt*.

# Gute Bürger

Peter Felixberger über Corporate Citizenship.

Im Jahr 2003 fand der erste Freiwilligentag für Unternehmen statt. Mitarbeiter engagierten sich in zahlreichen gemeinnützigen Projekten. Richtig nett soll es gewesen sein: Anwälte organisierten einen Zoobesuch mit Flüchtlingsfamilien, Telekom-Mitarbeiter strichen ein Bürgerzentrum neu an, Finanzprofis organisierten eine Computerschulung in einem Frauenhaus und Wal-Mart-Mitarbeiter legten Hand im Garten eines Jugendzentrums an. Am Schluss waren immerhin 177 Mitarbeiter aus 14 Kölner Firmen im Einsatz. Und alle waren ziemlich glücklich. Fragt sich nur, worüber? Klar, so billige Arbeitskräfte finden gemeinnützige Einrichtungen selten. Aber warum engagieren sich Unternehmen? In Deutschland ist das Corporate Citizenship noch nicht sehr verbreitet. Der Einsatz für das Gemeinwohl wird immer noch gerne als lästige Pflicht verstanden. Der Sozialstaat sei für diese Aufgaben zuständig.

Ganz anders ist die Situation in den USA, wo der Sozialstaat seit jeher schwach ausgeprägt ist. Ein Blick zurück: Als William McCormick Blair 1935 in Chicago eine kleine Investmentbank gründete, wollte er zunächst nur den Firmen in und um Chicago beim Aufbau behilflich sein. Mit günstigen Krediten, Finanzberatung und Auftragsvermittlung. Schnell wurde die Bank eine begehrte Anlaufstelle für gebeutelte Unternehmer. Der Erfolg beflügelte Blair. Er wollte fortan nicht mehr nur dem schnöden Mammon dienen, sondern auch das Gemeinwohl im Blick haben. Dies war die Geburtsstunde des Corporate Citizenship. Unternehmer und Manager als gute Bürger! Und heute? Längst ist William Blair & Company global ausgerichtet, agiert von Büros in Zürich und London ebenso wie von New York und San Francisco aus. Geblieben aber ist die Bereitschaft, »soziale Verantwortung zu übernehmen«, so der jetzige Firmenboss E. David Coolidge III. Freiwillig etwa helfen Angestellte mit, wenn es um Reparaturen und Malerarbeiten in Kindergärten und Grundschulen geht oder wenn einem Rentnerehepaar der Garten verschönert werden soll.

Als Mentoren begleiten Blair-Mitarbeiter außerdem Jugendliche aus armen Verhältnissen, man trifft sich, verbringt gemeinsam Freizeit und unterstützt den schulischen Werdegang des Zöglings.

## Der Stärkere schaut auf den Schwächeren

Der Münchner Soziologe Gerd Mutz kennt viele Beispiele in den USA. Er forscht darüber, inwieweit und warum Unternehmen sich mehr sozial und freiwillig engagieren als anderswo. Die USA sieht er in einer Vorreiterrolle. »Die amerikanische Gesellschaft ist sehr viel stärker gemeinschaftsgebunden als unsere. Der Stärkere schaut mehr auf den Schwächeren. Die Angst vor einer Spaltung der Gesellschaft ist groß«, so Mutz. Beispiele, zu helfen, gibt es in den USA zuhauf. Nicht nur, dass im Central Park in New York Leute nicht ganz aufgegessene Speisen an Arme weiterschenken, übrigens ohne jede Herablassung. Bei der Citibank werden Mitarbeiterspenden bis zu 1.000 Dollar kurzerhand vom Konzern verdoppelt. Time Warner entwickelt sogar eigene Unterrichtsmaterialien zur Verbesserung des Analphabetentums bei Betroffenen. Mitarbeiter des Schuhherstellers Timberland erhalten jedes Jahr 40 Stunden bezahlten Urlaub für Community Work. Über 33.000 bezahlte Arbeitsstunden kommen so zusammen. Kein Wunder, dass *Fortune* Timberland deswegen zu den 100 besten Arbeitgebern gewählt hat.

Und wie sieht es in Deutschland aus? Nachdem das Thema jahrelang dahindümpelte, erwachen deutsche Unternehmer und Manager langsam aus dem Dornröschenschlaf. Begleitet von kräftigen Tönen aus allen Ecken der Politik. Eine eigens vom Deutschen Bundestag eingerichtete Enquêtekommission »Bürgerschaftliches Engagement« hat bereits die Perspektiven gesellschaftlichen Engagements ausgelotet. CSU-Mann Alois Glück fordert sogar eine aktive Bürgergesellschaft, »in der die einzelnen Bürger wieder mehr Verantwortung für sich selbst und für das Gemeinwesen übernehmen«.

Und siehe da. Die Signale bleiben nicht ungehört. So wurde Mitte Mai 2003 in Frankfurt eine Initiative gegründet, die dem Mittelstand »neue Wege für soziales Engagement weisen möchte«. Bernhard von Mutius, Unternehmensberater und einer der Vordenker hierzulande, sieht die Bedeutung des Themas wachsen, »auch in Zeiten von Wirtschaftskrise und gesellschaftlicher Stagnation«. Unlängst hat das Institut für Mittelstandsforschung in einer Studie festgestellt, dass sich bereits »vier von fünf Unternehmen für soziale Zwecke einsetzen«. Aber nicht alle gleichermaßen. Kleine und mittlere Unternehmen engagieren sich stärker als die großen Konzerne. »Firmen mit bis zu 100 Mitarbeitern sind viermal spendabler«, so die Studie.

Auf Konzernebene gibt es erste hoffnungsvolle Ansätze. Die Siemens AG führte beispielsweise mit dem Sozialreferat der Stadt München ein Pilotprojekt durch, in dem vier Führungskräfte eine Woche lang in einer sozialen Einrichtung mitarbeiteten. BMW konzipiert und gibt Unterrichtsmaterialien für interkulturelles Lernen an Schulen aus. BMW-PR-Frau Konstanze Carreras verweist überdies auf eine Broschüre für mehr Verkehrssicherheit, die bundesweit Kinderärzten zur Verfügung gestellt wird. Doch der eigentliche Motor für das Corporate Citizenship ist der Mittelstand. »Für ihn ist Engagement selbstverständlich. Warum? Ganz einfach. Es bringt in Stadt und Kommune Ansehen und eine bessere soziale Integration«, so der Soziologe Gerd Mutz. Man engagiert sich »in der Community, welche die Mitarbeiter wiederum einbindet«. Wie bei BMW in Dingolfing, die Computer und Equipment für Schulen spendieren. Auch Sportvereine und soziale Einrichtungen profitieren davon.

Keine Frage: Deutschland entdeckt das Corporate Citizenship. Beispiele finden sich allerorten. Das Pharmaunternehmen betapharm Arzneimittel in Augsburg gehört dazu. Es fördert die psychosoziale Nachsorge für kranke Kinder und ihre Familien. Im Dezember letzten Jahres erhielt betapharm von Bundespräsident Rau den 1. Preis im Wettbewerb »Freiheit und Verantwortung«, mit dem »Unternehmen für ihr herausragendes und nachhaltig wirkendes gesellschaftliches Engagement« ausgezeichnet werden. Auch die Berliner Veolia Water GmbH ist überaus aktiv. 600.000 Euro wurden bisher über eine eigens gegründete Stiftung an über 80 Initiativen weitergegeben – für Kinderbetreuung über Kieztreffpunkte bis hin zu eigenen »Ausbildungsrestaurants für Jugendliche, die keinen Lehrlingsplatz finden konnten«, wie Sylke Freudenthal von der Veolia Stiftung erzählt. Veolia aber übernimmt nicht nur finanzielle Hilfe, sondern stellt auch Mitarbeiter als Paten zur Unterstützung vor Ort ab. Beispielsweise von den Berliner Wasserbetrieben. Dahinter steht, so Geschäftsführer Christophe Hug, dass »die Wirtschaft nur dort gedeihen kann, wenn sich die Menschen, für die sie da ist, entwickeln können und gefördert werden«.

Im Grunde genommen zielen Unternehmen damit »auf mehr Imagegewinn und gesellschaftlichen Zusammenhalt« jenseits der Fabriktore. Integriert sein lautet die Devise. Dies bestätigt auch Mutz und fordert: Die

»Integration von Arbeits- und Lebenswelt müsse das Ziel sein«. Allerdings auf mehreren Ebenen. Zum Beispiel bei der Arbeitszeit. »Manche Firmen in den USA laden bei Überstunden die Familien der betroffenen Mitarbeiter zum gemeinsamen Abendessen ein, geben überdies frei, wenn es unter Tags um Belange der Kinder und Schule geht«, erzählt Mutz. Die Konsequenz: Leben und Arbeit vermischen sich mehr miteinander, die Lebensqualität steigt. Eine Win-Win-Situation für Unternehmen und Angestellte.

Corporate Citizenship bedeutet aber nicht nur soziale Einbettung vor Ort oder bessere Arbeitsbedingungen, sondern auch »soziales Lernen«. Soll heißen: Wer sich außerhalb des Büros engagiert, ist besser qualifiziert. Und besser trainiert für seinen Managementalltag, der immer mehr Wert auf die Social Skills legt, sagt Mutius. »Soziale und kommunikative Kompetenzen, Teamfähigkeit, selbstständiges und verantwortungsvolles Handeln, Perspektivenverschränkung und Kreativität können entstehen«, schreiben die Wissenschaftler Cedric Janowicz und Carmen Klement. Am Ende stehen, wie es der Personalberater Robert J. Schout ausdrückt, »bessere Mitarbeiter, zufriedenere Kunden und eine bessere Kommunikation mit dem gesellschaftlichen Umfeld eines Unternehmens«.

In eine ähnliche Richtung denkt der Hamburger Publizist Uwe Jean Heuser. Er betrachtet das neu erwachte Bürgerengagement als Reaktion auf den immer stärkeren Zugriff des Marktes auf die Lebenswelt der einzelnen Bürger. »Um die Zumutungen des Marktes abzuwehren, muss die Gesellschaft Lösungen suchen, die Gemeinsinn und Freiheit stärken.« Bisher war dies die Domäne von Staat und Politik. Doch die alten Institutionen verlieren an Bedeutung. Soziales Unternehmertum und Engagement nehmen deshalb zu. Corporate Citizenship – klingt komplizierter, als es ist. Denn jedes Unternehmen kann etwas tun: zum Beispiel alle Pfennigbeträge auf den Lohnzetteln der Mitarbeiter abbuchen und spenden.

*Peter Felixberger* ist Geschäftsführer und Chefredakteur des unabhängigen Online-Magazins changeX.

# Good Citizens

## Peter Felixberger about corporate citizenship.

In Germany, the notion of corporate citizenship is not yet very widely held. Doing something for the public good is still understood as being arguably a bothersome obligation. The welfare state, so the argument goes, is responsible for such matters. The situation is quite different in USA where the welfare state has been markedly weak since the start. The Munich sociologist Gerd Mutz knows of a host of examples there, regarding the USA in a harbinger role. »American society is very much more strongly community-committed than ours«, according to Mutz. At Citibank, staff donations of up to 1,000 dollars are, without further ado, doubled by the concern. Time Warner is even developing its own instruction materials to improve illiteracy. Employees of Timberland, a shoe manufacturer, receive, per year, 40 hours' paid holidays for community work. This leads to a total in excess of 33,000 paid working hours. It's no small wonder that *Fortune* has therefore elected Timberland among the 100 best employers.

And how do things look in Germany? After decades of this subject bobbing up and down, German industrialists and managers are slowly awakening from their slumber – attended by loud sounds from all corners of political life. A Select Committee on »Citizenship Commitment« set up for this specific purpose by the German Parliament has already plumbed the perspectives of societal commitment. Alois Glueck, a CSU politician, even goes so far as to demand an active citizens' society, »in which the individual citizens again undertake more responsibility for themselves and the community«.

These signals do not remain unheard. Not long ago, the Institute for Small-Business Research determined in a study that »four out of five companies are supporting social initiatives«. But not all to the same degree. Small and medium-sized companies are considerably more committed than major corporations.

Yet, even on the level of giant corporations, there are encouraging initial beginnings. For example, Siemens AG – co-operating with the Welfare Department of the City of Munich – carried out a pilot project with four executives collaborating in a social organisation for a week. BMW has conjured up the idea and finances instruction material for intercultural learning. »Commitment is a matter of course in many places. Why? Quite simply: It brings prestige and better social integration to towns and cities«, surmises sociologist Gerd Mutz.

The goal may also be to integrate work and private worlds. Mutz tells us: »Some companies in USA invite the families of those involved in overtime to dinners together, also giving their staff time off during the day for their children and schools, if need be.« This is definitely a win-win situation for companies and employees alike.

Corporate citizenship does not mean, however, only social embedment on the spot or improved working conditions, but »social learning« to boot. In other words: If you are committed outside the office, you are better qualified – and better trained for your everyday management job where increased value is being placed on social skills. Thinking along similar lines is Uwe Jean Heuser, a journalist from Hamburg. He considers the newly awakened citizens' commitment a reaction to the market's ever-growing encroachment on individual citizens' private world. »To ward off the market's unreasonable demands, society must seek solutions to strengthen public spirit and freedom.« This has been the domain of the government and political parties up till now. However, the old institutions are losing their significance. Which is why commitment and social management are increasing.

*Peter Felixberger* is managing director and editor-in-chief of changeX, an independent online magazine.

# Ein Ort für das Wir-Gefühl

## Will Rumi über die Identität von Wohn- und Arbeitsorten.

Im letzten Jahrzehnt wurden in unseren Zentren riesige Bürokomplexe aus dem Boden gestampft mit Flächen von 35.000 Quadratmetern und mehr, die jetzt leer stehen und wie sauer Bier angeboten werden. Brauchen wir diese Bauruinen überhaupt noch, vor allem, wenn gleichzeitig eine Vielzahl von Arbeiten im Zuge der Globalisierung ausgelagert wird und große Unternehmen in konjunkturschwachen Zeiten Arbeitsplätze im großen Stil abbauen?

Wir stehen jetzt an einem Scheideweg. Orientieren wir uns also bei der Gestaltung von Gebäuden, Arbeitsplätzen und deren Umfeld wieder mehr an den natürlichen Ursprüngen des Menschen, dann haben wir das Rüstzeug für die Zukunft. Denn der Mensch bleibt trotz aller Technik immer noch Jäger und Sammler. Diese Grundeigenschaften müssen wieder stärker in den Vordergrund unserer Arbeitswelt gestellt werden. Sie sollten sich in allen Bereichen unserer Arbeitswelt wiederfinden, von der Besetzung des Arbeitsplatzes und der Gestaltung der Strukturen innerhalb eines Gebäudes bis hin zur individuellen Arbeitsplatzgestaltung. Die veränderten Rahmenbedingungen wären für viele eine Befreiung und eine Motivation gleichzeitig.

Diese Erkenntnis blieb einigen Fachleuten bisher verschlossen, wie ein Zitat von Hermann Kahn am Anfang einer Arbeitsplatzstudie zeigt: »Aus der Vergangenheit kann jeder lernen. Heute kommt es darauf an, aus der Zukunft zu lernen.« Zutreffender müsste es heißen: »Aus der Vergangenheit sollte jeder lernen können, um für die Zukunft gerüstet zu sein. Denn Zukunft ist nicht planbar, sie kommt immer anders, als man denkt.« Den Beweis hierzu lieferte uns die IT-Branche zum Ende des letzten Jahrtausends. Eben noch Boom, dann auf einmal der freie Fall.

Um zu einem besseren Miteinander zu kommen, müssten wir in vielen Bereichen und auf vielen Ebenen unserer Wohn- und Arbeitswelt ansetzen. Von den Bebauungsplänen (weniger reine Wohn- oder Arbeitsgebiete, mehr Mischgebiete) bis hin zur Arbeitsplatzgestaltung. Ziel ist die Schaffung von neuen Freiräumen, die Wohnen und Arbeiten aufnehmen können, also den kleineren Gewerbebetrieb ebenso wie die Reihenhaussiedlung. Die noch verbliebenen intakten Stadtteile sollte man wieder reaktivieren und stärken. Wird in diesem Bereich langfristig nichts getan, verlieren unsere Wohngebiete ihre Infrastruktur – sei es im ländlichen Raum oder in den Außenbezirken der Ballungszentren. Sie werden weiterhin zu reinen »Schlafstätten« degradiert. Zwischen Wohnen und Arbeiten wird dann unsere Stau-Kultur gepflegt. Erstaunlich ist: Allen Bemühungen unserer Stadt- und Verkehrsplaner zum Trotz finden die notwendigen Änderungen in weiten Bereichen unserer Gesellschaft keine Akzeptanz. Der absolute Wille zu immer mehr Individualität und der Darwinismus als einziges Denkmodell für unser Zusammenleben hindern uns, andere Strategien zu entwickeln.

Wir sollten anstreben, dass Menschen in den gleichen Bezirken wohnen und arbeiten können. Dies setzt voraus, dass der Schreiner oder der Schlosser dort ebenso eine Arbeitsmöglichkeit findet wie der Vertriebsmitarbeiter oder Programmierer eines großen Unternehmens. Bei dem einen klappert nur die Tastatur des Rechners, bei dem anderen scheppert es in der Werkstatt – das ist Lärmemission, die keiner haben will. Doch regen wir uns über die Anfahrtskosten von Handwerkern auf? Nein, wir denken global.

## Globale Regionen

Immer wieder hören wir in den Reden von Politik und Wirtschaft die Stichworte Globalität, Globalisierung, Global. Gibt es bald nur noch Weltbürger? Müssen alle Völker ihre Individualität aufgeben? Verlieren die einzelnen Regionen ihre Identität? Wie stark sind unsere regionalen Besonderheiten im täglichen Umgang miteinander? Ist das kulturelle Erbe einzelner Regionen nicht auch ein Wirtschaftsfaktor? Diese oder ähnliche Fragen werden sich Designer und Manager stellen müssen, sie entscheiden auch über unsere wirtschaftliche Zukunft. Denn das *made in nirgendwo* ist kein Qualitätsmerkmal.

Da Globalisierung bekanntermaßen die Individualisierung forciert und nicht die Gemeinschaft, müssen wir uns jetzt entscheiden. Bevor wir überhaupt international denken, müssen vorrangig die jeweiligen Regionen gestärkt werden, wirtschaftlich und politisch. So können Chancen und Lasten in der Gemeinschaft genutzt und aufgefangen werden. Wird ausschließlich das Individuum von diesem Wandel profitieren, würden die kulturellen Errungenschaften und die wirtschaftlichen Stärken ganzer Regionen der Globalisierung geopfert werden. Von den Staaten gar nicht zu reden.

Noch ist von einer konstruktiven, neuen Arbeitswelt nichts zu spüren. Die Art, wie heute Produktionsstätten verlagert oder geschlossen werden, erinnert an das Raubrittertum einer längst vergangenen Zeit. Mit den Waffen des Wissens und der Macht muss die globalisierte Wirtschaft erst umgehen lernen. In der Zielsetzung von Unternehmen darf es nicht nur um operativen Gewinn und die Maximierung von Marktmacht gehen. Erst wenn die Führungskräfte von morgen Verantwortung für Unternehmen und Menschen vorleben, können wir über neue Arbeitswelten reden.

## Das »Wir-Gefühl« als Chance

Die Chance, grundsätzlich andere Wege zu gehen, liegt in jedem Einzelnen von uns. Wir alle sind gefordert, in vielen Bereichen unserer Arbeitswelt bestehende Vorgaben und unsere Ansprüche für das Zusammenleben neu zu definieren. Wir können die neue Arbeitswelt bis hin in die kleinsten Einheiten den jeweiligen Erfordernissen entsprechend gestalten, denn wir haben die Erfahrungswerte der bisherigen industriellen Umbrüche. Wir dürfen alles technisch Machbare hinterfragen und auf das Notwendige reduzieren, um es dann konsequent umzusetzen.

Optimismus ist erlaubt: Dass Leistungsbereitschaft, Motivation und die Neugier Einzelner, etwas Neues zu probieren, nicht zwangsläufig mit dem Streben nach immer größeren Statussymbolen einhergehen müssen, ist anhand von vielen positiven Beispielen nachweisbar. Für Wissenschaftler wie Albert Einstein waren Statussymbole das Letzte, worüber sie nachdenken wollten. Eine Hamburger Agenturinhaberin brachte in einem Interview über Konsum ihre persönliche Einstellung auf den Punkt: »Ich fahre seit 15 Jahren in denselben Klamotten Ski. Darin komme ich auch runter.« In ihrem persönlichen Umfeld lebt sie nach dem Grundsatz *less is more*.

Der Erfolg eines Unternehmens im fairen Wettstreit innerhalb einer Branche wirkt sich positiv auf alle Beteiligten aus. Doch den größten Stellenwert hat immer noch das Wir-Gefühl. Es beginnt mit der Unternehmensphilosophie und klaren Strukturen innerhalb eines Unternehmens. Die technische Ausstattung und individuelle Gestaltung des

Arbeitsplatzes, die Gestaltung mit Farben und Licht bilden den notwendigen baulichen Rahmen. Einen sichtbaren, fühlbaren Rahmen, der die Zusammengehörigkeit stärkt.

*Will Rumi,* Lichtdesigner und freier Journalist, ist Autor von Berichten und Aufsätzen in verschiedenen Fachzeitschriften.

# A Place for the »We-Feeling«

## Will Rumi about the identity of living and work places.

In our town and city centres, gigantic office complexes were built overnight – or so it seemed – in the last ten years with areas of 35,000 square metres and more, these complexes now being unoccupied and offered like sour beer. We are at a crossroads. If when designing buildings, workplaces and their environment we were to orientate ourselves again on the natural origins of humankind, then we would have the requisite wherewithal for the future. For humankind – despite all technology – still remain hunters and collectors. These essential characteristics have to be relocated more firmly in the forefront of the world we work in.

To promote support, we would have to make a start in a host of areas and on many levels of our living and working world – from development plans (fewer purely living or working areas, more mixed areas) right up to workplace design. The objective is to create new free spaces which are able to absorb living and working, which is to say small-scale businesses as well as an estate with semi-detached houses. The still remaining intact municipal districts should be re-activated and strengthened. Should nothing be done in this field for a protracted period, our resident areas will lose their infrastructure – no matter whether rurally or in the suburbs of conurbation areas. Their degradation to mere »dormitories« will continue – our congestion culture thus being fostered between living and working.

Time and again, we hear the mantra globalism, globalisation and global in the speeches delivered by politicians and industrial bosses. Is it a matter of time before there are only world citizens? Is the cultural heritage of individual regions not an economic factor as well? Designers and managers will have to be posing these or similar questions to themselves – they will also be the ones to make the decisions about our economic future. For *made in Nowhere* is not a quality pointer.

Due to the well-known fact that globalisation bolsters individualism and not the community, we have to make the decision now. Before we even start thinking internationally, we must prioritise strengthening the regions concerned – economically and politically. This would enable opportunities and burdens to be utilised and collected in the community. Should solely the individual profit from these changes, then the cultural achievements and the economic fortes of entire regions would be sacrificed to globalisation. Don't let us even start talking about nations.

There is still nothing to be perceived of a new constructive working world. The globalised economy must first learn how to deal with the weapons of knowledge and power. We are all required to re-define the standards existing in a host of areas of our working world and also our demands for living together.

The success of a business in fair competition within a branch has a positive effect on all concerned. Yet, the greatest importance is still the »we-feeling«. It starts with the business philosophy and the clear structures within a business. The technical equipment and individual design of the workplace, the concept with light and colours form the necessary structural framework – a visible, tangible framework that buttresses solidarity.

*Will Rumi*, light designer and free journalist, is the author of reports and essays in various specialist periodicals.

# Bloß keine durchgestylten Antworten

## Betty Zucker über die junge Generation und Change-Prozesse im Unternehmen.

Der Wandel der Arbeitswelt ist nicht mehr die Ausnahme, sondern die Regel. Globalisierung, Digitalisierung, Change Management überrollen uns. Wir leben wie auf Treibsand. Denn die Turbulenz wird zur Permanenz, die Problemlösung immer komplexer. Wer da bestehen will, muss ein Netzwerk-Könner sein. Clubleben und Mittagessen mit diesem und jenem reichen nicht mehr. Wir müssen wechselnde Beziehungen managen können. Das ist alles andere als trivial. Denn ständig verändern sich die Konstellationen. Konkurrenten werden plötzlich Partner, Chefs Kollegen, Mitarbeiter Vorgesetzte.

Der Ruf, den man sich erarbeitet, spielt eine wichtige Rolle. Ist man kooperativ und hilft anderen, hat man etwas zu bieten, und worin ist man exzellent? Jeder muss seine eigene Marke entwickeln: Was kann ich? Wie unterscheide ich mich von anderen? Wie würden Kollegen, aber besser noch die Feinde und Konkurrenten (denn Neid muss man sich erarbeiten) mich beschreiben? Die Marke steht für das Können, für Werte und Ziele. Sich selbst zu positionieren ist ein wichtiger Bestandteil der Treibsandtauglichkeit in diesem permanenten Wandel. Und abgesehen davon: Es steigert das persönliche Selbstbewusstsein. Das ist ebenso wichtig heute, denn es bietet die innere Stabilität und Sicherheit, die kein Arbeitgeber mehr bieten kann, auch wenn er wollte.

Die neuen Helden sind jene, die sich mit Ausdauer und Beharrlichkeit in Krisen und Veränderungen zurechtfinden, und dafür werden sie bewundert. Diese neuen Helden sind anders gestrickt als die alten, die für mutige Taten gefeiert wurden wie die »tollkühnen Männer in ihren fliegenden Kisten«. Optimistisches Denken, sich in verschiedensten Netzen und Umfeldern bewegen zu können, und ihre eher pragmatische, lösungsorientierte Herangehensweise an Probleme, gepaart mit dem Bewusstsein, dass nichts mehr selbstverständlich und stabil ist – all das ermöglicht ihnen, mit den Wechselfällen des Lebens umzugehen. Dazu gehört das Scheitern. Scheitern ist für die neuen Helden kein Tabu, sie sind Stehaufmännchen. Neu an diesen Könnern ist: Sie suchen weniger Macht, sondern die Freiheit, Ideen und Vorstellungen einbringen und umsetzen zu können. Tendenziell ist die junge Generation eher antiautoritär erzogen. Sie mussten tun, was sie wollten. Heute wissen sie vor allem, was sie *nicht* wollen. Und dazu gehört das Kämpfen in und mit herkömmlichen Arbeitskorsetts, mit den 1.000 guten Gründen, warum dieses oder jenes nicht geht. Denn Könner wollen sich abstrampeln in den vielen sich herauskristallisierenden Möglichkeiten. Sie wollen Erlebnisse und Ergebnisse, und dass ihr Beitrag daran honoriert wird.

## Der Nachwuchs folgt anderen Regeln

Viele dieser Könner gehören zur Generation X: Sie sind zwischen 1965 und 1980 geboren. Fernsehen und MTV waren für sie selbstverständlich, in die Computerwelt sind sie hineingewachsen, politische, ökonomische und technologische Umwälzungen gehörten für sie zum Alltag – vom Mauerfall bis zum Internet. Die Generation X ist die erste Generation, die ein anderes Kompetenzverständnis hat: Sie erkennt Autorität nicht an, nur weil einer in der Hierarchie näher zum lieben Gott steht. Der Grund: Viele sind Schlüsselkinder oder hatten Eltern, die mit sich und ihren Beziehungskisten beschäftigt waren. Sie mussten lernen, sich selbst zu organisieren und taten es vor allem in Peer Groups beziehungsweise Communities. Die Vorbildfunktion der oft physisch wie psychisch abwesenden Eltern fiel weitgehend weg. Daher sind sie sehr autonom. Sie brauchen und akzeptieren aber klare Rahmenbedingungen, um dann darin starke Eigenverantwortung zu übernehmen. Sie sind mit Ungewissheiten und Widersprüchen aufgewachsen, ja dies kennen sie am besten und können damit umgehen.

Die junge Generation unterscheidet nicht mehr zwischen Arbeit und Freizeit, der »Schlepptop« ist ihr treuer Begleiter. Diese Generation fragt: Wie kann ich meine Employability erhöhen? Sie will leistungsgerechte, flexible Bezahlung, Arenen für die Performance am Arbeitsplatz und neue Arbeitsformen, die Ergebnisse in den Mittelpunkt stellen – jenseits der Präsenz im Büro. Wollen Unternehmen ihre Leistungsfähigkeit und -willen nutzen, so müssen sich darauf einstellen. Fordernde und fördernde Projekte, ehrliches Feedback (und zwar »just in time«) sowie offene Kommunikation sind wichtig. Wenn das fehlt, kann es krachen. Unmotiviert und frustriert verlassen die jungen Leute das Unternehmen. Meist nach etwa 18 Monaten. Schade. Für beide Seiten.

## Kommunikation ist der Schlüssel zum Wandel

Während die Jungen mit dem Wandel umgehen gelernt haben, scheint in vielen Firmen die Komplexität zur Perplexität zu führen. Restrukturierungen bestimmen die Tagesordnung. Alles soll besser, schneller, billiger werden. Effizienter, innovativer, durchschlagskräftiger und natürlich bis morgen. Change ist und bleibt das Thema. Aber wohin soll der Wandel gehen? Jeder sagt etwas anderes.

Um einen Change-Prozess sinnvoll managen zu können, braucht es klare Ziele. Das ist leichter gesagt als getan. Ein Projekt jagt das andere. Das alte ist noch nicht abgeschlossen, da muss schon das neue vorbereitet werden. Durchblick zu behalten wird immer schwieriger, manchmal fehlen sogar die Kennzahlen, denn vor lauter Change kommt das Rechnungswesen mit den notwendigen Umstellungen des Reportings gar nicht nach. Ein Blindflug ist die Folge und Verantwortlichkeiten sind schwer auszumachen. Abgesehen davon: Die Leute werden müde. Ich kenne Mitarbeiter, die innerhalb von zwei Jahren fünf Chefs hatten. Das laugt aus. In so einer Situation werden Fehler unvermeidbar. Manchmal mit Folgen in dreistelliger Millionenhöhe.

Es gibt kein Patentrezept, was man dagegen tun kann. Wichtig werden Leute, die auch mal Nein sagen. Bloß: Wer Nein sagt, gilt oft als Verhinderer, als Bremser. Also trappen viele mit. Was bleibt, sind Desorientierung und Müdigkeit.

Change-Prozesse werden nicht nur von Führungskräften gesteuert, sondern in der Realität von allen Beteiligten mitgemanagt – von Mitarbeitern, Kunden, Konkurrenten und Beratern. Oft kommt es dabei zu Kommunikationspannen. Viele verwechseln Kommunikation mit Information. »Wir reden doch den ganzen Tag – warum klappt es trotzdem nicht?«, heißt es dann. Führungskräfte vergessen, dass es eben nicht funktionieren kann, beim Breakfast Meeting 40 Folien im Querformat an die Wand zu projizieren und dann »Noch Fragen?« in die Runde zu werfen. Bis die Teilnehmer das verdaut haben, eilen sie schon zum nächsten Meeting und präsentieren weitere Folien. Aber: Gesagt ist nicht »gehört«. Gehört bedeutet nicht »verstanden«, verstanden nicht »einverstanden« und »einverstanden« bedeutet noch lange nicht »umsetzen«.

## Zuhören lernen

Zuhören ist wichtiger, statt vorschnell durchgestylte, im »wording« ausgefeilte Antworten zu liefern – letztlich, um sich vor Auseinandersetzungen zu schützen. Beispiel: Mobilfunk. Keiner weiß bislang, wie gesundheitsschädigend Elektrosmog wirklich ist – trotz der mehr als mittlerweile 20.000 Studien. Statt ehrlich darüber zu reden, wird gesagt: Grenzwerte garantieren Sicherheit. Aber die Verbraucher wissen intuitiv, dass das so nicht stimmt, reagieren verunsichert, aggressiv und wütend. Statt zu blocken, müsste das Management gemeinsam mit den verschiedenen Interessenvertretern inklusive der Verbraucher Lösungen entwickeln. Das würde Vertrauen stiften und mittelfristig wesentlich mehr bringen. Zum Beispiel würde es das Klagepotenzial begrenzen, das ein wichtiger Grund dafür ist, dass viele Versicherungen Risiken im Zusammenhang mit elektromagnetischen Feldern nicht decken. Und das wiederum hemmt die weitere Entwicklung.

Ähnlich funktioniert es im Unternehmen. Die herrschende Kommunikation des Managements ist oft eindimensional. Sie kommuniziert nur scheinbar. Die Menschen mit ihren seelisch-emotionalen Bedürfnissen werden nicht angesprochen. Ein Management, das sich im verbalen Baukasten der »Kommunikation« verkapselt, statt Klartext zu reden, trägt wenig dazu bei, Kräfte zu mobilisieren. Wie soll zum Beispiel der beschworene Teamgeist entstehen, wenn schlechte Kommunikation die Gräben zwischen oben und unten vertieft? Deshalb blüht Unternehmensberatung: Es fällt leichter, wenn Dritte die heißen Kartoffeln vermeintlich aus dem Feuer holen, als sich selbst in die direkte Diskussion zu begeben.

*Betty Zucker* sammelte viele Jahre Erfahrungen im Management von Banken in der Schweiz und in den USA. Von 1989 bis 1999 gehörte sie zur Geschäftsleitung des Schweizer Gottlieb Duttweiler Instituts in Rüschlikon. Als Chefin ihrer eigenen Firma berät die Ökonomin und Psychotherapeutin seit 1999 Unternehmen und politische Organisationen, die sich verändern.

# No Styled Answers, Please

## Betty Zucker about the young generation and change processes in companies.

The change in the work world is no longer the exception but the rule. Turbulence turns into a permanent event, solving problems ever more complicated. If you want to survive, you will need to be a network facilitator. We have to be able to manage changing relationships. Everyone must evolve their own brand, since positioning oneself is an essential constituent of quick-sand suitability in this permanent change.

The new heroes are those who manage calamities and changes with persistence and perseverance. Optimistic thinking, being able to move in the most varied networks and environments and their rather pragmatic, solution-oriented approach to problems hand in hand with the awareness of nothing being a matter of course or constant any more – all this enables such heroes to cope with the changes in life. What is new with these facilitators: They are not so much seeking power than the freedom to introduce and realise ideas and where their imagination takes them. The young generation has tended to be brought up rather anti-authoritarian. They had to do what they wanted. What they know today, above all else, is what they *do not* want. Included here is struggling in and with the conventional work corsets, with the 1,001 good reasons why this or that will not work.

Many of these facilitators come from generation X: They were born between 1965 and 1980. They took television and MTV for granted, they grew up in the computer world, while political, economic and technological upheavals were day-to-day occurrences for them – from the fall of the Berlin Wall right up to internet. Many are key kids or had parents who were very much involved in their own relationships. They had to learn how to organise themselves and did this, above all, in peer groups and communities. This is why they are very autonomous. However, they do need and accept clear basic rules to then be able to assume their own responsibility more fully. Important to them are demanding and encouraging projects, honest feedback (best: just-in-time) as well as candid communication. Should companies want to utilise their will and prowess to perform, then they have to adjust themselves accordingly.

While young people have learnt to deal with all manner of changes, it seems that in many companies complexity is leading to perplexity. Reorganisation is the order of the day, one project follows the other. The upshot is blind flying, and responsibilities that are difficult to discern. I know employees who have had five bosses within two years. That wears you out.

Change processes are not only controlled by managers, but, in reality, by all those concerned – by employees, customers, competitors and consultants. Communication glitches are frequent repercussions. It is more important to listen than to rapidly deliver fully styled replies polished in beautiful wording. The prevalent communications from management are often one-dimensional. People with their mental/emotional needs are not addressed. How is the team spirit they call for going to be conjured up, if bad communication makes the trenches between above and below even deeper? This is one of the reasons that consultants are thriving: It is easier to let a third party to pull hot chestnuts from the fire than to do it yourself.

*Betty Zucker* gathered experience for many years in managing banks in Switzerland and USA. As head of her own company, the economist and psychotherapist has been providing consultancy to companies and political organisations undergoing change since 1999.

# Argumente statt Moralpredigten

Markus Huppenbauer über Ethik-Kompetenz.

Die meisten Menschen müssen ständig unter Zeitknappheit Entscheidungen treffen, welche Auswirkungen auf andere haben. Was bei solchen Entscheidungen moralisch »gut« oder »richtig« ist, kann in unserer wertepluralistischen Gesellschaft nicht mehr von einem absoluten Standpunkt aus festgelegt werden. Unsicherheit und manchmal auch Orientierungslosigkeit bezüglich moralischer Fragen sind die Folge.

Ethik kann diese Unsicherheit nicht beheben. Sie hilft jedoch dabei, die moralischen Probleme unserer Zeit bewusster wahrzunehmen und kompetenter zu reflektieren. Aber was heißt hier Kompetenz? In der Praxis ist es vor allem wichtig, zu wissen, wie man ethisch argumentiert und wie man zu ethisch vertretbaren Entscheidungen kommt. Das kann man wie Deutsch oder Mathematik lernen. Ethik-Kompetenz heißt darum zunächst nicht, dass man ein guter Mensch ist oder wird. Zu denken ist eher an die Fähigkeit, nach guten Argumenten für die eigenen moralischen Überzeugungen, Intuitionen und Positionen zu suchen. Impliziert ist damit auch die Fähigkeit, moralische Positionen anderer ernst zu nehmen und auf sie einzugehen. Warnlampen sollten aufleuchten, wenn ein Mensch vehement eine moralische Überzeugung vertritt und nicht mehr in der Lage ist, die Schwächen seiner eigenen Position darzulegen.

## Gelassenheit und Glaubwürdigkeit

Gemessen an der Realität in geschäftlichen Meetings, politischen Debatten oder Talkshows ist der ethische Lernbedarf erheblich. Öffentliche Debatten sind häufig sehr aufgeregt. Irgendwer macht irgendetwas Fragwürdiges oder man meint, es sei etwas Fragwürdiges, und schon prallen die unterschiedlichen Positionen heftig zusammen. Das ist verständlich, denn die wenigsten Menschen bilden sich ihre Meinung zu moralischen

Themen aufgrund von ausgewogenen Gutachten und langwierigen Argumentations- und Abwägungsprozessen. Aber man könnte auch versuchen, nicht aufeinander loszugehen, sondern sich erst einmal anzuschauen, was es nun genau ist, das so schlimm sein soll, ob es wirklich so schlimm ist und warum das so schlimm ist. Auf diese Art und Weise kann man Luft aus den überhitzten Debatten herausnehmen.

Dabei sind das kritische Eingehen auf die Argumentation eines Gegenübers und der ehrliche Versuch, das Argument des anderen zu verstehen, nicht nur ein Merkmal kompetenter Ethik, sondern zeugen auch von Gelassenheit, Übersicht und Menschlichkeit. Und mit solchen Merkmalen steigt nicht nur die Sympathie, sondern auch die Glaubwürdigkeit und die Überzeugungskraft der eigenen Position.

## Nicht moralische Utopien, sondern geregelte Entscheidungen

Ich habe mit meinem Kollegen Jörg De Bernardi ein Schema der ethischen Urteilsfindung entwickelt, das im Falle von moralischen Problemen und Konflikten den Aufbau von Ethik-Kompetenz beispielsweise in Unternehmen unterstützt.

Im ersten Schritt wird der Ist-Zustand analysiert, also die Sach- und Interessenlage, die Konfliktfelder, der ordnungspolitische Rahmen. Das muss sehr sorgfältig rekonstruiert werden, weil häufig viele Interessen oder Rahmenbedingungen mit dem jeweiligen Fall verquickt sind. Im zweiten Schritt fragt man, welche moralischen Prinzipien, Positionen und Überzeugungen eigentlich formuliert werden. In einem dritten Schritt wird geprüft, welche Argumente es für bestimmte Handlungsoptionen gibt. Ziel ist es, zu einer begründeten Stellungnahme zu kommen. Im vierten Schritt ist zu fragen: Kann man die empfohlene Handlungsoption auch umsetzen und wie kann das geschehen? Viele ethische Debatten hören vor diesem in der Tat schwierigen Schritt auf, weil man denkt: Jetzt wissen wir, was gut oder weniger gut ist, oder welches das kleinere Übel ist. Ich bin aber der Ansicht, dass es nicht ausreicht, eine ethische Überzeugung oder Option zu formulieren. Man muss sich auch immer überlegen, wie man das gesellschaftlich oder unternehmerisch umsetzen und individuell realisieren kann. Sonst verkommt Ethik leicht zur idealistischen Moralpredigt und die Handlungsmöglichkeit bleibt nichts weiter als eine schöne Utopie.

## Code of Conduct, ja oder nein?

Ethische Urteilsfindung ist aber doch mehr als nur eine Frage der argumentativen Kompetenz. Sie setzt auch eine gewisse persönliche Haltung voraus. Ich bin der Ansicht, dass Menschen, die nicht in einer Lebensform zu Hause sind, die auf Ethik ansprechbar ist, auch keine Ethik-Kompetenz zu vermitteln ist. Man muss schon glauben, dass es sinnvoll ist, über Fragen der Moral nachzudenken. Wenn dieses Minimum nicht vorausgesetzt werden kann, dann ist der Ruf nach Kompetenz in Ethik sinnlos.

Manche fordern, Ethik zum Pflichtfach der Managementausbildung zu machen oder gar eine Art »hippokratischer Eid« für Manager einzuführen. Letzteres halte ich für nicht sonderlich sinnvoll – aber persönlich würde ich ein Pflichtfach Ethik hilfreich finden. Das heißt natürlich, dass man zunächst einmal keine inhaltlichen moralischen Positionen bevorzugen darf. Es sollten primär neutrale Tools vermittelt werden, welche in der Praxis der ethischen Urteilsfindung hilfreich sind.

Ich tendiere dazu, dass möglichst viel von dem, was wir in der Wirtschaft an moralisch korrektem Verhalten wollen, durch ordnungspolitische Rahmenbedingungen hergestellt wird. Wenn Ethik nicht allzu viel kosten und nicht zu Nachteilen am Markt führen soll, dann geht das ohne bestimmte Rahmenbedingungen nicht. Für Führungskräfte von Unternehmen scheint mir ein weiteres Problem folgendes zu sein: Wie schaffen wir es, die Ethikstandards, die wir formuliert haben, auf allen Ebenen unseres Unternehmens zu implementieren? Oft ist es so, dass die oberste Etage einen wohlklingenden Code of Conduct ausgearbeitet hat, aber die Leute an der Front eben doch nur daran interessiert sind oder sein dürfen, möglichst viel Gewinn zu machen. Wo diese Spannung nicht reflektiert wird, da taugt auch der beste Code of Conduct nicht. Dieser ist nur dann sinnvoll, wenn die ganze Struktur des Unternehmens so umgebaut wird, dass die Mitarbeiter an der Front diese ethischen Richtlinien auch umsetzen können.

## Einen absoluten Standpunkt gibt es nicht mehr

Eines der zentralen Probleme heutiger Ethik lässt sich so formulieren: Wir können nicht mehr, ausgehend von einem absoluten Standpunkt, verbindlich festlegen, was moralisch gilt und was nicht. Das liegt daran, dass die klassischen Wertevermittler wie Kirchen, Vereine, Parteien, Staat, Schule ihre Überzeugungskraft verloren haben. Man kann also nicht mehr naiv auf einen Kanon von moralischen Werten zurückgreifen, auf den wir uns einmal geeinigt haben, sondern man muss die Einigung im Prinzip von Fall zu Fall neu herstellen. Ich finde, das ist eine gute Entwicklung.

Der Verlust der tradierten Autoritäten sollte darum nicht durch den Aufbau neuer Autoritäten wie beispielsweise das »Bauchgefühl« oder die »innere Stimme des Herzens« kompensiert werden. Dieser Weg nach innen ist dort berechtigt, wo man sehr autoritätsgläubig in Traditionen verhaftet ist und dem Individuum nichts zutraut – dann ist die Aufforderung, auf sich selbst zu hören, sehr wichtig. Wenn er allerdings als Heilmittel für Orientierungskrisen angepriesen wird, bin ich skeptisch. Denn wir können uns immer irren – das kann ein noch so angestrengtes Fokussieren nach innen nicht verhindern. Darum braucht es Kritik und Korrekturen und die haben wir durch den Diskurs mit anderen. Man sollte also nicht nur sagen: »Mein Herz sagt mir dies und jenes«, sondern auch immer versuchen, dieses gegenüber anderen zu begründen, oder Argumente dafür zu geben, warum wir so fühlen. Außerdem ist die Position: »Ich selbst definiere, was gut ist«, nicht leicht zu halten. Spätestens, wenn ein Konflikt zwischen verschiedenen moralischen Positionen aufkommt, wird deutlich, dass man nicht nur auf sich selbst rekurrieren kann, sondern dem anderen gute Argumente dafür geben muss, warum er etwas tun oder nicht tun soll. Und ein gutes Argument ist eben nicht: »Ich will nicht, dass du das tust, weil es für mich nicht stimmt.« Dann sagt der andere: »Für dich vielleicht nicht, für mich schon.«

Die Praxis unseres Zusammenlebens zeigt also, dass wir ständig mit anderen verhandeln müssen, was für uns gemeinsam als gut gelten soll und worauf wir uns gemeinsam einigen wollen.

*Markus Huppenbauer* ist Doktor der Philosophie, Privatdozent für Ethik an der Theologischen Fakultät der Universität Zürich und Geschäftsleiter der Schweizerischen Studienstiftung. Mit Jörg De Bernardi schrieb er das Buch *Kompetenz Ethik für Wirtschaft, Wissenschaft und Politik. Ein Tool für Argumentation und Entscheidungsfindung.*

# Arguments instead of Moralising

## Markus Huppenbauer about ethical competence.

Most people have to constantly make decisions when pressed for time – decisions with repercussions on others. What is »good« or »right« in such decisions can no longer be determined from an absolute vantage point in our value-pluralistic society. The upshot is uncertainty and sometimes also a lack in orientation with regard to moral questions.

Ethics cannot eliminate this uncertainty. However, it does prove a help to perceive the moral problems of our times more consciously and to reflect on them more competently. Practically speaking, it is important to know, above all, how to argue ethically and how to arrive at ethically tenable decisions. Ethics can be learnt to a certain degree.

Gauged by reality in business meetings, political debates or talk shows, the need for learning about ethics is considerable. With my colleague Joerg De Bernardi, I have developed a method for reaching an ethical assessment to support setting up ethical competence, for instance, in companies in case of moral problems and conflicts.

The actual state is analysed in the initial stage, which is to say the circumstances and situation of concomitant interests, the field of conflict, the framework of order policy. In a second stage, questions are posed as to which moral principles, positions and convictions are actually being worded. The third stage checks out what arguments there are for specific action options. The objective is to come to a well-established statement. What is asked in the fourth stage is: Can the recommended option for action also be realised and how can this be accomplished? Many an ethical debate has stopped short of this indeed difficult stage. However, we have to constantly bear in mind how this can be individually realised on a societal or corporate basis. Otherwise, ethics is easily reduced to idealistic moralising, and the possibility of acting will remain nothing more than a beautiful Utopia.

Some demand that ethics should be made a compulsory subject in management studies or even introduced as a kind of »Hippocratic oath« for managers. I do not consider the latter particularly meaningful – but personally would find ethics helpful as a compulsory subject. Primarily neutral tools should be conveyed that are beneficial for reaching an ethical assessment on a practical level.

In my opinion much of what we want in the way of morally correct conduct in industry can and should be produced by a framework of laws and regulation. If ethics is not to cost all that much and not to lead to disadvantages on the market, then it will simply not work without certain basic conditions. There also seems to me to be a further problem for top corporate executives, namely: How will we manage to implement the ethical standards that we have put into words on all levels of our company? What is often the case is that a nice-sounding code of conduct is worked out in the executive suites, while the people in the front office are really only interested in making as much profit as possible. Such a code is only meaningful if the entire company structure is modified so that the front-office staff can also translate these ethical directives in a meaningful manner.

One of the central problems of present-day ethics can be expressed like this: The classical mediators for values such as churches, associations, clubs, political parties, the government, schools have lost their power of persuasion, which is to say people can no longer naively resort to moral values which we once agreed upon. The loss of handed-down authority should not be compensated for by new authorities being built up, such as that certain »belly feeling« or the »inner voice of the heart«. For this voice is quite capable of being wrong. In other words, we should not only be saying: »My heart tells me this and that«, but we should also be attempting to find logical reasons for this with regard to other people, or to furnish arguments as to why we have this certain feeling. What our practical co-existence does show, therefore, is that we constantly have to engage in negotiations with others which should be valid as a good thing for us all and which we should agree upon in common.

*Markus Huppenbauer* is a doctor of philosophy, outside lecturer for ethics at the Theological Faculty of the University of Zurich and director of the Swiss Study Foundation. With his co-author Joerg De Bernardi he has written the book *Kompetenz Ethik für Wirtschaft, Wissenschaft und Politik. Ein Tool für Argumentation und Entscheidungsfindung.*

# Teil IV
# Neue Rollen für Mitarbeiter, Kunden und Lieferanten

## Section IV
## New Roles of Staff, Customers and Suppliers

# Simplify Your Work!

Werner Tiki Küstenmacher über gut organisiertes und entspanntes Arbeiten.

*Simplify* – das ist eins der Zauberworte der letzten Jahre gewesen. Ich bin immer wieder verblüfft, wie positiv die Leute darauf reagieren. Sie begreifen gleich, dass nicht gemeint ist, dass man ohne Strom in einer Holzhütte leben soll. Gerade Leute ab 35 Jahren verstehen das sofort: das Leben vereinfachen, auf das Wesentliche kommen. In diesem Alter hat man Lebensphasen hinter sich, in denen man viel angesammelt hat: Man steigt in den Beruf ein und lernt neue Dinge, begegnet vielen neuen Leuten, man kauft ein Haus oder mietet eine große Wohnung, man schafft Babysachen und tausend andere Gegenstände an. Doch irgendwann muss man den Bogen kriegen und sich wieder verkleinern, den Ballast loswerden.

## Entrümpeln – sein Büro und sich selbst

Im Büro gelten die gleichen Regeln – Ballast abzuwerfen befreit. Wenn man die Sache systematisch angeht, ist es gar nicht so schwer, seinen Schreibtisch in den Griff zu bekommen und sich den Berufsalltag leichter zu machen. Der wichtigste Tipp ist, keine Papierstapel aufzuhäufen, sondern die Unterlagen in verschiedene Fächer einer Hängeregistratur einzuordnen. Das sollte man zum zentralen Organisationsinstrument machen.

Beim Zeitmanagement ist der wichtigste *Simplify*-Tipp: Versuchen Sie nicht, zwei Dinge gleichzeitig zu machen, konzentrieren Sie sich auf eine Sache. Denn sonst schaffen Sie letztlich nichts von dem, was Sie sich vorgenommen haben. Die Folge: Frust, Aufschieberitis. Alle erfolgreichen Menschen haben diese Gabe, hundert Unwichtigkeiten einfach zu lassen und sich auf eine Sache zu stürzen.

Viele Leute haben sich angewöhnt, gleichzeitig zu telefonieren und E-Mails zu schreiben. Das merkt man sowohl an den E-Mails als auch an den Telefongesprächen. Ich spüre es sofort, wenn ich mit jemandem telefoniere und derjenige macht noch irgendetwas anderes dabei. Inzwischen nehme ich auch keine Aufträge mehr entgegen, die man mir vom Auto aus telefonisch gibt – die Leute können sich nachher an nichts mehr erinnern.

## Gesundheit und Privatleben in den Griff bekommen

Doch seine Arbeit richtig zu organisieren ist nur ein kleiner Teil des *Simplify*-Konzepts. Da alle Bereiche des Lebens miteinander wechselwirken, sollte man auch seine Gesundheit und sein Privatleben vereinfachen. Im Bereich Gesundheit sollte man alle Dinge sein lassen, die einem wehtun oder die einen quälen. Gerade im Business-Bereich kenne ich Leute, die seit 20 Jahren keinen Sport mehr gemacht haben und plötzlich Marathon laufen wollten. Dass diese Kandidaten irgendwann crashen, ist vorgezeichnet. Viel besser ist, sich im Alltag mehr zu bewegen: die Treppe zu benutzen, statt den Aufzug zu nehmen, das Auto etwas weiter weg parken und ein paar Schritte mehr machen. Das bringt mehr als solche Gewaltaktionen.

Ganz zentral ist, dass man sich regelmäßig Zeit dafür nimmt, mit seinem Lebensgefährten wirklich zu sprechen – und zwar nicht übers Wetter, die Kinder, die Arbeit und das Haus. Die beste Methode dafür ist ein Zwiegespräch, bei dem man sich nach gewissen Regeln abwechselnd gegenseitig etwas über sich erzählt. Ich habe schon Briefe bekommen von Leuten, die meinten, sie seien fast in Ohnmacht gefallen, als sie diese Methode ausprobiert haben – sie haben 20 Jahre lang nicht gewusst, was ihr Ehepartner eigentlich denkt.

Damit man nicht nur an Symptomen herumdoktert, gehört zum *Simplify*-Konzept auch, dass man grundlegend über sein Leben nachdenkt. Dass man einmal formuliert, was man selbst eigentlich will. Die meisten unserer Lebensziele haben wir uns nicht selbst überlegt, sie kommen von außen. Zum Beispiel: »Es ist besser, mehr Geld zu haben als weniger«, »Es ist gut, im Beruf aufzusteigen« oder »Es ist gut, sehr dünn zu sein und viele Muskeln zu haben.« Solche Leitsprüche akzeptieren wir ganz selbstverständlich, ohne uns jemals überlegt zu haben, was eigentlich für uns selbst das Beste ist.

## Lebensziele formulieren

Dass alle Bereiche des Lebens zusammenhängen, kann man an ein paar skurrilen Beispielen beobachten. Zum Beispiel sind Menschen, die in ihrer Wohnung viel Gerümpel aufgehäuft haben, oft dick. Und Menschen, deren Wohnungsfußboden mit Gegenständen übersät und kaum noch begehbar ist, haben häufig finanzielle Probleme. Diese Fakten habe ich in einem Buch entdeckt und seither in meinem Bekanntenkreis immer wieder bestätigt gefunden. Es ist wirklich verblüffend – vor allem, weil man ja denkt, dass das Leute sind, die sehr viel besitzen. Doch es ist wohl eher so, dass diese Menschen ihr Leben nicht im Griff haben und sich das in ihrer Wohnung abbildet. Es gibt da viele verborgene Zusammenhänge.

Sein Büro und sich selbst zu entrümpeln ist auf jeden Fall eine Anstrengung, die sich lohnt. Viele Leute sagen: »Ich bin eben chaotisch und werde bis zum Lebensende in einem Chaos hausen.« Aber – und das sagen auch Spezialisten – das ist ein Zustand, den man beenden kann. Deshalb ist die Hauptbotschaft von *Simplify:* Es ist möglich! Fang einfach mal an! Es ist viel einfacher, das Chaos zu besiegen, als mit Alkohol oder Kettenrauchen aufzuhören.

*Werner Tiki Küstenmacher* ist Autor des Bestsellers *Simplify your life*.

# Simplify Your Work!

## Werner Tiki Kuestenmacher about well-organised and relaxed working.

*Simplify* – that is one of the magic words of the last few years. I am often baffled as to how positively people react to it. They understand straightaway that it does not mean you are supposed to live in a wooden shack without electricity. Especially »Thirtysomethings« grasp the idea of reducing life to the essential immediately. At such an age, you have phases in life behind you where you have gathered a great deal of experience. You start a career, learning new things, encountering any number of new people, you buy a house or rent a large apartment, acquiring what baby needs and thousands of other objects. Yet some time or other, you have to learn how to scale everything down again, to throw ballast overboard.

The same rules apply in the office – throwing ballast overboard is an act of liberation. If one starts systematically, it is not at all difficult to get the upper hand of one's desk and to make everyday working life easier for oneself. The most important thing is not to accumulate piles of paper, but to file the paperwork into the various pockets of a suspended filing system. You should make this your central instrument of organising your work.

In time management, the most important *Simplify* hint is: Don't try to do two things at once, concentrate on one matter at a time. Otherwise you won't get anything done in the long run you intended. The consequence: Frustration and the tendency to put things off. Many people have got into the habit of phoning and writing mails at the same time. You notice this by the mails as well as the phone calls.

Nevertheless, organising your work right is just a small part of the *Simplify* concept. Due to the fact that all spheres of life interact with each other, you should simplify your health and private life as well. As far as health is concerned, you should leave all things that hurt or plague you. I know people in the business world who haven't worked out in a gym in decades and all of a sudden want to run a marathon. That these candidates will crash is pre-programmed.

Going part and parcel with the *Simplify* concept – so that you don't merely fiddle around with the symptoms – is that you have a hard and fundamental think about your own life, formulating for once what you yourself really want. We have not thought out most of our goals in life ourselves – they come from outside.

Tidying up your office and yourself is, in any event, an effort well worthwhile. Many folks say: »I'm just chaotic and will live in chaos until the day I die.« However – and specialists say this as well – this is a state that can be ended. The main message of *Simplify* is therefore: It can be done! Just give it a start! It's much easier to beat chaos than to quit alcohol or chain smoking.

*Werner Tiki Kuestenmacher* is the author of the bestseller *Simplify your life*.

# Mensch und Büro – eine Liebesbeziehung

## Arlie Russell Hochschild über die Abkehr vom Privaten.

Die Arbeit wird immer mehr zum Zuhause, die Familie und das Privatleben dagegen zum Ort von Stress und Arbeit – mich hat dieses Ergebnis meiner Forschungsarbeit selbst überrascht. Ich wollte eigentlich etwas ganz anderes untersuchen, nämlich ein vorbildliches Unternehmen zum Thema Work-Life-Balance. Die Prospekte des Weltkonzerns, in dem ich recherchiert habe, preisen viele Möglichkeiten von flexiblen Arbeitszeiten: Sabbaticals, Job-Sharing und Teilzeit. Ohne Karriereknick sollten sich Familie und Beruf vereinbaren lassen, so das Versprechen. Als ich dann versuchte, Interviewpartner in dem Unternehmen zu finden, die die Arbeitszeitmodelle nutzten, stellte ich fest, dass es sie fast gar nicht gab. Es war wie ein potemkinsches Dorf: vier Prozent Teilzeit und zwei Prozent Job-Sharing. Das Merkwürdige bei all dem war, dass mir sehr viele Leute sagten, dass sie gerne mehr Zeit zu Hause hätten. Das Geld kann dabei nicht die entscheidende Rolle spielen, denn gerade in den besser verdienenden Etagen ist das Interesse an Teilzeit sehr gering.

Ich klärte zunächst ab, ob die Leute das Angebot vielleicht gar nicht kennen. Das stimmte nicht – im Gegenteil. Sie waren sogar alle sehr stolz darauf, dass sie bei einem Unternehmen arbeiten, das solche Möglichkeiten bietet. Dann habe ich nachgeforscht, ob vielleicht die Vorgesetzten Druck ausüben. Aber auch das konnte ich nach einer Weile ausschließen: Die Zahl der Teilzeitnutzer in Abteilungen, in denen der Chef das Modell sehr stark propagierte, waren genauso niedrig wie in Abteilungen, die von einem Skeptiker bezüglich Teilzeit geleitet wurden.

Irgendwann habe ich dann gemerkt, dass mein bisheriges Bild von Arbeit und Familienleben offenbar unzutreffend ist. Ich habe die Leute gefragt, wo sie sich denn wohler fühlten. Und nicht selten kam heraus, dass es der Arbeitsplatz war. Ein Ingenieur zum Beispiel sagte mir, dass er sich im Job sicher, zufrieden und anerkannt fühlte. Er selbst und die anderen wüssten, was er könne. Zu Hause dagegen warteten ganz andere

Aufgaben. Vieles ist unberechenbarer, die Kinder haben Lernschwierigkeiten oder sonstige Probleme und er sei nun mal kein Psychologe.

## Im Büro Freiheit, daheim die Stechuhr

Für meine Studie interviewte ich 130 Leute aus verschiedenen Hierarchiestufen – und stellte dabei fest, dass sich bei etwa jedem Fünften eine völlige emotionale Verkehrung von Beruflichem und Privatem feststellen ließ: Die Arbeit erscheint als das Selbstgewählte, das Private als Last. Solche Leute habe ich sowohl unten als auch oben in der Hierarchie gefunden. Und abgesehen von solchen Extremfällen gab es bei der Mehrheit der Befragten einen mehr oder weniger starken Trend in diese Richtung.

Eine mögliche Ursache für diese starke emotionale Bindung an den Job ist sicher, dass die Mitarbeiter in den einzelnen Abteilungen einander wahrnehmen. Sie wissen Bescheid, wie es dem anderen geht. Was er tut, an welchem Punkt er steht. Außerdem werden die Arbeitszeiten sehr flexibel gehalten. Das Motto lautet: Mach deine Arbeit, wann du es am besten kannst – und das ist ernst gemeint. Oft ist die Reaktion, dass die Angestellten zehn Stunden am Tag und mehr arbeiten. Dabei fühlen sie sich nicht kontrolliert und getrieben von ihrem Vorgesetzten, sondern sagen übereinstimmend, dass sie die Arbeit vor allem für sich selbst tun. Es geht ihnen darum, dass sie am Ende mit dem Produkt ihrer eigenen Arbeit zufrieden sind und sie das Gefühl haben, sie haben es nach ihren Vorstellungen gestalten können. Dabei sind sie sehr streng beim Einhalten von Qualitätskriterien und Deadlines. Was das für ihre persönliche Arbeitszeit bedeutet, nehmen sie dabei kaum wahr.

Zu Hause hören dagegen viele eine Stechuhr ticken: Das Essen für die Kinder muss gekocht, Hausaufgaben müssen kontrolliert und Freizeitaktivitäten organisiert werden. Es gibt kaum unverplante Zeit. Alles muss wie am Schnürchen laufen. Außerdem lockern sich die Beziehungen, oft gibt es Konflikte. Das Ganze wirkt wie eine Abwärtsspirale zu Ungunsten des Privaten.

Ilene Philipson, eine Psychotherapeutin, berichtet in ihrem Buch *Married to the Job* von ähnlichen Ergebnissen. Ihr ist aufgefallen, wie hochemotional viele Klienten über ihren Arbeitsplatz und ihre Jobbeziehungen sprechen. Das geht manchmal so weit, dass sie zum Beispiel über ihr Verhältnis zum Vorgesetzten wie über eine unglückliche Liebesbeziehung sprechen: »Mein Boss beachtet mich nicht. Und dabei tue ich doch alles, damit er zufrieden ist und mich auch mal lobt. Das alles laugt mich aus und macht mich völlig depressiv.« Über ihre Kinder sprechen diese Leute oft sehr oberflächlich, also auch hier wieder eine gefühlsmäßige Verdrehung. Wenn solche Menschen ihren Job verlieren, ist das emotional für sie wie für andere Menschen eine Scheidung.

Wer in einem Lager oder am Fließband arbeitet, findet weniger heimelige Arbeitssituationen vor. Natürlich ist eine Fabriketage kein so netter Ort wie ein Büro mit Sofa. Aber das Team spielt auch dennoch eine große Rolle. Viele kommen zu früh, um mit ihren Kollegen noch einen Kaffee trinken zu können, bevor die eigentliche Arbeit losgeht. Gerade bei den Leuten, die in der Produktion arbeiten, sind die familiären Beziehungen oft prekär.

## Ist ein Kulturwandel möglich?

Entstehen konnte das Gefühl, dass Arbeit das ganze Leben ist, durch das Zusammenlaufen mehrerer Trends. Die Firmen werden immer mächtiger, Gewerkschaften zumindest in Amerika immer schwächer. Die Globalisierung heizt den Wettbewerb an. Die Familienbande schwinden und die Geburtenrate geht zurück. Das Private wird insgesamt marginalisiert. Das betrifft auch das Engagement außerhalb – sei es für eine Bürgerinitiative oder einen Klub. Heute engagiert sich in den USA ein Drittel weniger in zivilgesellschaftlichen Zusammenhängen als noch vor ein paar Jahren.

Doch auf die zentrale Frage, warum die Menschen diesen Prozess so aktiv mittragen – also offenbar wollen –, habe ich keine umfassende Antwort. Ein wichtiger Faktor ist, dass der Kapitalismus heute nicht in erster Linie ein Wirtschafts-, sondern ein Kultursystem ist. Bei der Organisation der Arbeit wurden viele Elemente übernommen von dem, was die Leute früher in ihrer Freizeit erleben wollten. Oft gibt es in der Umgebung amerikanischer Firmen inzwischen auch eine umfassende Infrastruktur für die privaten Belange der Beschäftigten. Sie können von dort aus ihre Wäsche wegbringen oder zwischendurch mal eine Bibelstudiergruppe besuchen. Im Silicon Valley dürfen die Leute ihren Hund mit zur Arbeit bringen und auch mancher Goldfisch ist inzwischen mit ins Büro gezogen. Das alles macht das private Leben immer leerer und entwertet die Zeit daheim.

Man könnte versuchen, einen Kulturwandel einzuleiten. Organisationen wie Kinderschutzbund, Altenverbände, feministische Gruppen, Gewerkschaften und andere Interessierte müssten eine Allianz zur Verteidigung des Privaten und Nichtkommerziellen bilden. Zugleich sollten sich Leute in den Firmen, die unter der Situation leiden und gerne mehr Zeit mit ihren Familien verbringen würden, austauschen und zusammenschließen. Außerdem dürften Leute vom linken Flügel Familienpolitik nicht mehr länger den Rechten überlassen, die Familie als Vater-Mutter-Kind-Einheit mit daheim bleibender Ehefrau definiert. Wir müssen uns dafür einsetzen, dass Familien – egal wie sie konkret aussehen – wieder Zeit haben. Denn das ist die Voraussetzung für glückliche und erfüllende Beziehungen.

In letzter Zeit ist sowohl in den USA als auch hier in Deutschland vielen Leuten gekündigt worden, die bis dahin das Gefühl hatten, Arbeitslosigkeit könne sie persönlich nicht treffen. Im Moment sind sie für die Unternehmen leichte Beute. Sie haben oft das Gefühl, unbedingt wieder reinkommen zu müssen – schon weil mit dem Rausschmiss der zentrale Anker ihres sozialen Lebens verloren gegangen ist. Andererseits machen sie jetzt die Erfahrung, wie abhängig ihre gesamte Lebensführung vom Job gewesen ist und dass sie mit der Kündigung im Grunde alles verloren haben. Möglicherweise ziehen sie daraus die Konsequenz, ihr Leben auch außerhalb der Arbeit in stabileren und von ihnen stärker zu beeinflussenden Strukturen zu verankern. Hilfreich ist es bestimmt, wenn sie sich gegenseitig stützen und sehen, dass sie in dieser Situation nicht allein sind. Vielleicht entstehen daraus sogar neue zivilgesellschaftliche Gruppen.

Die amerikanische Soziologin *Arlie Russell Hochschild* hat unter anderem das Buch *Keine Zeit. Wenn die Firma zum Zuhause wird und zu Hause nur Arbeit wartet* veröffentlicht.

# Man and the Office – A Love Affair

## Arlie Russell Hochschild on the withdrawal from private life.

Work increasingly feels like the true home, while the family and private life is turning into a stressful workplace – this result of my research work surprised me. What I actually intended to investigate was something quite different, namely corporations with outstanding work-life balance programs. But when I then attempted to find partners in the company to be interviewed, people who made use of these work-time models, I discovered there were almost none. To begin with, I clarified whether the people perhaps were not aware of what was being offered. That did not hold water – quite the contrary. Then I investigated whether their bosses were putting pressure on them not to participate in this programs. Yet, after a while, I was able to exclude that as well.

I noticed that my image of work and family life was evidently not accurate. I asked the people where they felt better. And more often than not it was the workplace. For my study, I interviewed 130 people from various levels in the hierarchy, arriving at the conclusion that about every fifth interviewee experienced a completely emotional switch from their job to their private life. Work appears as something they themselves have selected, their private lives, on the other hand, as a burden. I found such people both at the bottom as well as at the top of the hierarchical system. Apart from such extreme cases, there was a more or less strong tendency in this direction with the majority of those interviewed.

One possible cause for these strong emotional ties to the job certainly has to do with the fact that the staff in the various departments know each other very well. They feel recognised for their performance. Moreover, the work times are kept very flexible. At home, on the other hand, many hear a time-clock ticking: Meals have to be prepared for the children, homework checked, and leisure time activities organised. There is hardly any unplanned time. Everything must run like clockwork. What is more, relations break up, often leading to clashes.

Several converging trends caused this feeling that work is your whole life. Companies are getting increasingly more powerful, globalisation is boosting competition. Family ties are vanishing and the birth rate is on the decline. Private life is, on the whole, being shoved aside. Yet, I do not have a comprehensive answer to the central question as to why people so actively support this process. One essential factor is that capitalism is not basically an economic, but a cultural system today. Many elements have been adopted in the organisation of work from what people used to experience in their leisure time earlier on. All this makes private life progressively emptier and renders the time at home less valuable.

One might attempt to introduce a cultural change. Organisations, such as the NSPCC, senior citizens' associations, feminist groups, trade unions and other interested parties would have to form an alliance to protect private life and the non-commercial. At the same time, people in companies, who suffer under this situation and would like to spend more time with their families, should exchange their experiences and band together. Moreover, people from the left wing should no longer leave family politics to the right-wingers, who define the family as a father/mother/child unit with the wife staying at home. We must stand up for families – no matter what they look like – again having time for each other. This is the prerequisite for happy and fulfilling relationships.

The American sociologist *Arlie Russell Hochschild* has published the books *The Commercialization of Intimate Life: Notes from Home and Work* and *The Managed Heart: Commercialization of Human Feeling.*

# Arbeit = Spiel?

Birger P. Priddat über Kompetenzen für das 21. Jahrhundert.

A *rebeyt* bedeutet altdeutsch: Mühe, Last (wie auch das griechische *ponos*). Im Buch Mose wird die Arbeit als Fluch bezeichnet. Man arbeitete, um zu leben. Das Ideal des griechischen Adels hingegen war Arbeitslosigkeit. Ihre »Muße« war nicht untätig, sondern galt »höherer Tätigkeit«: Bildung, Politik, Gespräch, Philosophie. Zwischen diesen beiden Polen entwickelte sich das abendländische Arbeitsverständnis, in der Neuzeit geheiligt bis hin zur Arbeitstugend, der bürgerlichen Form des Selbstbewusstseins. Adam Smith sortiert in seinem Werk *Wealth of Nations* die produktiven von den unproduktiven Klassen, die bürgerlichen Wertschöpfer vom parasitären Adel. Deshalb wurde *Wealth of Nations* zur Bibel des säkularisierten Bürgertums, das seine Arbeitswertlehre und seine Kapitalakkumulationstheorie als Zivilisationsfortschritt begriff. Seither wird die Arbeit neu differenziert:

1. in die Dimension der Arbeit als ausführende Herstellung von etwas und zugleich als Erwerbsquelle;
2. in die Dimension der Arbeit an sich selbst, der Bildung;
3. in die Dimension der Arbeit als Kommunikation mit anderen – mit Kollegen, mit Kunden und Mitarbeitern anderer Unternehmen.

Die erste Dimension ist in der Neuzeit entfaltet worden: bei John Locke (»Arbeit als Eigentumserwerb«) und bei Adam Smith (»productive labour« als wertschöpfende Produktion). Sie verstanden Arbeit zum einen als Transformation von Natur in Wertform, später in Nutzen: Arbeit schafft Wert durch die Leistung selbst und damit Einkommen.

Die zweite Dimension ist im 19. Jahrhundert betont worden. Nun galt, dass die Arbeit den Arbeitenden auch für sich selbst bilden müsse. Zuerst wurde das von Hegel und Marx als philosophische Anforderung formuliert, später diente es als Argument für die sozialreformerische »Humanisierung« der Industriearbeit, zuletzt wurde es zur praktischen Anforderung der Qualifizierung. Arbeit schafft Kompetenz.

Die dritte Dimension, die komplexeste der drei, ist erst im späten 20. Jahrhundert hinzugekommen: Kooperation und Kommunikation. Diese Dimension eröffnete sich erst, nachdem die hierachisch-arbeitsteilige Produktion an Grenzen stieß. Wir befinden uns heute inmitten dieses Prozesses der Transformation der industriellen Ökonomie in eine Wissensökonomie, die über die neuen Kommunikationstechnologien die Virtualisierung der Organisationen und damit der Arbeit vorantreibt – Arbeit schafft Kommunikation. Jetzt – im 21. Jahrhundert, zugleich im 3. Jahrtausend – kommt eine vierte Dimension hinzu, deren Valenz wir gerade erst zu entdecken beginnen: dass die Arbeit eine offene Beziehung zum Spiel hat.

## Die vierte Dimension der Arbeit

Das klingt verwegen, wird aber sogleich einsichtig, wenn wir die Arbeit in der Wissensgesellschaft mit Entrepreneurship, Flexibilität und hoher Anpassungsintelligenz verbinden. Arbeit bekommt Spielcharakteristika, wo sie nicht mehr als festgelegte Aufgabe – in einer hierarchischen Organisation – ausgeführt werden soll, sondern wo sie in den lernenden Prozessen die Arbeitenden ihre Kompetenz immer wieder neu entwickeln lässt, und wo sie in den interaktiven Prozessen der Kooperation und Kommunikation ihr Ergebnis erst finden muss. »Spielerisch« – nicht »verspielt« – sich in Interaktionen einzulassen, deren Resultate nicht vorhersagbar sind, fordert neue Kompetenzen, die man als »kreativ« oder »innovativ« bezeichnen könnte. »Das Unerwartete managen« nennen es K. E. Weick und K. M. Sutcliffe und betonen, dass man auf diese Weise Leistung in einer komplexen Welt sicherstellen kann.

Systematisch bezeichnet die vierte Dimension der Arbeit, dass sich die Arbeit in der Wissensgesellschaft immer wieder neu erfinden muss. In der Relation zum Spiel wird die Riskanz sichtbar, in die diese offene Form der Arbeit kommt. Sie ist keine unnötige Beschränkung, sondern der Raum der Selbsttätigkeit und Erfindungen, der geöffnet sein muss, um den sich ändernden Marktanforderungen gerecht zu bleiben. Arbeit ist kein Ausführungsschema in strikt hierarchisch bestimmten Organisationen mehr, sondern eine Kompetenz, neuen Situationen gegenüber gelassen zu reagieren und sie zu gestalten.

## Alles muss neu interpretiert werden

Wert, Kompetenz, Kommunikation und Spiel sind die wichtigen Dimensionen der Arbeit im jetzigen Übergang. Im Wert wird das Resultat der Arbeit benannt, in der Kompetenz die Voraussetzung, wenn Arbeit gelingen soll, in der Kommunikation Interaktion und soziale Anerkennung, und im Spiel die Offenheit der Arbeitsprojekte, ihr optionaler Charakter.

Indem das Spiel ins Spiel kommt, bleiben die ersten drei Dimensionen der Arbeit zwar vollständig erhalten, werden aber neu interpretiert:

- Die Kommunikation ist – aus der neuen Perspektive der Spiel-Arbeit-Relation – kein reines Informationsgeschehen mehr, sondern eine Erörterungsarbeit, in der zwischen Mitarbeitern, Kunden und Externen gemeinsam festgestellt und begründet wird, was jeweils zu tun ist. Dazu gehören Prozesse wie »prosuming« (Mitarbeit der Kunden bei der Leistungserstellung) und der ganze Komplex der sich erst zu entfalten beginnenden »Kundenintegration«.
- Die Kompetenz ist nicht mehr nur eine Eingangsbedingung, um eine Arbeit ausführen zu können, sondern ein fortwährender Lernprozess, der sich durch das spielerische Riskieren/Probieren und durch die kommunikative Erörterung verändert.
- Der Wert der Arbeit wird schlicht dadurch neu bestimmt, dass die Herstellung von etwas nicht allein durch definierte Arbeitsprozesse geschieht, sondern durch zum Beispiel die Kooperation von »Kunden«, die traditionell für die gesamte Arbeit zahlen. Wie aber wird eine Arbeit bewertet, an der die Kunden mitgearbeitet haben? Bewertet wird nun auch die Motivation desjenigen, der arbeitet: Die neuen *friendly workers* sind Zu-Arbeiter statt Ab-Arbeiter.

Erst wenn die einzelnen Arbeiter und Angestellten – diese Unterscheidung wird hinfällig werden – die Arbeit als Nexus von Wert, Kompetenz, Kommunikation und Spiel zu betrachten gelernt haben, wird sich die industriegesellschaftliche Trennung von Arbeit und Leben wahrhaft aufheben.

## Das Jahrhundert des Human Capital

In der Wissensökonomie, die eine Ökonomie der Netzwerke, virtuellen Unternehmungen und schnellen Wechsel ist, verschwindet die Ressource »lebenslanger Beruf«. An ihre Stelle tritt kein Gewährleistungsersatz, keine neue institutionelle Sicherung, sondern die Ökonomie stellt um auf Attraktivität und Agilität, auf adaptive Intelligenz und Kommunikation – neu organisiert in schnell sich wandelnden virtuellen Netzwerken. Die neuen Formen der Arbeit lösen die konventionellen Arbeitsbeziehungen und -erwartungen auf. Aus der Mühe und Last, der abendländischen Schwere der Arbeit erwachsen wir in eine Arbeitswelt, die Intelligenz und Lust neu verbindet. Dem muss sich die Form der Organisation der Unternehmen anpassen, um für diese *new high-level-workers* attraktiv zu bleiben. Das 21. Jahrhundert wird das Jahrhundert des *human capital.*

Das mag utopisch klingen angesichts der Strukturprobleme des aktuellen Arbeitsmarktes. Aber zum einen haben wir trotz der diversen Hartz-Modelle keine erhöhte Flexibilität erreicht. Die Immobilität der Arbeit in Deutschland ist ein hoher Sozialkostenfaktor. Zum anderen ist ein Teil der Arbeitslosigkeit ein Transformationsdefekt: Im Übergang zur Wissensgesellschaft produziert die auslaufende Industriegesellschaft noch zu viele Kompetenzen, die in Zukunft nicht mehr gebraucht werden. Noch immer werden hierzulande Bergleute ausgebildet! Letztlich liefert das Bildungssystem nicht das *human capital,* das sich selber intelligent einsetzen und in Wissensökonomien bewegen kann. Die Zukunft der Arbeit ist – zu einem guten Teil – an die Gegenwart der Bildungsinvestitionsentscheidungen geknüpft.

*Birger P. Priddat* ist Professor am Lehrstuhl für Volkswirtschaft und Philosophie der Fakultät für Wirtschaftswissenschaft der Universität Witten/Herdecke. Er ist unter anderem Autor der Bücher *Arbeit an der Arbeit* und *Nachlassende Bildung.*

# Work, A Game?

Birger P. Priddat about competences for the 21st century.

A *rebeyt,* the precursor of the modern word »Arbeit« (»work«) means *effort or load* in Old German. In the Book of Moses work is termed as a curse. We used to work to live. The ideal of the Ancient Greek nobility, on the other hand, was joblessness or rather leisure time. Since Adam Smith, work has been re-differentiated: into the dimension of work as producing something and, at the same time, as a means of livelihood; into the dimension of work per se, of education; and into the dimension of work as communication with others – with colleagues, customers and with the employees of other companies. The first dimension developed in modern times: Work creates value through performance itself and thus income. The second dimension was underscored in the 19th century. Work had to train the workers themselves as well: Work creates competence. The third dimension – the most complex of the three – was only added in the late 20th century: Co-operation and communication. Now – in the 21st century, at the same time in the 3rd millennium – there is a fourth dimension, whose valence we are only just starting to discover: Work has an open relationship to playing.

This sounds rash, but will become immediately comprehensible, when we link work in the knowledge society with entrepreneurship, flexibility and high adaptation intelligence. Work takes on characteristics of a game when it is no longer to be performed as a predefined assignment in a hierarchical organisation. It enables employees to redevelop their competence anew in learning processes, and where it only has to find its results in the interactive processes of co-operation and communication. Getting involved as in a game – not »playfully« – in interaction, the results of which are not predictable, requires new competence which might be described »creative« or »innovative«. K. E. Weick and K. M. Sutcliffe term this »managing the unexpected« and underscore that in this manner performance can be secured in a complex world.

Systematically, the fourth dimension of work describes that work in the knowledge society must be constantly re-discovered. Value, competence, communication and play are the essential dimensions of work in the current transition period. The first three dimensions remain completely preserved, but are re-interpreted when the game is added to it:

- Communication is – from the new perspective of game/work relations – no longer a purely information matter, but rather an issue for discussion, when employees, customers and people from outside jointly define and establish what is to be done in the given situation. Also included here are such processes as »prosuming« (co-operation of customers in performing) and the entire complex of »customer integration« just starting to develop.
- Competence is no longer an initial condition to be able to perform work, but a constant work process that changes through the game of risking/testing and through communicative discussion.
- The value of work is simply re-defined in that production of something does not happen solely through defined work processes, but, for example, through co-operation with customers who traditionally pay for all the work. Yet, how is work assessed, which customers have also worked on? The motivation is also assessed of those working: The new *friendly workers* who add their work performance, instead of slaving away.

From trouble and burden, from the western severity of work, we awake to a work world that links intelligence and keenness anew.

*Birger P. Priddat* is professor for political economy and philosophy of the Faculty for Economics at the University oft Witten/Herdecke. He has written a number of books, including *Arbeit an der Arbeit* and *Nachlassende Bildung*.

# Das Ende der Sesshaftigkeit

Gundula Englisch über Jobnomaden.

Als Johannes Gutenberg die Druckpresse erfand, war das eine technische Revolution mit enormen Auswirkungen. Mit dem Buchdruck begann die Massenproduktion von Informationen und Wissen und gleichzeitig endete damit das Wissensmonopol der Kirchen. Die digitale Revolution, die wir erleben, hat – ebenso wie Gutenbergs Erfindung – Monopole aufgelöst und Ideen entfesselt. Wissen und Informationen sind nicht länger an Papier oder Aktenordner gebunden und auch nicht an Firmenzentralen oder andere geschlossene Territorien. Sie sind nicht mehr fest verwurzelt und sesshaft, sondern mobil und nomadisch. Der Strom aus Daten, Bildern und Ideen bewegt sich körper-, schwere- und mühelos über räumliche und zeitliche Grenzen hinweg und hat das morsche Gerüst des Industriezeitalters unwiderruflich unterspült.

## Hyperlinks statt Organigramme – Wirtschaft in Bewegung

Prognosen gehen davon aus, dass der künftige Geschäftserfolg zu 80 Prozent aus Ideen und nur noch zu 20 Prozent aus der Kapitalkraft des Unternehmens generiert wird. Das heißt, dass potenziell jeder Zugriff hat auf die neuen, immateriellen Rohstoffe und jedermann damit auch unternehmerisch tätig werden kann. Zum anderen bedeutet der Siegeszug der neuen Ressourcen aber auch, dass sich die wirtschaftlichen Erfolgsfaktoren entscheidend verlagern. Die Schlüsselgröße der Wissensökonomie ist nicht aus Stahl oder Metall, sondern aus Fleisch und Blut: Es ist der Mensch mit seinen vielfältigen Fähigkeiten und Fertigkeiten, seinem Bedürfnis nach Kommunikation, seiner Kreativität, seiner Vorstellungskraft und seiner leidenschaftlichen Neugier.

Wenn aber die traditionellen Firmenaktiva immer mehr an Bedeutung verlieren, dann ist es nur konsequent, dass Firmen auf Sachwerte, Büroräume und Lagerhäuser verzichten. Dass sie sich sozusagen dematerialisieren, die Anzahl der Hierarchieebenen, der Schreibtische und der Büros reduzieren und auch die Größe der Belegschaft. Stattdessen vernetzen sie ihre Betriebsabläufe, kooperieren mit selbstständigen Partnern und arbeiten mit Hyperlinks statt mit Organigrammen. Solche Firmen folgen nomadischen Organisationsformen: wenig materieller Ballast, flache Hierarchien, kaum Verwaltung und geringe Arbeitsteilung. Nomadische Unternehmen verstehen sich als überaus bewegliche »Problemlösungsaggregate«: Sie können sich entsprechend den jeweiligen Aufgaben permanent verändern und auf die Anforderungen des Marktes flexibel reagieren. Für neue Projekte finden sich temporäre Teams zusammen, maßgeschneidert und bunt gemischt, entsprechend der jeweiligen Aufgabe. Oft sind die einzelnen Mitglieder dieser Teams rund um den Globus verteilt und nur per Datenautobahn miteinander verbunden. »Work follows the sun« – rund um die Uhr – über Zeitzonen und Landesgrenzen hinweg.

Die Technik macht's möglich – aber sie allein schafft noch lange kein funktionierendes Netzwerk. Die Zukunftsforscherin Betty Zucker hat es so formuliert: Der Fluss der Informationen und des Wissens wird am empfindlichsten gehemmt von den Dämmen der starren Strukturen und des rigiden Managements, das meint, alles kontrollieren zu müssen. Dafür strömt er umso kraftvoller im lockeren Geflecht von vielfältigen Beziehungen – hinweg über Abteilungsgrenzen, Hierarchiestufen und Anordnungen. Damit werden Offenheit, Vertrauen und Verantwortung zum Lebensquell nomadischer Unternehmen. Vorgesetzte werden zu Dienstleistern, deren oberste Aufgabe es ist, Bedingungen zu schaffen, unter denen sich alle Beteiligten optimal entfalten und frei miteinander kommunizieren können. Führungskräfte, die immer noch glauben, sie könnten Menschen wie Maschinen einfach im Takt der Produktion laufen lassen, verspielen ihr wichtigstes Kapital.

## Die Arbeitswelt der Jobnomaden

Arbeit – das hat heute immer weniger mit messbaren Einheiten oder kontrollierbaren Leistungen zu tun. Arbeit ist auch längst nicht mehr das Synonym für den regulären Vollzeitjob auf Lebenszeit. Aber viele tun sich schwer damit, unsere durch und durch sesshafte Beziehung zur Arbeit zu überdenken oder gar grundsätzlich in Frage zu stellen. Immer noch wird

Arbeit reguliert, gesteuert und in Zeiteinheiten entlohnt. Immer noch wird sie verwaltet und verteilt von Institutionen, die so tun, als ob es ohne sie keine Arbeit gäbe. Aber die Dinge verändern sich. In den Köpfen vieler Menschen reift eine neue Idee von Arbeit, die mit den alten Vorstellungen nur noch wenig zu tun hat. Dieser Begriff von Arbeit ist nomadisch. Arbeit ist nicht mehr das, wo man hingeht, sondern das, was man tut – und zwar aus sich selbst heraus. Nomadische Arbeit braucht weder Sicherheitsversprechen noch Vorschriften – die Jobnomaden der Wissensökonomie stellen ganz andere Anforderungen: Sie wollen ein hohes Maß an Autonomie, spannende Arbeitsinhalte, Abwechslung, Erlebnisse und Herausforderungen. Sie wollen mit all ihren Bedürfnissen respektiert werden und ihre Gefühle nicht zu Hause lassen müssen. Sie wollen eingebunden sein in ein gutes Team, Zeit für Gespräche haben und Freiräume für ihre physische und geistige Beweglichkeit. Wird ihnen das verwehrt, wird etwa das Arbeitsklima von Intrigen, Machtkämpfen, Führungsschwächen, Monotonie oder sinnlosen Anordnungen verdorben, wechseln mutige Mitarbeiter über Nacht den Job – und die weniger mutigen ziehen sich zurück in die innere Kündigung und fahren ihre Leistungsbereitschaft auf ein Minimum herunter.

Loyalität – so heißt der kritische Faktor in der nomadischen Arbeitswelt. Damit kippen die Kräfteverhältnisse auf dem Arbeitsmarkt. Wirklich gute Leute langfristig an das Unternehmen zu binden ist in vielen Branchen nahezu unmöglich – trotz Wirtschaftskrise und Entlassungswellen. Für Jobnomaden ist die Identifikation mit einzelnen Aufgaben und Teams wichtiger als die Zugehörigkeit zu einem altehrwürdigen Firmennamen. Der Begriff »Karriere« hat für sie andere Dimensionen: Die dauerhafte Sesshaftigkeit in einem Unternehmen oder der gradlinige Aufstieg entlang der Hierarchieleiter bringt ihnen keinen Nutzen – so gut er auch bezahlt sein mag. Zum einen haben sie kapiert, dass sich Firmen auch nicht gerade loyal gegenüber ihren Mitarbeitern verhalten – und sie entlassen, wann immer die Bilanzen es verlangen. Zum anderen aber folgen diese nomadischen Laufbahnen ganz anderen Zielen. Sie streben nicht nach oben, sondern in die Breite. Jobnomaden geht es um die Zusammenstellung eines möglichst vielfältigen individuellen Tätigkeitsportfolios, das ihnen nicht nur Einzigartigkeit verleiht, sondern auch ermöglicht, auf unterschiedliche Marktsituationen flexibel zu reagieren. Die (vermeintliche) Sicherheit des festen Arbeitsverhältnisses wird abgelöst von der persönlichen Zielvorgabe, die eigene Existenz auf ein breites und variables Fundament zu stellen.

## Das Lebensprojekt Ich & Co.

Diese existenzsichernde Verteilung der eigenen Arbeitskraft auf mehrere Quellen ist eine wichtige, aber nicht die einzige Karrierestrategie der Jobnomaden. Auf ihren Wanderungen kreuz und quer durch die Weidegründe der Arbeitswelt erkunden sie auch sich selbst – also das große Terrain der eigenen Potenziale und Talente. Wo sind meine Stärken? Wie gehe ich mit meinen Schwächen um? Wie kann ich mich von anderen Anbietern unterscheiden? Worin bin ich einzigartig? Damit verhalten sich die neuen Mitarbeiter ähnlich wie erfolgreiche Unternehmen: Sie steigern ihren Marktwert durch Diversifizierung, entwickeln eine starke Vision und bemühen sich um ein interessantes Alleinstellungsmerkmal. Das Unternehmen Ich & Co. wird zum Lebensprojekt, die eigene Persönlichkeit zur Marke.

Spätestens hier schleicht sich ein gewisses Unbehagen ein: Sind diese Jobnomaden durch und durch ökonomisiert? Sind Arbeit und Karriere der alles bestimmende Leitstern ihrer Existenz? Oder gibt es für sie auch ein Privatleben, das frei ist von Strategien, Wirtschaftlichkeitsrechnungen und Bilanzen? Die Antwort heißt Jein.

Jobnomaden sehen Berufsweg und Lebensplanung als Einheit. Wer über seine Arbeitskraft in eigenem Ermessen und eigener Verantwortung verfügt, wird ihr hohe Aufmerksamkeit zollen, seinen Job ständig auf den Prüfstand stellen und penibel abwägen: Was arbeite ich und warum arbeite ich? Macht diese Tätigkeit Sinn für mich? Schlägt mein Herz dabei höher? Arbeit ist für Jobnomaden etwas sehr Persönliches, sie muss etwas bedeuten, denn nur dann kann sie produktiv und sinnvoll sein.

Damit rücken aber auch das Berufs- und Privatleben enger zusammen als jemals zuvor. Wenn die räumlichen und zeitlichen Grenzen der Arbeit fallen, macht die Trennung dieser beiden Sphären – die ohnehin nur im Industriezeitalter existierte – auch gar keinen rechten Sinn mehr. Doch die Befürchtung, dass die Arbeit nun hemmungslos ins Private drängt, es gar verdrängt, ist nur zum Teil berechtigt. Auch in der Arbeitswelt der Jobnomaden gibt es Ausbeutung und Selbstausbeutung. Doch diese neue Arbeitswelt birgt mehr denn je zuvor die Chance, Leben und Arbeiten miteinander in Balance zu bringen. Denn im Gegensatz zum grauen Heer der Lohnempfänger entscheiden Jobnomaden selbst, wie sie mit ihrer kostbaren Ressource Arbeitskraft umgehen – und sie werden sich ganz gewiss auch die Freiheit nehmen, nein zu sagen, wenn der Sinn und der Spaß verloren gehen, wenn der Druck zu hoch wird und die Freiräume zu eng, wenn man funktionieren soll wie eine Maschine und die Batterien leer zu laufen drohen. Dann kann es passieren, dass Jobnomaden ihrer noch so gut bezahlten Tätigkeit den Rücken kehren, um fruchtbarere Weidegründe zu suchen.

Das erfordert allerdings einen Lebensstil, der flexibel genug ist, um »Durststrecken« zu überbrücken. Wer mobil ist, reist wohlweislich mit leichtem Gepäck: Langfristige finanzielle Verpflichtungen, teuere Statussymbole, materieller Ballast – all das hat im Alltag der Jobnomaden keinen Platz. Besitz und Konsum verlieren an Bedeutung. Dafür werden persönliche Beziehungen immer wichtiger. Nehme dir viel Zeit für dich selbst und deine Mitmenschen – ein Credo, das für Leute mit prall gefülltem Terminkalender einer Zumutung gleicht – für Jobnomaden ist es ein Muss. Die Einbindung der eigenen Person oder der eigenen Firma in ein »Wir« war noch niemals so wichtig wie heute. »Community« – die Zugehörigkeit zu einer Gemeinschaft und die Pflege von Beziehungen – ist der Schlüssel für Erfolg geworden, im Privaten und im Berufsleben gleichermaßen. Denn in einer Welt der eng verwobenen Netzwerke haben Einzelkämpfer genauso wenig Chancen wie selbstverliebte Egozentriker, deren soziale Muskeln im ständigen Kreisen um sich selbst erschlafft sind.

## Mobile Lebensführung – ein Balanceakt

Die neue Kultur der Beweglichkeit reicht weit über die Wirtschafts- und Arbeitswelt hinaus – sie wirkt tief in die Gesellschaft und ins Private hinein und wirbelt auch dort bislang fest gefügte Strukturen und Werte heftig durcheinander. Das häufige Wechseln von Arbeitsplätzen, Berufen und Wohnorten geht auch einher mit dem permanenten Lösen und Neuknüpfen von Freundschaften, Partnerschaften und anderen Bindungen. Damit wird die mobile Lebensführung zum lebenslangen Lernprozess – nicht nur in fachlicher Hinsicht. Mobilität bedeutet auch, mental, sozial und emotional beweglich zu sein – Toleranz, Offenheit, Empathie und Mut an den Tag zu legen, nach neuen Erfahrungen zu suchen und zu neuen gedanklichen Horizonten aufzubrechen. Wir werden sie brauchen, weil nichts bleibt, wie es war.

Noch ringt die Schwerkraft des Bestehenden mit der Mobilisierungskraft des Wandels. Noch fühlen sich viele Menschen überrollt von den dramatischen Veränderungen und bedroht von einer Zukunft, die immer schneller auf uns zukommt. Noch ist das Ende der Sesshaftigkeit für viele kaum vorstellbar. Aber für andere hat es längst stattgefunden, ist die nomadische Lebens- und Arbeitswelt schon Wirklichkeit. Eine Welt, die den Verzicht auf Besitzstände, Gewohnheitsrechte und überflüssigen Ballast fordert. Die Sicherheit nicht hinter Mauern, Gesetzen oder Verträgen bietet, sondern in vielfältigem Wissen, Selbstvertrauen und Beweglichkeit. Die fest gefügte Regeln und Beziehungen aufbricht, zum Loslassen und zum ständigen Aufbruch auffordert und uns jeden Tag aufs Neue mit Unsicherheit konfrontiert. Aus der einen Sicht hat diese Zukunft unberechenbare Risiken – aus der anderen Sicht verlockende Chancen. Wir werden uns auf beides einstellen müssen. Und wir werden lernen müssen, dehnbar und fest zu sein, frei und gebunden, ständig in Bewegung und dennoch in Ruhe, beides zu haben: Wurzeln und Flügel. Diese Widersprüche sind die große Herausforderung der nomadischen Arbeitswelt von morgen. Auch wenn wir sie nicht auflösen können – wir können sie annehmen und lernen, damit umzugehen, genauso, wie es vor zehn Jahrtausenden geschah, als die Jäger und Sammler ihr Leben wandelten und die Sesshaftigkeit ihren Anfang nahm.

*Gundula Englisch* ist Journalistin und Filmemacherin sowie Geschäftsführerin der VIA-Media GmbH in München-Unterföhring.

# The End of the Settled Lifestyle

## Gundula Englisch about job nomads.

Forecasts assume that future business success will be generated by 80 percent of ideas and only 20 percent of the company's financial standing. This means that anyone can have access to the new immaterial resources and that anyone can also work as an entrepreneur. Companies are starting to dematerialise, following nomadic forms of organisation: less material ballast, flat hierarchies, hardly any administration and low division of labour. Nomadic companies understand themselves as extremely mobile »problem-solving units«. Frequently, the individual members of their teams are scattered right around the world, only being interlinked by data highway.

Candour, trust and responsibility become the source of life for nomadic companies. Executives become service specialists, whose priority lies in creating conditions, under which all concerned can optimally evolve and freely communicate with each other.

Work has not been synonymous with a regular full-time job for life for a long time now. But many people still experience difficulties in re-thinking or questioning our relationship to work that has been associated with the notion of settledness. Work is still being regulated, controlled and paid in units of time. Yet maturing in the heads of many people is a new idea of work that has very little to do with the old concepts. This designation of work is nomadic. Work is no longer that where you go to, but rather what you do – namely on your own, for your sake. Nomadic work does not need either promises of security nor regulations – the job nomads of the knowledge economy make quite different requirements. They want a high degree of autonomy, exciting work content, variety, experience and challenges. With all their needs, they want to be respected, and do not want to have to leave their feelings back at home.

Loyalty – that is the critical factor in the nomadic work world. Tying really good people to the company for the long haul is practically impossible in many branches – despite the economic crisis and waves of dismissals. Being permanently settled in a company or rising in a straight line up the hierarchical ladder is no use to job nomads – no matter how well paid they may be.

On their journeys right across the pasture lands of the work world, they reconnoitre themselves as well – which is to say the far-flung terrain of their own potential and talent. The company Me Inc. turns into a life project, one's own personality into the brand. Job nomads see their professional career and life planning as one unit. However, one's job and private life thus come closer than ever before.

Even the work world of job nomads sees exploitation and self-exploitation. Yet this new work world also harbours – more than ever before – the opportunity to strike a balance between private life and work. This has to do with the fact that – unlike the grey army of wage-earners – job nomads decide themselves how they deal with their precious energy and capacity for work. For this, however, you need a life style flexible enough to get over »hard times«. Moreover, »community« – the sense of belonging to a community and taking care of relationships – has become the key to success – equally in private and working life.

The new culture of mobility extends well beyond the industrial and working world – deeply penetrating into society and private life and heftily shaking up previously fast-ordained structures and values. Many people still feel steamrolled by the dramatic changes and threatened by a future rushing up to us ever faster. We will have to learn to be flexible and firm, free and tied, constantly on the move and yet at peace, having both roots and wings. These paradoxes are the great challenge of the nomadic work world of tomorrow.

*Gundula Englisch* is a journalist and film-maker as well as the managing director of VIA-Media GmbH in Munich-Unterfoehring.

# Raus aus dem Laufrad

## Rainer Zech über Life Design und Karriere.

Die Beschäftigung mit den Themen »Work-Life-Balance«, »Life Planning« oder »Life Design & Karriere« hat zurzeit Konjunktur, versprechen die Formulierungen doch, ein aus dem Lot geratenes Leben wieder in die Balance zu bringen, es wieder planbar zu machen. Schon der Blick mit etwas gesundem Menschenverstand macht deutlich, dass man es bei dieser Art Ratgeberei mindestens mit Scharlatanerie, wenn nicht mit gezielter Verdummung zu tun hat: Die Formulierung »Work-Life-Balance« unterstellt, dass man es mit einer Waage (englisch balance) zu tun hat, bei der auf der einen Waagschale die Arbeit läge und auf der anderen das Leben. Arbeit und Leben werden also als Gegensätze konstruiert, die sich wechselseitig ausschließen. Wer arbeitet, lebt nicht, und wer lebt, arbeitet nicht – was für ein Unsinn!

»Life Planning« wiederum unterstellt, dass das Leben planbar wäre. Da wir von der Zukunft aber per definitionem nichts wissen können, kann es sich bei entsprechender Lebensplanung nur um eine Verlängerung der Vergangenheit handeln. Leben ist allerdings gerade das Gegenteil, nämlich die Möglichkeit des Andersseins, des Neuanfangs, der Abweichung, des Sprungs in die Kontingenz, des Zufalls und der Nicht-Notwendigkeit. Dafür gibt es keinen Plan, sondern nur eine Kompetenz, und zwar die, mit Unerwartetem strukturbildend umgehen zu können.

Die Formulierung »Life Design & Karriere« schließlich kommt gleich mit drei Fremdwörtern daher. Design bedeutet Muster und kommt aus dem Lateinischen (»designare« = bezeichnen). Karriere wurde im 18. Jahrhundert aus dem Französischen entlehnt von »carrière«; das bedeutete Rennbahn, das Stammwort ist im Lateinischen »carrus« = Karre, Wagen. Life Design & Karriere bedeuten also: Wir folgen einem vorherbestimmten Muster des außen geleiteten Erfolgszwangs in einer Wettkampfarena.

## Rat Race

Karriere zu machen – davon träumt jeder. Karriere bedeutet mehr Geld, mehr Macht, mehr Ruhm, mehr Sexappeal. Karriere ist der Weg nach oben. So glaubt man gewöhnlich. Wir haben vergessen, dass Karriere von Rennbahn kommt. »Rat race« nennen die Amerikaner das konkurrierende Streben um Erfolg im Wirtschaftsleben. Schon mancher, der hoch hinauf wollte, ist tief gefallen. Es gibt auch die Karriere eines Alkoholikers. Topmanagement und Alkoholismus sind übrigens eine nicht seltene Kombination.

Dieser Wettkampf in der Rennbahn des wirtschaftlichen Erfolges hat sich in unser Leben eingezeichnet, hat seine Spuren in uns hinterlassen, hat uns gezeichnet. Das moderne Leben lässt uns nicht in Ruhe. Es zwingt uns, immer und immer wieder an uns zu arbeiten, uns weiterzuentwickeln, damit wir weiterkommen, höher hinauf auf der gesellschaftlichen Stufenleiter, lebenslänglich zum »Struggle for Life« verdammt. Die Popularität der oben genannten »Life-Themen« ist der modernen Notwendigkeit der narzisstischen Selbstgestaltung für den wirtschaftlichen Konkurrenzkampf geschuldet. Das Ziel dieses Life-Designs ist ehern hart vorformuliert. Es besteht in der Fitness für den Kampf um die soziale Auslese. Wer den Kampf verliert, hat selber Schuld und fällt im Zweifel durch die mittlerweile großen Löcher des sozialen Netzes.

Diese Life-Design-Ideologie kann sich bereits auf den Naturalismus und den Biologismus des späten 19. Jahrhunderts berufen. In dieser Denktradition gibt es keine Unterscheidung mehr zwischen Gut und Böse, sondern nur noch zwischen Stark und Schwach. Das hat – verbunden mit ökonomischem Denken – zum so genannten Sozialdarwinismus geführt, der den Kampf ums Dasein auf die gesellschaftliche Ebene übertrug und damit jegliche egoistische Rücksichtslosigkeit auf dem individuellen Weg nach oben legitimierte. Man findet deshalb auch Anklänge dieser Denkform in den heutigen Ratgebern erfolgreicher Lebens- beziehungsweise Karrieregestaltung, aber auch in neoliberalistischen Wirtschaftstheorien.

## Hamster im Laufrad

In der Spätmoderne wird der Mensch für sich selbst zum Ding, sein Körper wird ihm zum manipulierbaren Mittel im Kampf gegen erlebte Bedrohungen. Der »gebuildete« Body ist seine Rüstung. Die Beschäftigung mit populären Life-Themen ist keine Lösung des Problems, sondern dessen Ausdruck. Der Wunsch, sich selbst zu vervollkommnen und Karriere zu machen, ist der Ausdruck eines latent erlebten Mangels. Geld, Macht, Ruhm, Sex – das Verlangen nach Intensität und Steigerung ist der Ausdruck der Losgerissenheit des modernen Individuums aus seinen gesellschaftlichen Halterungen. Wir sollen glauben, dass es auf uns und nur auf uns allein ankommt. Mit dem Gefühl der Selbstbestimmtheit erfüllen wir den fremdgesetzten Plan. Wir produzieren diesen Zustand alle gemeinsam, aber jeder vereinzelt. Als Hamster im Laufrad arbeiten wir heftig mit an der Reproduktion dieses Zustands – und an unserem eigenen Burnout. Das ganze Design des modernen Lebens umhüllt nur Leere.

Trotzdem bleibt die drängende Frage, wie man leben soll oder was man aus seinem Leben machen kann. »Das kann doch nicht alles gewesen sein«, ist das Grundgefühl der heutigen Zeit. Das, was uns treibt, ist das Gefühl des Mangels. Die Frage nach dem gelingenden Leben stellt sich, wenn das Leben nicht mehr durch gesellschaftliche Strukturen und entsprechende Traditionen geschützt und geregelt ist.

Das Ideal des gelungenen Lebens ist für Sokrates/Platon der Inbegriff dessen, was der Mensch aus sich selbst machen kann. Leichter gesagt als getan. Dem Menschen fehlte auch damals das Wissen, wie das eigene Leben zu führen ist. Das hat sich heute nicht verändert. Gleich ist also diese Ausgangssituation, und deshalb war auch die Frage damals die gleiche wie heute. Die Antwort der alten Griechen war allerdings eine andere. Statt den Menschen nur auf sich selbst zurückzuverweisen, gab man ihm so genannte Selbsttechniken an die Hand. Diese Technologien des Selbst sollten es dem Einzelnen mit Hilfe einer Reihe von Übungen für Körper und Seele ermöglichen, eine Existenzweise zu realisieren, die einem gelungenen Leben entspricht. Die Sorge um sich selbst war eine ständig geübte Praxis in folgenden Bereichen:

- die Sorge um die richtige Ernährung, die Diätetik,
- die Sorge um das Wohl des Körpers, die Gymnastik,
- die Sorge um das richtige Denken, die Philosophie,
- die Sorge um den rechten Gebrauch der Lüste, die Erotik,
- und die Sorge für das Gemeinwesen, die Politik.

## Die Sorge um sich selbst

Der Unterschied zu heute: Sokrates schrieb keine Ratgeber nach dem Motto »Erfolgreich durch neurolinguistische Selbstprogrammierung«, sondern lehrte denken, betätigte sich als Geburtshelfer des Selberdenkens seiner Gesprächspartner. Der Mensch musste lernen, sich selbst zu beherrschen, um nicht von fremden äußeren Mächten beherrscht zu werden; er musste sich für die Gesellschaft engagieren und durfte ihr nicht entfliehen. Die Sorge um sich selbst war die Form des gelungenen Lebens in der Gemeinschaft.

Es geht für den Menschen heute nach wie vor darum, herauszufinden, was er will und was er kann, um dann zu wollen, was er kann. Wollen und Können dürfen nicht auseinander gerissen sein. Man muss seine Möglichkeiten und seine Grenzen erkennen, um sein Wollen dann auf diese einzustellen und innerhalb seiner Grenzen seine Möglichkeiten zu gestalten. Wollen wir vielleicht, was gar nicht zu uns passt, was uns aber von außen als »in«, modern oder erfolgreich vorgegaukelt wird? Erst wenn Wollen und Können synchronisiert sind, haben wir die beste Voraussetzung für ein Gelingen.

Wer über Life Design beziehungsweise Lebensgestaltung nachdenkt, ist mit seinem Leben nicht zufrieden. Dieser Wille zur gestaltenden Formung des eigenen Lebens ist im Kern ein künstlerischer Wille. Es ist der Versuch, dem Leben eine schöne, eine würdige Form zu geben. Doch es bleibt die Frage nach dem Ideal des gelungenen Lebens. Was ist gelungen? Diese Frage begleitet jeden Einzelnen jeden Tag, auch wenn er es nicht merkt. Sie begleitet ihn aber als meistens unbewusste Folie der Bewertung. Jeder weiß und fühlt es ganz genau: Das war heute wieder ein beschissener Tag; diese Sitzung ging voll in die Hose; diese Party ist mal wieder völlig öde. Auch wenn wir es nicht explizieren können, wir alle haben eine implizite Folie des Gelungenen. Sonst könnten wir noch nicht einmal unzufrieden sein. Unser implizites Ideal des Gelungenen ermöglicht erst die Kritik des Vorhandenen. Dieses Ideal gilt es, sich zu vergegenwärtigen.

Denkbar wären heute folgende Felder der Lebensgestaltung:

- **Sicherheit:** Welche und wie viel Sicherheit ist für mich angemessen? Und wie viel ist mir diese wert?
- **Anerkennung:** Welche Art der Anerkennung erfahre ich von wem? Wie viel ist mir diese jeweils wert? Von wem vermisse ich welche Anerkennung? Wem gegenüber und wie drücke ich Anerkennung aus?

- **Liebe:** Werde ich geliebt und von wem? Liebe ich und wenn ja, wen?
- **Gesundheit:** Lebe ich gesund? Treibe ich Sport? Ernähre ich mich richtig?
- **Sozialität:** Bin ich eingebunden in ein Netzwerk von Freunden, Bekannten und alltäglichen Kontakten? Erfahre ich Hilfe von anderen, und helfe ich anderen?
- **Geistig-kulturelle Entfaltung:** Nehme ich Teil am kulturellen Leben? Habe ich genügend Zeit und Energie zur Entfaltung meiner außerberuflichen Interessen und Hobbys?

Wenn wir diese Fragen positiv beantworten können, dann hat unser Leben eine schöne Form und wir werden es zu Recht als gelungen bezeichnen können. »Life Design & Karriere«, »Work-Life-Balance«, »Life-Planning« und weiteren Ratgeberunsinn haben wir dann nicht mehr nötig.

*Prof. Dr. Rainer Zech* ist Geschäftsführer der ArtSet Forschung, Bildung, Beratung GmbH in Hannover. Zusammen mit seinen Mitarbeitern hat er die »Lernerorientierte Qualitätstestierung für Weiterbildungsorganisationen« (LQW) – eine Alternative zur ISO-Zertifizierung – entwickelt. Von ihm sind die Bücher *Organisation und Lernen*, *Organisation und Innovation* sowie *Organisation und Zukunft* erschienen.

# Getting out of the Rat Race

## Rainer Zech about life design and careers.

Everyone wants to have a successful career, because that's the way up. This is what we usually believe. We have forgotten that the word »career« comes from »racetrack«. The »rat race« is what the Americans call this competitive struggle for success in business life. This competition on the racetrack of business success has very much left its mark in us. It forces us to continually work on ourselves for us to further develop ourselves, so that we progress ever higher on the social ladder – damned to struggle for life all our lives. The popularity of »work-balance« subjects is indebted to the modern necessity of narcissist self-presentation for the business world.

The objective of this life design is brazenly phrased in harsh, anticipatory terms. It exists in the fitness for the struggle for social selection. Those who lose the fight are themselves to blame and drop through the – in the meantime – large holes of the social net. Social-Darwinian echoes are to be found in present-day advisers of successful life and career styling, but also in neo-liberal business theories.

The desire to perfect oneself and to get ahead is the expression of the latent emptiness one experiences. Money, power, fame, sex – the yearning for intensity and improvement is the expression of the modern individual's being torn away from his or her societal supports. We are to believe that it is all a question of us and purely of us. With this feeling of self-determination, we fulfil the plan drawn up by outsiders. Like hamsters in their treadmill, we heftily collaborate in reproducing this condition – and in our own burnout. The entire design of modern life shrouds a mere void.

Nevertheless, the question still persists as to how we are to live or what can we do with our lives. »That can't have been everything« is the basic feeling nowadays. For Socrates and Plato, the ideal of successful life is the quintessence of what man can make of himself. Concern about oneself used to be a constantly practised experience in such fields as the right sustenance to take or the right way of thinking. Man had to learn how to master himself in order not to be mastered by alien external forces; he had to commit himself to society and not flee.

As always, people today have to discover what they want and what they are capable of. We have to know our potential and our limitations to be able to adapt them to what we want and to shape our potential within our limitations.

What does remain, however, is the question about the ideal of successful living. It accompanies everyone every day – even if we do not notice it. The following fields of life design would today be conceivable:

- **Security:** What and how much security is adequate for me? And how much is it worth to me?
- **Approval:** What kind of approval do I experience from whom? And how much is it worth to me? From whom do I miss approval? Whom do I express approval to and how?
- **Love:** Am I loved and by whom? Do I love and if so whom?
- **Health:** Do I live healthily? Do I do sports? Do I eat right?
- **Sociability:** Am I tied into a network of friends, acquaintances and day-to-day contacts? Do I experience help from others, and do I help others?
- **Intellectual/cultural development:** Do I participate in cultural life? Do I have sufficient time and energy to develop my interests and hobbies outside my job?

If we can answer these questions positively, then our life is in good shape and we will rightly be able to call it successful. »Life design and career«, »work-life balance«, »life planning« and further advisory nonsense we will no longer need.

*Prof. Dr. Rainer Zech* is managing director of ArtSet Forschung, Bildung, Beratung GmbH in Hanover. His books: *Organisation und Lernen, Organisation und Innovation* as well as *Organisation und Zukunft.*

# Design Your Job

Sylvia Englert über das Leben und Arbeiten nach Maß.

Früher war die Sache klar: Man bewarb sich, und wenn man genommen wurde, verbrachte man den Rest seines Arbeitslebens bei dieser Firma. Dass es damit vorbei ist, ist ein Stressfaktor, aber auch eine Chance. Flexibilität wird heute nicht nur von Mitarbeitern gefordert, sondern auch von Unternehmen. Heute haben Mitarbeiter sehr viel mehr Entscheidungsfreiheit als früher. Das machen sich viele jedoch nicht klar und übernehmen stattdessen einfach die Vorgaben der Firma. Dabei besitzt man in den Punkten »Wie? Wann? Wo?« heute viel mehr Gestaltungsfreiraum und Mitbestimmungsmöglichkeiten, als man gemeinhin denkt. Kurz: Sie müssen nicht im Büro sitzen. Sie brauchen nicht von neun bis fünf zu arbeiten oder jeden Tag in die Firma zu fahren. Sie müssen nicht ein Leben lang denselben Beruf ausüben. Und Sie sind nicht darauf angewiesen, dass Ihnen ein Arbeitgeber »Arbeit gibt«. Nehmen Sie sich die Freiheit, Ihren Job maßzuschneidern. Das eigene Wohlbefinden im Job ist enorm wichtig und selbst in diesen schwierigen Zeiten ist der individuelle Zuschnitt des Arbeitsplatzes nicht unrealistisch.

## Bedürfnisse formulieren, Prioritäten festlegen

Auf dem Weg zu seinem Jobmodell sollte man zunächst definieren, was man selbst braucht, was einem gut tut. Zum Beispiel: Welche Bedürfnisse habe ich, was die Arbeitszeit angeht? Möchte ich mehr Zeit haben für ein bestimmtes Hobby? Oder will ich lieber abends arbeiten statt tagsüber, weil ich eher ein Nachtmensch bin? Will ich gerne an ein paar Tagen daheim arbeiten, weil dort weniger Stress herrscht oder ich ein Kind zu betreuen habe? Finden Sie heraus, welche Unternehmenskultur Ihnen liegt, ob Sie ein Teamplayer sind oder nicht, ob Sie eher Generalist oder Spezialist sind. Auch die Arbeitsform selbst ist variabel: Wer Abwechslung mag, für den ist vielleicht Zeitarbeit oder Interimsmanagement etwas. Solche flexiblen Formen dienen inzwischen nicht mehr nur zur Überbrückung. Sogar welchen Führungsstil man braucht, kann man in seine Überlegungen einbeziehen. Ich richte mich da nach dem Raster von Daniel Goleman, der zwischen folgenden Führungsstilen unterscheidet: visionär, coachend, gefühlsorientiert, demokratisch, fordernd und befehlend. Es gibt Menschen, die den berühmten Tritt in den Hintern brauchen, damit sie ihre Deadline schaffen und Leistung bringen – also sollten sie sich einen Chef suchen, der nach dieser Art führt. Andere legen Wert auf ein Umfeld, in dem demokratisch oder coachend geführt wird.

Dann fängt der schwierige Teil an, denn man muss das Modell umsetzen. Auf einem Silberteller wird es einem nicht präsentiert. Man muss dafür kämpfen und sich im Unternehmen dafür einsetzen, dass man sein Modell bekommt und das Unternehmen einem zugesteht, dass man beispielsweise an speziellen Programmen teilnehmen darf. Dafür muss man verhandeln und beim Chef und bei der Personalabteilung dafür werben. Es lohnt sich!

## Abschied vom »Entweder-oder«-Denken

Das Wichtige an jedem Jobmodell: Es ist nicht statisch. Wir leben in einer sehr flexiblen Welt und verändern uns auch selbst so schnell, dass jedes Modell wahrscheinlich nur ein paar Jahre Bestand hat. Dann ändern sich Lebenssituationen oder auch Familienkonstellationen, das heißt, alle paar Jahre muss dieses Modell neu definiert werden. Dazu gehört, sich wieder Klarheit über seine Bedürfnisse zu verschaffen, zu entscheiden, was jetzt angemessen ist, und es dann entsprechend umzusetzen. Es ist wichtig, immer wieder neu zu überlegen, denn es gilt nicht »einmal für immer«, sondern man muss auch offen sein für neue Impulse.

Natürlich lehnt sich dieses Buch ans Konzept der Ich-AG an. An den Gedanken, sich selbst als Marke zu sehen und aufzubauen. Man entwirft sein ganz individuelles Geschäftsmodell und legt gleichzeitig fest, wie man leben und arbeiten möchte. Das Know-how dafür muss man sich Schritt für Schritt aneignen. Manchen fällt es zu Anfang beispielsweise nicht leicht, selbstständig und eigenverantwortlich zu arbeiten oder sich von bestimmten Schuldgefühlen zu befreien, beispielsweise von dem Denken: »Ich muss jetzt an meinem Platz sein, damit es so aussieht, als würde ich arbeiten!« Das sind Zwänge, die man aus der Vergangenheit mitgenommen hat, und aus denen man Schritt für Schritt herausfinden muss. Dann kann man seine ganze Entwicklung selbst in die Hand nehmen. Wenn man dieses Umdenken einmal geschafft hat, dann ist der Rest nicht mehr so schwer.

Gewöhnungssache ist auch, das »Entweder-oder«-Denken zu überwinden und zu erkennen, dass ein »Sowohl-als-auch« ebenfalls möglich ist. Zum Beispiel ist es nicht nötig, sich den Kopf darüber zu zergrübeln, ob man lieber in einer Festanstellung bleibt oder die Freiberuflichkeit wagt. Man kann auch beides haben, wie ich zurzeit ausprobiere: Halbtags arbeite ich als Redakteurin bei changeX, die restliche Zeit schreibe ich Bücher, halte Vorträge und Workshops. Für mich ist dies ein Modell, das meine Bedürfnisse am besten abdeckt, mit dem ich mich am wohlsten fühle. Dadurch kann ich mir meine Zeit freier einteilen und nach meinem eigenen Lebensrhythmus arbeiten.

## Neuer Beruf gefällig?

Zum Jobmodell gehört auch, dass man sich grundsätzlich überlegt: »Bin ich noch mit meinem Beruf zufrieden oder möchte ich vielleicht lieber etwas anderes machen?« Früher war es unrealistisch, dass man sich nach ein paar Jahren noch einmal umorientieren konnte, und so etwas wirkte negativ im Lebenslauf. Zum Glück hat sich das geändert. Statistisch gesehen ist es schon jetzt so, dass nach fünf Jahren nur noch ein Drittel der Beschäftigten in ihrem erlernten Beruf arbeiten. Man muss in einen Berufswechsel sehr viel Energie, Arbeit und Zeit investieren, doch es kann klappen, wenn man sich gezielt überlegt, wo genau man hin will und wie man sich in diesem Bereich Kontakte aufbauen kann.

Es ist schwer, loszulassen, und das, was man bisher schon hat, aufzugeben und noch mal ins Unbekannte aufzubrechen. Ausschlaggebend ist meiner Erfahrung nach immer die Begeisterung für das, was man tun möchte. Einer meiner Freunde hat zum Beispiel eine kaufmännische Ausbildung gemacht und dann in diesem Bereich gearbeitet. In seiner Freizeit war er sportlich sehr aktiv und reiste gerne, war oft zum Trekking im Himalaya oder auf einer Radtour durch Neuseeland. Irgendwann ist er auf die pfiffige Idee gekommen, er könnte das mit der Tatsache kombinieren, dass er gerne mit Kindern und Jugendlichen zu tun hat. Schließlich hat er sich entschieden, auf die Erzieherschule zu gehen und als Erlebnispädagoge das sportliche mit dem pädagogischen Element zu verknüpfen. Er schöpft die Kraft für seinen Wechsel daraus, dass er diese Vision sehr attraktiv findet. Auch wenn er jetzt erst mal finanziell gesehen auf manches verzichten muss, so fand er doch die Vorstellung, noch 20 Jahre in einem kaufmännischen Beruf zu arbeiten, so abstoßend, dass er es wirklich geschafft hat. Natürlich ist es ganz wichtig, dass man die Unterstützung von seinem sozialen Netz hat. Wenn Partner und Freunde nicht mitziehen, dann wird es schwierig, denn die Unterstützung, die man vom Staat bekommt, ist minimal.

Während des Booms gab es zum Beispiel in der IT-Branche extrem viele Quereinsteiger – so mancher hat damals sein Hobby zum Beruf gemacht – und die Unternehmen haben gute Erfahrungen mit ihnen gemacht. Das hat geholfen, deren Image zu verbessern. Außerdem gibt es inzwischen so viele Berufswechsler, dass die Personalchefs nicht mehr aufschreien, wenn sie eine solche Entwicklung im Lebenslauf sehen. Trotzdem ist man speziell in Deutschland noch sehr auf Abschlüsse und Zertifikate fixiert. Deshalb finde ich die Initiativen des Bundes sehr positiv, die Quereinsteigern die Möglichkeit bieten, sich während des Jobs nachzuqualifizieren und einen offiziellen Abschluss zu erwerben. Das nennt sich »APO-IT« und ist eine wirklich tolle Sache. Man hat erkannt, dass Quereinsteiger einen gleichwertigen Abschluss brauchen, damit sie konkurrenzfähig bleiben, auch wenn junge Absolventen nachdrängen.

## Die Freiheit schätzen lernen

Sich selbst so ein Jobmodell zu entwickeln, mit seinen Kräften hauszuhalten und eigenverantwortlich zu agieren ist vielen noch fremd. Sie klammern sich an geregelte Arbeitszeiten, Bequemlichkeit, Geborgenheit und (vermeintliche) Sicherheit. Nach und nach lernt man durch »Learning by Doing«, diese Freiheit zu schätzen und mit weniger Sicherheit auszukommen. Man muss nur erst mal über diese Schwelle hinweg, ob freiwillig oder unfreiwillig. Dann stellt man fest, dass es nur halb so schlimm ist, wie man gedacht hat.

*Sylvia Englert* ist Journalistin und arbeitet als Redakteurin bei changeX. Sie hat mehrere Bücher zum Thema Beruf und Bildung veröffentlicht, unter anderem *Das ist mein Job. Selbständigkeit oder Festanstellung, Zeitarbeit oder Teilzeit – So finden Sie Ihr persönliches Jobmodell.*

# Design Your Job

## Sylvia Englert about customised living and working.

Flexibility is called for both of employees today as well as of companies. Nowadays, employees have a great deal more freedom in making their own decisions than was the case earlier. Quite a number of them, however, are not clear about this and instead simply accept what the company tells them to do. Yet, as far as such questions as »How? When? Where?« go, they have much more freedom to organise and to make decisions than is generally thought. In brief: They do not have to sit in the office. They do not need to work from nine to five or drive to the office every day. They do not have to pursue the same profession throughout their lives. And they do not have to rely on an employer »giving them work«. They can take the liberty to customise their job. Feeling good in your job is enormously important, and even in these difficult times »customising« your job to suit you is not unrealistic.

On the way to your job model, you should, to begin with, define what you yourself need, what makes you feel good. For example: What needs do I have as far as work time is concerned? Would I prefer to have more time for a certain hobby? Or would I prefer to work evenings rather than during the day, because I'm a night person anyway? Do I want to work at home for a few days, because it is less stressful there or because I have to look after a child? Find out which corporate culture is your thing, whether you are a team player or not, whether you are a generalist or specialist. Even the form of work is variable. If you like a change, perhaps job leasing or interim management is something for you. In your deliberations you can even include what style of management you need.

Then there comes the difficult part, for your model must be realised. You won't get it presented on a silver tray. To get your model, you have to fight for it and stand up for it in your company.

What is important about any job model – it's not static. We are living in a very flexible world and we ourselves change so quickly that any model will probably only last for a few years in any case. Then, situations in life or family constellations alter, which is to say every few years this model must be re-defined.

It is a matter you have to get used to – overcoming the »either/or« mentality and realising that »both/as well« is equally feasible. It is not necessary, for instance, to worry over whether you would prefer to remain employed or dare to become self-employed. These two models can also be combined with part-time work. Even changing your profession is no longer a major problem nowadays.

It is difficult to let go and to give up what you have achieved up till now and again to set off into the unknown. What is of prime importance in my experience is invariably the enthusiasm you generate for what you want to do. Developing a job model yourself in this way, managing your own energies and acting on your own responsibility seems pretty strange to many and takes getting used to. Many people cling to regular work hours, convenience and (supposed) security. Gradually you learn – learning by doing! – to regard this freedom highly and to do with less security. You first have to cross this threshold – whether willingly or not. It's only then that you'll realise that it wasn't half as bad as you originally thought.

*Sylvia Englert* is a journalist and works at changeX as an editor. She has published several books on jobs and education, including *Das ist mein Job. Selbstaendigkeit oder Festanstellung, Zeitarbeit oder Teilzeit – So finden Sie Ihr persoenliches Jobmodell.*

# Männer, Frauen, Schreibtische

Uta Brandes über Geschlechterrollen im Büro.

Die Sekretärin gehört zum Büro wie, sagen wir mal, die Mutter zum Kind (oder umgekehrt?). Daran hat auch die Digitalisierung nicht wirklich etwas verändert. Zwar sieht man heute hin und wieder einen dynamischen Manager, der einige seiner E-Mails selbst beantwortet, aber das besagt nicht viel. Denn erstens trifft dieses überwiegend auf Jüngere zu – und die gehören gewöhnlich noch nicht in die Chefetage – und zweitens wird der gehobene Büromensch auch in Zukunft, neben arbeitsorganisatorisch-funktionalen Argumenten, eine Sekretärin brauchen, um den Status zu verdeutlichen, das Territorium zu markieren.

Das heißt: Die Sekretärin muss bleiben. Aber sie war nicht immer da.

## Der Sekretär als Geheimnisträger

Als das eindeutig staatstragende »Bureau« im feudalistischen Frankreich entstand, war es durch und durch männlich. Der Bureau-Chef, der Staatsbeamte, bedurfte der Gunst des Königs und musste dementsprechend aus einer diesem ergebenen bedeutenden Familie stammen.

Ein weiterer mit dem Staatsbeamten verknüpfter Begriff hat sich historisch vererbt: der (Staats-)Sekretär war ein Geheimschreiber (von »secret«, Geheimnis), der »Vortragende unter vier Augen«. Die Tatsache, dass aus dem loyalen, verschwiegenen männlichen Subjekt später im zivilen Leben ein Objekt, ein Möbelstück wurde, ist gar nicht so erstaunlich. Denn der gegenständliche Sekretär – oft mit Geheimfächern ausgestattet – verschloss die nicht für die Öffentlichkeit bestimmten Dokumente und Papiere. Der menschlich-männliche Sekretär hatte sich durch die gleichen Eigenschaften auszuzeichnen. Auch im 19. Jahrhundert blieb das Büro eine eindeutig männliche Domäne. Die »white collars« oder »en faux col« (mit abknöpfbarem Kragen) verweisen nicht nur auf die hierarchische Differenz zu den »blue collar«-Arbeitern, sondern erst recht auf das männliche Geschlecht durch das exklusiv Männer definierende Kleidungsaccessoire.

## Die Dienende

Mit der Ausweitung der Büros für private Unternehmungen profanisierten sich alsbald Subjekt und Objekt des Sekretärs zu gewöhnlichen Schreibern und Kopisten auf der menschlichen sowie Schreibtischen auf der sächlichen Seite. Aber mit den grundlegenden und rapide sich entwickelnden technischen und organisatorischen Veränderungen der Büros zum Ende des 19. Jahrhunderts verschwanden die Sekretäre mit ebenso rasanter Geschwindigkeit: Die Mechanisierung der Büros durch die Schreibmaschine und die Einführung des Telefons vereinheitlichten Arbeitsinhalt sowie -organisation, beschleunigten, verbilligten und dequalifizierten die Büroarbeit fundamental. Innerhalb kurzer Zeit übernahmen diese abgewerteten Arbeiten – der gesellschaftlich-ideologischen Logik einer geschlechtsspezifischen Bewertungshierarchie folgend – Stenotypistinnen und Telefonistinnen.

Längst ist die Sekretärin zum Inbegriff für weibliche Büroarbeit geworden. Auf unterschiedlichen Stufen der Hierarchie, aber immer in dem Chef zuarbeitender, erinnernder, organisierender, mütterlich oder sexy zugewandter Weise – dienend eben. Der Sekretärin wurde die zweifelhafte Ehre zuteil, diese Art der Bürotätigkeit in aller Welt fast 100-prozentig zu dominieren. Sollte es hin und wieder einen männlichen Sekretär geben, dürfen wir davon ausgehen, dass er entweder Privatsekretär eines berühmten oder reichen Mannes ist, oder, sofern er in einem Unternehmen arbeitet, auf keinen Fall Sekretär heißt, sondern »Assistent der Geschäftsführung« oder, englisch, irgendetwas mit »Manager«. Eine weitere Möglichkeit wäre noch, dass er bei der UNO arbeitet: Ein Generalsekretär ist äußerst reputierlich; eine Generalsekretärin aber würde ziemlich irritierend wirken und hat es bisher auch noch nie gegeben.

## Die Chefin verändert alles

Allerdings: Wenn auch nicht bei der UNO, so finden sich doch mittlerweile einige wenige Frauen in Toppositionen. Das heißt: In diesen

Fällen müssen Männer »unter einer Frau« arbeiten. Nun wird heutzutage kein Mann mehr – und schon gar nicht in Gegenwart seiner Chefin – lauthals verkünden, Frauen seien dafür nicht geeignet und gehörten ins Haus. Interessant aber ist, dass Aktivitäts- und Verhaltensformen sich beträchtlich verändern, wenn die Spitze weiblich besetzt ist. Plötzlich müssen Worte und Scherze permanent darauf überprüft werden, ob sie angemessen sind.

Dasselbe gilt etwa für Freizeitaktionen während einer Tagung oder einem *incentive meeting*: Ist die Chefin dabei, geht man abends kultiviert und gesittet essen statt in die Sauna, Table Dance Bars oder ähnliche Etablissements – und recht früh zu Bett. Darüber hinaus fließt nicht der Alkohol, sondern eher das Mineralwasser in Strömen, so dass am nächsten Morgen alle früh, gesund und munter zum Frühstück erscheinen. In Japan, das bis in die Gegenwart einem noch viel traditionelleren Geschlechterverständnis frönt als westliche Gesellschaften, bedauern Männer zutiefst, wenn Frauen bei den allabendlichen, uns ohnehin etwas infantil anmutenden After-Work-Beschäftigungen zugegen sind. Denn dann muss das Trinken eingeschränkt werden, und Spiele wie »Blinde Kuh« können auch nicht stattfinden.

Fazit: Für Unternehmen in Ost und West wäre die massenhafte Einstellung von weiblichen Vorgesetzten vernünftig, da das Klima arbeitsamer und »gediegener« zu werden verspricht. Doch man darf die emotionalen Komponenten nicht unterschätzen: Wenn männliche Büroangestellte sich ständig disziplinieren, sozusagen immer auf der Hut sein müssen, scheint das auf Dauer womöglich gleichermaßen dysfunktional. Dieser Widerspruch lässt sich in der bürokratischen Geschlechterdebatte gegenwärtig kaum lösen.

Konstruktion und Inszenierung von Geschlechterrollen äußern sich am deutlichsten im klassischen Bürowitz. Allein, dass es solche eigene und klar konturierte Sparte von Witzen gibt, weist auf die Relevanz dieses Ortes und der Beziehung der dort arbeitenden Menschen hin.

Die meisten Bürowitze behandeln die Beziehung zwischen dem Chef (dem »Direktor«) und seiner Sekretärin. Allen gemeinsam ist eine erstaunlich überkommene Projektionsstruktur, die nach den 1950er Jahren klingt. Doch da diese Witze praktisch unverändert im Internet zu finden sind, scheinen sie in dieser Form immer noch erzählt zu werden.

Der vorherrschende Bürowitz handelt von geilen Chefs und sexy Sekretärinnen, wobei der aktive obszöne Part – und damit das, was den Witz zum Witz machen soll – in der Regel männlich angelegt ist. Die Sekretärin agiert entweder überhaupt nicht und wird nur durch das vom Chef Gesagte als hübsch, jung, sexy kenntlich, oder aber sie sagt etwas harmlos Gemeintes, was der Chef metaphorisch in Sexistisches verwandelt.

Die zweite, ebenfalls weit verbreitete Version belustigt sich über das Bild der komplett dummen (und oft zusätzlich hübschen) Sekretärin, die alle Anweisungen missversteht oder unfähig ist, Arbeiten zu erledigen. Hier kommt es eher vor, dass der Witz sich aus der dusseligen Frage oder Antwort der Sekretärin ableitet, sie also sozusagen den aktiven Part innehat. Auch relativ häufig findet sich das Gespräch zwischen Sekretärinnen, die sich entweder über den – im Witz abwesenden – Chef unterhalten beziehungsweise ihn kommentieren oder aber sich über die sexlastigen Aktionen einer abwesenden Kollegin den Mund zerreißen. Und schließlich spielen Ehefrauen im Verhältnis zur Sekretärin eine gewisse Rolle; wobei normalerweise die Ehefrauen alt, hässlich, kontrollierend, verbittert und eifersüchtig, die Sekretärinnen jung und hübsch sind.

Weniger oft findet sich die Konstruktion von der alten, hässlichen Sekretärin, die entweder von der Ehefrau des Chefs besorgt wurde, oder die dumm und vertrocknet sich darüber freut, dass sie von den Büromännern die meiste Schokolade auf einem Betriebsfest erhalten hat – die Alternative war ein Kuss.

Zum Abschluss noch ein Zitat, das ich sehr treffend finde: »Das Büro stellt unvermeidlich Mittel bereit, die zur Darstellung von Geschlecht und zur Bestätigung von Geschlechtsidentität benutzt werden können«, hat Brigitte Felderer im Sammelband *work @ culture* geschrieben. »Aussehen, Arbeitsteilung, Anredeformen, Produktdesign werden hingestellt als natürliche Folgen des Unterschieds zwischen den Geschlechtern, obwohl sie tatsächlich mehr ein Mittel zur Anerkennung, wenn nicht gar zur Erschaffung dieses Unterschiedes sind.«

*Uta Brandes* studierte Anglistik, Politische Wissenschaften, Soziologie und Psychologie an der Universität Hannover. Heute hat sie an der Köln International School of Design die Professur für Gender und Design.

# Men, Women, Writing Desks

## Uta Brandes about sex roles in the office.

A secretary belongs to the office, as – say – a mother to a child (or the other way around?). Digitisation has not really changed anything about this either. True, you do see, every now and then, a dynamic manager answering his own e-mails, but this does not mean much. For, firstly, this mainly affects younger ones – and normally they do not yet belong in the higher levels of the company – and, secondly, lots of executives will still need a secretary in future in order to underscore their status.

When the »bureau« unequivocally representing the interests of the state in feudal France came into being, it was male throughout. The bureau head, the public servant, required the king's favour and correspondingly was necessarily from a leading family loyal to the king.

The (state) secretary was a secret writer (derived from »secret«), the »speaker in private«. The bureau or office was still a clearly male domain even in the $19^{th}$ century.

With the office expanding for private businesses, the subject and object of the secretary was soon made profane as conventional writers and copyists. Office mechanisation through typewriters and the introduction of the telephone standardised both work content as well as work organisation, fundamentally accelerating, cheapening and disqualifying office work. Within a short time, this devalued work – following the societal-ideological logic of a sex-specific assessment hierarchy – was undertaken by women shorthand typists and telephonists.

The secretary has long become the epitome of female office work: On varying levels of the corporate hierarchy, but invariably working for the boss, reminding him, organising him, playing mother or being flirtatious – in other words in a serving capacity. A secretary has been allocated the dubious honour of dominating this kind of office work throughout the world almost totally. Should there be every now and then a male secretary, we may well assume that he works at the UNO (»General Secretary«), is the private secretary of a famous or rich man, or – in as much as he works in a company – he will not in any event be called a secretary, but »assistant to management« or something or other with »manager«.

Yet: Even if not at the UNO, there are some but few women to be found, in the meantime, in top positions. What is interesting, however, is that forms of activity and behaviour change radically as soon as a woman has a leading position. All of a sudden, words and jokes have to be permanently checked to make sure they are not offensive. The same applies, for instance, to leisure time during a conference or an incentive meeting. In a nutshell: For companies in East and West, it would be realistic to recruit female senior officers in masses, since the work climate would then promise to become more assiduous and more »discerning«.

The structure and direction of sex roles are most clearly expressed in classical office jokes. The simple fact that there are such specific sorts of unequivocal jokes is a pointer to the relevance of this location and the interrelations of the people working there. Most office jokes deal with the relationship between the boss (the »director«) and his secretary. What they all do have in common is a surprising, handed-down projection structure that sounds very much as if they'd all been invented in the nineteen-fifties. However, since these jokes are to be found – practically unaltered – on the internet, they appear to be still told in this form. The prevalent office joke is about sexed-up bosses and sexy secretaries, the active-obscene part – and thus what makes the joke a joke – generally falling to the male.

*Uta Brandes* read English studies, political science, sociology and psychology at the University of Hanover. Today, she is professor for gender and design at the Cologne International School of Design.

# Auf der Überholspur

## Dagmar Deckstein über den »Megatrend Frau«.

Revolutionen kommen nicht immer mit lautem Getöse und Gepolter, mit Pauken und Trompeten daher. Wo nicht wild umgestürzt, sondern stetig und bestimmt umgebaut wird, geht es oft schleichend, leise, weithin unbemerkt voran. Vieles bleibt lange unbeschrieben, unbenannt, weil von den Medien als Erregungsthema noch nicht richtig erkannt oder ernst genommen. Noch nicht. Doch der Megatrend Frau setzt sich untergründig revolutionär durch, sickert in die kleinsten Zwischenräume, weiß kleinste Nischen für sich zu nutzen und scheint dabei fast nebenbei die alte Vorherrschaft des männlichen Geschlechts zu untergraben.

Wie konnte es zu diesem Phänomen kommen? Ganz einfach: Frauen haben genau das zu bieten, was in der neuen Ökonomie dringend gebraucht wird, denn sie kommunizieren besser, wuchern mit sozialen Kompetenzen und bewähren sich als Team- und Networker. Auf dem Arbeitsmarkt der Zukunft rennen sie offene Türen ein.

### Problemfall Mann

Die Zeichen der Zeit sind mehr als deutlich, in den USA und auch in England zeigen sich bereits klare Entwicklungstendenzen: Jungen schneiden in der Schule zunehmend schlechter ab als Mädchen. Frauen arbeiten in Wachstumsbranchen, Männer bleiben in zukunftslosen und auch zum Teil schlechter bezahlten Produktionsjobs gefangen und weigern sich sogar, besser bezahlte »Frauenberufe« auf dem Dienstleistungssektor anzunehmen. Doch damit nicht genug, denn Misserfolg im Berufsleben führt zu Misserfolg im Privatleben: Immer mehr Frauen weigern sich, Partner zu akzeptieren und ihnen die Schmutzwäsche zu waschen, wenn diese kein geregeltes Einkommen garantieren können. Wenn solche

Männer also weder Arbeit noch Familie haben, geraten sie immer tiefer in die Abwärtsspirale, weil sie versäumen, sich grundlegende soziale Kompetenzen anzueignen.

Und so schlussfolgert sogar der *Economist*: »Männer werden ein zunehmendes Problem für die moderne Gesellschaft. Sie scheitern in der Schule, im Berufsleben und in der Familie. Und es gibt keine Anzeichen von Besserung.«

Bei solchen harschen Tönen dürfte die Tatsache, dass neben anderen auch demografische Gründe für den Aufstieg der Frau verantwortlich gemacht werden, Balsam auf die geschundenen Männerseelen sein. Fakt ist, dass bei schrumpfender Bevölkerung nicht mehr genügend junge Menschen auf den Arbeitsmarkt drängen. Die Folge: ein drastischer Mangel an Erwerbstätigen. Wie soll eine alternde Arbeitsgesellschaft, in der die jungen, 20- und 30-jährigen Nachwuchskräfte in den nächsten zwei Jahrzehnten zur absoluten Mangelware auf dem Arbeitsmarkt werden, wirtschaftlich überleben? Wie soll sie ihre Produktivitäts- und Wachstumsreserven nutzen, wenn sie sich nicht die nach wie vor unterbewertete weibliche Talentreserve sichert, anstatt sie auf Never-come-back-Erziehungsurlaub zu schicken und in Ressourcen verschwendenden Teilzeitjobs zu parken? Sie kann gar nicht anders, als die immer noch bei mageren 46,7 Prozent dahindümpelnde Frauenerwerbsquote in Deutschland nachhaltig zu steigern – auf jene 60 bis über 70 Prozent, die zum Beispiel in den USA und in skandinavischen Ländern seit Jahren gang und gäbe sind. Alle aktuellen Studien und Untersuchungen sagen voraus, dass sich Frauen künftig schon aus diesen demografischen Gründen deutlich mehr Chancen im Beruf eröffnen werden als heute.

Viel wichtiger ist aber, dass Frauen, wie erwähnt, ihre männlichen Altersgenossen in Sachen Qualifikation überrunden. Inzwischen beträgt der Anteil der Frauen, die ihre Schullaufbahn mit dem Abitur abschließen, gemessen an allen Absolventen, rund 53 Prozent – und die Mädchen können zudem mit besseren Zeugnisnoten aufwarten. Bei den Erstsemestern an den Universitäten stellen Frauen inzwischen 55 Prozent und 31,5 Prozent der Promovierenden. Besonders profitieren die jungen Frauen von Beschäftigungszuwächsen im Dienstleistungssektor. Hier sind bereits heute rund 80 Prozent der Frauen tätig.

Tatsache ist also: Noch nie gab es so viele, so gut ausgebildete Frauen in den westlichen Industrieländern und der Arbeitsmarkt der Zukunft bietet gerade ihnen große Chancen: Der Anteil der Akademiker an den Erwerbstätigen wird bis 2015 weiter wachsen. Betrug er 1978 lediglich acht Prozent, so werden es 2015 bereits 18 Prozent sein. Gerade Frauen drängen dank ihrer guten Ausbildung in die neu entstehenden Akademikerjobs. So steht ganz kleinen, aber auch mittelständischen und schließlich auch Welt-AGs eine Frage ins Haus, die sie so bisher noch nie zu stellen gewagt haben. Meredith Moore, Autorin der Studie »Women in Leadership: A European Business Imperative«, formuliert diese Herausforderung so: »Die Frage ist nicht: Sitzen Mütter im Büro oder zu Hause? Sondern: Arbeiten diese hoch qualifizierten Frauen bei uns oder bei der Konkurrenz?«

Kleine Randbemerkung: An der New Yorker Börse gelistete Unternehmen wie Siemens, DaimlerChrysler oder die Deutsche Bank machen schon deswegen Druck in Sachen Frauenförderung, weil sie bei ihren Auftritten als graue Männer-Vorstandsrunden immer häufiger anecken und peinliche Fragen auf sich ziehen. »Wie, Sie haben nicht eine Frau im Vorstand?« In den USA sitzen Frauen nämlich schon lange und mit viel größerer Selbstverständlichkeit an den Schalthebeln der ökonomischen Macht.

## Einzelkämpfer ohne Weitblick

Doch des Lobes noch nicht genug: Frauen sind für dieses Zeitalter, in dem soziale und kommunikative Fähigkeiten sozusagen »kriegsentscheidend« sind, besser gerüstet als Männer. Muskelkraft war gestern – morgen werden Gehirnschmalz und Herzensbildung gefragt sein. Und in solchen Disziplinen tun sich Männer oft überaus schwer – wie manche Ehefrau und Partnerin aus eigener, leidvoller Erfahrung weiß. Männer sind in vieler Hinsicht sehr bedürftig, sie sind bislang eingleisig ausgerichtet auf Erwerbsarbeit, Rationalität und Einzelkämpfertum. Ihr Denken ist, wie Psychologen behaupten, fokussiert und zielorientiert. Ein Denken, das natürlich auch gebraucht wird im erfolgsorientierten Wirtschaften. Aber in seiner einseitigen Überbetonung erweist sich genau solches Denken als zunehmend erfolglos. Frauen hingegen denken stärker in Zusammenhängen, nehmen mehr Einzelheiten in ihrer Umgebung wahr und verarbeiten diese Details zu komplexeren Mustern. Sie verstehen es, Nuancen in Haltung und Gestik sowohl ihrer Kinder als auch ihrer Kunden zu verstehen – von ihren Männern ganz zu schweigen. Sie können Gefühle von Gesichtern ablesen und kleinste Veränderungen im Klang einer Stimme deuten.

Das sind soziale Führungsqualitäten, auf die es in einer kundenorientierten und von Teamarbeit geprägten Arbeitswelt vor allem ankommt.

Einer Arbeitswelt, die von Komplexität, also Mehrdeutigkeit gekennzeichnet ist, in der nur Weitblick und Intuition weiterhelfen – und nicht simple Beherrschbarkeitsillusionen, wie sie im männlichen Management so weit verbreitet sind. Intuition und Weitblick sind typisch weibliche Eigenheiten, die perfekt zu den Anforderungen der modernen Wirtschaftswelt passen.

## Maschinenwelt = Männerwelt

Nur noch Geschichte die Zeiten, in denen Reformator Martin Luther seiner ziemlich unchristlichen Frauenverachtung Ausdruck verlieh: »Es ist kein Rock noch Kleid, das einer Frau oder Jungfrauen übeler anstehet, als wenn sie klug sein will.« Längst passé die Ära, als »gelehrte Weiber« dem angeblich aufgeklärten Gelehrten Christoph Meiners um 1800 so »unerträglich« waren, dass er hoffte, baldmöglichst »das ganze Gezüchte ausgerottet« zu sehen.

Als vor gut zwei Jahrhunderten mit der Industrialisierung der Siegeszug des technischen Fortschritts und der Massenproduktion begann, da war dies auch ein allumfassender Triumph des männlichen Denkens. Von nun an lief die Arbeitswelt im Takt der Maschinen – geprägt von kühler Rationalität, geordnet nach strengen Hierarchien, bevölkert von sachlich, analytisch und funktional denkenden Menschen. Von Männern. Alles »Weibliche« hatte außen vor zu bleiben, galt als Schwäche, Ohnmacht, fehlende Potenz. Frauen waren allenfalls geduldet in »dienenden« oder untergeordneten Berufen – als Hausmädchen, Näherin, Verkaufsgehilfin oder Krankenschwester. Für junge Mädchen aus bürgerlichen Kreisen galt Erwerbsarbeit schlichtweg als Tabu. Fand sie keinen Ehemann, der sie versorgte, blieb ihr oft nur noch der Weg ins Kloster.

Das alles war gestern und ist längst vorbei. Längst? Nein, natürlich nicht. In den Köpfen vieler Frauen feiern solche überkommenen Muster und Klischeevorstellungen nach wie vor fröhliche Urständ. Ebenso wie in den Topetagen der deutschen Konzernwirtschaft der untergründige Gedanke vom »natürlichen Schwachsinn des Weibes« dem der dringend benötigten Komanagerin und talentierten Führungskraft im Wege stehen mag. Manchmal dauert es ein, zwei, manchmal noch mehr Generationen, bis sich ein überkommenes Klischee im Kopf angesichts der neuen Realitäten endlich auflöst. Und auch in vielen Frauenköpfen spuken – Feminismus hin, Emanzipation her – solche althergebrachten, von Müttern und Gesellschaft antrainierten Vorstellungen herum, die ihnen einflüstern: Darf ich das? Ich trau mich nicht. Ich halt mich mal zurück: Der Kollege Mann kann es sicher besser. Damit wird deutlich: Es sind nicht immer und ausschließlich nur die Männer die Schufte, die Frauen bremsen, unterbuttern und ihnen den herbeigesehnten Führungsjob nur deswegen nicht gönnen, weil sie ihre Macho-Witzrunden und Golfklubseilschaften stören könnten. Das ist nur die halbe Wahrheit.

Aber dennoch: Die weibliche Seite, die »andere Hälfte des Himmels«, wie es so schön heißt, ist unübersehbar in Blickweite gerückt. Frauen wissen meist genau, wie sie heute und auch morgen arbeiten werden: Eine traditionelle Berufslaufbahn – erst Ausbildung, dann Vollerwerbstätigkeit und schließlich Ruhestand – jenes männlich geprägte Muster von Erwerbstätigkeit gehört nicht nur der Vergangenheit an, es ist für Frauen auch nicht unbedingt erstrebenswert. Sie wissen, dass das Erwerbsleben künftig – wie für multibeschäftigte Hausmanagerinnen zwischen Job und Familie schon gestern – in weniger geordneten Bahnen verläuft und jedem Einzelnen ein hohes Maß an Flexibilität, Selbstorganisation und Selbstverantwortung abverlangt.

»Die Helden des 21. Jahrhunderts sind höchstwahrscheinlich die Frauen«, sagt der Soziologe und Medientheoretiker Norbert Bolz. Warum? Weil sie das schon von Haus aus mitbringen, was jetzt Männer wahrscheinlich mühsam nachlernen müssen. Das heißt aber, dass man keineswegs Frau sein muss, um weiblich zu denken – und auch nicht Mann, um männlich zu denken. Da aber das Männliche in der Vergangenheit zum Ideal erhoben wurde, werden Männer es entsprechend schwerer haben, den Wandel zu vollziehen. Frauen hingegen haben vorläufig jenen Wettbewerbsvorteil, dass sie nun mal die Trägerinnen der spezifischen Fähigkeiten und Fertigkeiten sind. Schon deswegen können sie zunächst als Leitfiguren des postindustriellen Zeitalters dienen und sich in dieser, ihnen seit Jahrhunderten verwehrten neuen Rolle erproben. Die derzeitigen Träger des Wissens, das sich mit den spezifischen, nachgefragten Fähigkeiten an menschenfreundlichem Umgang mit Kunden, Mitarbeitern und gegebenenfalls auch Anteilseignern des jeweiligen Unternehmens paart, das sind fürs Erste nun mal die Frauen.

*Dagmar Deckstein* ist Redakteurin bei der *Süddeutschen Zeitung* und freie Autorin bei changeX.

# Overtaking

## Dagmar Deckstein about the »Mega trend women«.

The mega trend women is making its way in a revolutionary manner, percolating through the tiniest gaps, making good use of the smallest niches. It seems to almost undermine the old domination of the male sex.

How did this phenomenon come about? Quite simply: Women have to offer what is urgently needed in the new economy, for they communicate better, make the most of their social competence and have proven themselves as team and networkers. On the labour market of the future, they are kicking at open doors.

The signs of the times are more than crystal clear, unambiguous development trends already being discernible in USA and also in England: Boys are faring increasingly worse at school than girls. Women are working in growing sectors of the economy while men are caught up in production jobs without a future and usually more badly paid to boot, even refusing to accept better paid »women's professions« in the services sector. If that weren't enough – failure at work leads to failure in the private sphere: More and more women are turning down partners and refusing to wash their dirty linen, if the latter cannot guarantee a regular income. If such men therefore have neither work nor a family, they will increasingly fall into a downwards spiral, because they fail to acquire fundamental social skills.

Even *The Economist* comes to the conclusion: »Men are becoming a growing problem for modern society. They flunk school, jobs and the family. And there are no signs of improvement.«

Because of the demographic developments, society cannot afford to send the female reserve of talent – as always underestimated – on »never-come-back« holiday. Society cannot do anything else than to sustainably boost the women's employment quota in Germany that is still hovering around a meagre 46.7 percent to the 60 to over 70 percent which have become the usual thing, for example, in USA and Scandinavian countries.

All current studies and surveys predict that, for these demographic reasons, clearly more professional opportunities will be open to women in future than is the case today.

Women are well aware that gainful employment in future will run in less orderly channels and will demand from each individual a high degree of flexibility, self-organisation and self-responsibility. For the multi-occupied house manageress between job and family, it is easy to adapt to this. However, due to the fact that the male full-time-work model was raised as the ideal in the past, men will find it correspondingly more difficult to accomplish this change.

*Dagmar Deckstein* is an editor at the *Sueddeutsche Zeitung* and free-lance author for changeX.

# Teil V
# Architektur, Bürowelten und Design der Zukunft

## Section V
## The Architecture, Office Worlds and Design of the Future

# Kein Entrinnen

Michael Erlhoff über Design und Arbeit.

**1.**

Gewiss: Design ist Arbeit. Denn Design bewegt und strukturiert Objektwelten und Prozesse, Anschauungen, Perspektiven und sinnliche Wahrnehmungen. Design ist sogar (was man von Arbeit nur erhoffen kann) innovativ, eingreifend und verknüpft sehr eigenartig Theorie und Praktik, bewegt sich also inmitten des für jede Analyse und Ausführung so wichtigen Zwischenraums von Denken und Handeln – man könnte gar diese reflexive Spannung, von deren Funktionsweise wir bis heute nur wenig begriffen haben, im Designprozess veranschaulichen.

Also: Design ist konkrete Arbeit.

**2.**

Nun ist aber für diese Publikation ein anderes Vermögen von Design viel wichtiger: Design nämlich konturiert jegliche Arbeit.

Denn Arbeit bestimmt sich ja, sobald sie das Denken oder psychische Dimensionen verlassen hat, immer im Rahmen irgendeiner Vergegenständlichung. Sie gründet im Regelfall auf der Nutzung von Werkzeugen (also von Gegenständen, die per Aktion als solche definiert werden), um damit etwas zu verändern, eben normalerweise Gegenstandsstrukturen.

Ganz einfach: Mit einem Hammer schlage ich zum Beispiel Nägel ein oder verändere Blech, mit einer Maus steuere ich Signale, auf einem Stuhl sitze ich, in ein Glas gieße ich Wein und so weiter. Nur ist eben alles, was ich da als Werkzeug nutze (ist auch der schreibende Kugelschreiber oder die Tastatur), immer schon gestaltet, also designt; und mehr noch: Meist ist ebenfalls das, was auf diesem Weg traktiert wird, schon gestaltet – nicht der von der Axt geschlagene Baum (obwohl selbst dies oft der Landschaftsgestaltung unterliegt), wohl aber Computer und Software, das Schreibpapier, Nägel, Verkehrsschilder und alles andere.

Das aber bedeutet, dass die Form von Arbeit stets schon vorgeformt, eben konturiert ist durch (wie wir heute sagen) Design. Im Rückschluss aber heißt das ganz vernünftig auch, dass eigentlich jeglicher Arbeit zuerst ein Verständnis von Design vorausgehen müsste, da sonst die eigene Arbeit ja durch die Gestaltung aller Arbeitsmittel schon vorgeprägt ist.

Was zweifellos Folgen für Weg und Resultat von Arbeit hat.

## 3.

Wem das schon zu viel ist: Es kommt noch dicker.

Selbst nämlich dann, wenn Arbeit vermeintlich ungegenständlich erfolgt (Denken, Verdrängen, Diskutieren, Planen et cetera), findet sie unabdingbar im Rahmen von Design statt. Denn Design formuliert ja die Bedingungen auch von dieser Arbeitsform: Während ich denke, schweifen meine Augen herum und beeindrucken sich durch Gegenstands- und Zeichenwelten, zudem sitze ich auf einem Stuhl oder lehne an etwas oder laufe auf zum Beispiel Schuhen über Asphalt. Alles designt. Oder: Diskussionen finden in Räumen bei Licht an Tischen und meist auf Stühlen statt – und so weiter.

Kein Entrinnen: Selbst avancierte Büromöbelunternehmen verstehen sich längst als Dienstleistungsunternehmen, da sie doch nicht Tische und Stühle oder so anbieten, vielmehr Arbeitsmöglichkeiten. Denn die gestalteten Bedingungen formen das, was in ihrem Rahmen an Arbeit geschieht.

Ganz einfach: Schlechte Sitzgelegenheiten können mürrische Gespräche initiieren, umgefallene, meist schlecht gestaltete Kaffeekannen haben womöglich manche Entscheidung unterbrochen und verändert, langsame Stifte schreiben andere Texte als schnelle, und die Konditionierung der Gedanken durch differente Softwarequalität gehört derzeit zur schier allgemein menschlichen Erfahrung.

Bedenken wir nur zusätzlich, dass längst auch die Töne (der Mobile Phones, der Autos, Staubsauger, Tischoberflächen et cetera) ebenso wie Haptik und gar Düfte und Geschmäcker gestaltet sind: Dann wird deutlich, welche fast schon furchtbare Rolle Design bei der Gestaltung von Arbeit einnimmt.

Umso wichtiger, sich dessen bewusst zu sein, um Verbesserungen zu fordern und zu fördern und damit verständig umzugehen.

Design nämlich ist Arbeit.

*Prof. Dr. Michael Erlhoff* studierte und promovierte an der Universität Hannover in Deutscher Literaturwissenschaft und Soziologie. Er war 1991 Gründungsdekan des Kölner Fachbereichs Design (inzwischen umgetauft zu Köln International School of Design) und lehrt dort und in Hongkong, Sydney und Schanghai.

# There is No Escape

## Michael Erlhoff about design and work.

### 1.

Certainly: Design is work. For design moves and structures objective worlds and processes, views, perspectives and sensory perceptions. It intervenes and very peculiarly integrates theory and practice, thus progressing in the middle of the space between thinking and acting so important for analysis and execution.

In other words: Design is tangible work.

### 2.

However, for this publication, another characteristic of design is much more important: Design namely outlines any work.

This has to do with the fact that, as soon as work has left the thinking or mental dimensions, it is invariably defined within the framework of some concretisation. It is generally based on the implementation of tools (for example, of objects that by their very action are defined as such) in order to alter something, really normal objective structures.

What this means, however, is that the form of work is already invariably pre-shaped, for example, outlined by (as we say today) design. Yet, as inference, this quite reasonably also denotes that to begin with any work proper would have to presuppose an understanding of design, as otherwise work as such is pre-shaped by the design of all work instruments.

Which without a shadow of doubt has implications for the mode and result of work.

## 3.

If this is too much for some: The worst is yet to come.

Even if work is done supposedly non-objectively (thinking, restraining, discussing, planning, et cetera), it occurs inalterably within the scope of design. There is no escape: Even well-promoted office furniture manufacturers have long understood themselves as service companies, since they do not offer tables and chairs, rather work possibilities. Bad seating may initiate surly talks; fallen-over, in the main badly designed coffeepots have possibly disrupted and changed some decisions; slow pens write different texts to fast ones, and conditioning thoughts through varied software quality at present ranks amongst the sheer general human experience.

Let us additionally bear in mind that sounds (cellular phones, cars, vacuum cleaners, table surfaces, et cetera) as well as haptic and even aromas and tastes have long been designed as well: Now it will become evident as to what almost terrible role design adopts in the shaping of work.

This is why it is all the more important to be aware of this to demand and foster improvements in order to deal with it in a sensible manner.

Design is namely work.

*Prof. Dr. Michael Erlhoff* studied and received his doctorate in German literary studies and sociology at the University of Hanover. He was founding dean of the Cologne Design School (renamed in the meantime Cologne International School of Design) in 1991 and teaches there as well as in Hong Kong, Sydney and Shanghai.

# Geistesblitze in der Denker-Koje

## Wilhelm Bauer über das Büro der Zukunft.

Wo findet Wertschöpfung statt? In Zukunft überall. Moderne Technik macht neue Formen der Zusammenarbeit möglich. Der Wissensarbeiter der Zukunft kann zu jeder Zeit und an fast allen Orten daran teilnehmen. Das Büro – als zentraler Arbeitsplatz der Wissensgesellschaft – wächst über seine Grenzen hinaus. Damit ergeben sich auch vollkommen neue Anforderungen an die Gestaltung der Arbeitsprozesse, der Bürogebäude und der Technik. Auch wenn sich Begriffe wie Denk-Zelle, Touchdown-Arbeitsplatz, Just-in-time-Büro, Clean-Desk-Policy *fancy* anhören – nicht nur wir vom Fraunhofer-Institut diskutieren über virtuelle Unternehmen, Telearbeit, Desksharing und *hot desking*. Diese Arbeitskonzepte werden zunehmend auch realisiert. Dass an ihnen Interesse besteht, zeigt sich auch an unserem Verbundprojekt OFFICE 21 – es wird nicht vom Staat finanziert, die Gelder dafür kommen aus der Industrie. Dort forschen wir im Moment speziell über die Themen Kommunikation, medienorientiertes Arbeiten und teamorientierte Projekte.

### Tief greifender Wandel

Während wir forschen, behalten wir die Entwicklungen der Wirtschaft kritisch im Auge. Vor einigen Jahren haben ich und meine Kollegen das Szenario »Genius« entwickelt. Damals war es hochspekulativ – aber einiges hat sich bereits bewahrheitet. Wie wir vorhergesagt haben, schließen sich kleine Unternehmen und Organisationen zunehmend zusammen, um sich gegen große, global agierende Unternehmen durchsetzen zu können – sowohl projektbezogen als auch über die Staatsgrenzen hinweg. Sie scannen den Markt, erkennen und besetzen lukrative Nischen. Nicht auf Dauer, sondern nur, solange die Geschäftsidee trägt. Um erfolgreich zu sein, versorgen sie sich ständig mit Informationen und Nachrichten.

Auch der Büroalltag hat sich in den letzten Jahren drastisch verändert. Ein kleiner Blick zurück: Anfang der 80er Jahre wurde der PC in deutschen Büros eingeführt. Das war für alle Mitarbeiter eine enorme Umstellung. Doch im Grunde wurde lediglich die Schreibmaschine durch ein neues, modernes Arbeitsgerät ersetzt. Heute stehen wir durch das Internet und viele andere Faktoren vor einer Veränderung, die wesentlich tiefer greifend und – laut internationaler Forschungen – nicht aufzuhalten ist. Eine Studie des MIT geht davon aus, dass bis zum Jahr 2020 40 bis 60 Prozent aller Beschäftigten als E-Lancer arbeiten werden, also ohne festen Arbeitsvertrag, weitgehend selbstständig, für verschiedene Arbeitgeber. Ihr Kapital ist ihre Kreativität. Für Deutschland gibt es ähnliche Prognosen.

Auch für Unternehmen wird einer der zentralen Wettbewerbsvorteile die Innovationsdynamik sein. Dafür brauchen sie kreative, dialogbereite Menschen. Denn die klassische Sachbearbeitung ist ganz klar auf dem Rückzug. Doch Kreativität benötigt ein kreativitätsförderndes Arbeitsumfeld. Deswegen existieren auf unserem »Planeten Genius« auch Entspannungszonen, in denen sich die Kreativarbeiter erholen können.

Unternehmen wissen zwar, dass Schulungen alleine nicht reichen, um die Menschen auf diese Zukunft vorzubereiten. Doch nach wie vor wird zu wenig getan. Und nur selten werden die notwendigen Ressourcen zur Verfügung gestellt. Neue Bürokonzepte kosten Geld. Doch sie sind notwendig, um die Bedürfnisse der Menschen nach einem »warmen« Arbeitsplatz zu befriedigen.

## »Warme« Arbeitsplätze

In Zukunft wird allerdings nicht mehr jeder einen eigenen Büroplatz haben. Immer mehr Menschen verbringen ihre Arbeitszeit nicht mehr im Büro, sondern beispielsweise beim Kunden. Oft liegt die tatsächliche Nutzung des »eigenen« Büroplatzes nur noch bei fünf bis zehn Prozent seiner Verfügbarkeit, oder 30 bis 50 Prozent der tariflichen Arbeitszeit. Deswegen ist der Schritt in Richtung »nonterritoriales Büro« – also weg vom eigenen Büro, hin zu individuell buchbaren Räumen – durchaus richtig. Doch neben dem eigentlichen Büroraum mit einer begrenzten Anzahl an Arbeitstischen, Rollcontainern und technischen Ressourcen, die sich die Mitarbeiter teilen, muss es Denker-Kojen, Business-Lounges, Besprechungszonen, Telekommunikationsstationen, Repräsentationsflächen und Rekreationsflächen geben.

Unser Office 21 in Stuttgart enthält unter anderem eine Rückzugszone, einen kokonartigen Raum, der durch visuelle, akustische und olfaktorische Reize das verknüpfende Denken stimulieren soll. Das funktioniert auch. Doch Unternehmen müssen wissen: Über allen Investitionen, so sinnvoll sie auch sein mögen, steht die Unternehmenskultur. Und die kann man nicht kaufen, man muss sie sich hart erarbeiten. Unternehmen, die in die Zukunft starten wollen, müssen den Willen zum Wandel strategisch verankern. Es reicht nicht, auf einer Mitarbeiterversammlung zu sagen: »Liebe Leute, wir haben jetzt schallschluckende Stoffelemente, Metallvorhänge und flexible Trennwände – also lasst uns beginnen.« Vielleicht sind die Mitarbeiter erst einmal begeistert, doch diese Anfangseuphorie flacht in der Regel schnell ab – spätestens, wenn sich nichts ändert und die Routine alle wieder gefangen nimmt.

## Die Unternehmenskultur muss stimmen

Jeder einzelne Manager muss dem Prozess zustimmen, die Ziele kennen, verfolgen und durchsetzen. Außerdem müssen alle Mitarbeiter in den Prozess der Veränderung aktiv mit eingebunden werden. Von Anfang an. Sie müssen mitentwickelt, qualifiziert und gecoacht werden. Natürlich müssen Mitarbeiter sich weiterhin viele Dinge selbst beibringen. Doch die Treiber in einem Unternehmen dürfen den normalen Mitarbeitern nicht davonlaufen. Sie müssen Anschluss halten, sonst zieht sich die Masse in die innere Kündigung zurück – und ist für den Change-Prozess verloren. Denn: Menschen kann man nur bedingt motivieren. Deshalb ist es wichtig, die Mitarbeiter auf die Reise in die Zukunft nicht nur mitzunehmen, sondern ihnen auch die Möglichkeit zu geben, den Fahrplan mitzugestalten und mit zu entscheiden, in welcher Geschwindigkeit welches Ziel erreicht werden soll. Diese Art der partizipativen Arbeitsgestaltung stellt hohe Ansprüche an die Sensibilität und Professionalität der Projektverantwortlichen und ist kein Job nebenher!

Aber auch die Mitarbeiter selbst werden einige Voraussetzungen mitbringen müssen. Vor allem müssen sie offen sein für Neues. Und sich vor Augen halten: Wie wir in den letzten 50 bis 100 Jahren gelebt und gearbeitet haben, ist nicht gottgegeben. Es ist ein Modell, das wir uns im Zuge der Industrialisierung angeeignet und ausgesucht haben. Und: Es ist ein Modell, mit dem viele Menschen unzufrieden sind. Stichwort: Work-Life-Balance. Die wenigsten sehen sich in der Lage, Beruf und Privatleben zu verbinden. Deswegen sollten wir der pluralen Arbeitsgesellschaft nicht nur kritisch begegnen. Bislang gab es nur eine Regelarbeit, ein Normalarbeitsverhältnis. Wer sich diesem Schema nicht gebeugt hat, hatte es in unserer Gesellschaft sehr schwer. Jetzt haben wir die Chance, unser (Arbeits-)Leben neu auszudifferenzieren und aktiver zu gestalten. Dass das nicht von heute auf morgen geht, ist klar. Die 9-to-5-Denke steckt uns tief in den Knochen. 20 bis 25 Jahre werden wir brauchen, bis die neue Art zu arbeiten auf breiter Basis steht. Das heißt aber nicht, dass wir uns noch ein Jahrzehnt lang zurücklehnen können. Gewinner sind diejenigen, die den Weg von Anfang an beschreiten.

## Kommunikation und Innovation – zwei Seiten einer Medaille

Die Unternehmen der IT- und Kommunikations-(TIME)-Branche sind sicherlich Vorreiter all dieser Prozesse. Doch auch die ersten Banken, Versicherungen und sogar Anwaltskanzleien ziehen nach. Dass die TIME-Unternehmen weiter sind, liegt einfach daran, dass sie sehr viel früher damit begonnen haben, ihre Geschäftsprozesse zu digitalisieren – und auf Papier so weit wie möglich zu verzichten. Wer viele Laufmeter Akten im direkten Zugriff benötigt, kann nur mit großen Einschränkungen in einem Shared-Desk-Büro arbeiten.

Wir müssen aber nicht nur unsere Geschäftsprozesse digitalisieren. Auch die Kommunikation spielt eine wichtige Rolle. Nicht umsonst stehen Länder, in denen die Deregulierung der Telekommunikationsmärkte sehr zügig voranschreitet, in puncto »flexible Gestaltung von Arbeit« an der Spitze. Allen voran Finnland und die Niederlande. Die moderne Dienstleistungs- und Wissensgesellschaft basiert geradezu auf der Vernetzung und damit der Kommunikation zwischen Mensch und Maschine, aber vor allem zwischen Mensch und Mensch. Deswegen ist die professionelle und zielgerichtete Kommunikation ein Schlüssel zum Erfolg. Auch wenn sich nach wie vor manche quer stellen: Technologien wie UMTS, Wireless-LAN und Bluetooth gehören im Moment zu den Schlüsseltechnologien. Ohne sie können wir moderne Arbeitsformen nur bedingt entwickeln. Dass flexible Arbeitsformen und Innovation miteinander zu tun haben, sieht man allein an den Innovationskennzahlen – Finnland und die Niederlande liegen weit vorne.

Diese Beispiele machen Mut. Was wir brauchen, ist eine Kultur, die Neuerungen gegenüber aufgeschlossen ist und eine umfassende, offene

Kommunikation zwischen den Menschen nicht nur zulässt, sondern begrüßt. Das gilt für die Gesellschaft genauso wie für Unternehmen.

*Wilhelm Bauer* leitet das Competence Center New Work am Stuttgarter Fraunhofer-Institut für Arbeitswirtschaft und Organisation (IAO). Er und seine Kollegen forschen zu Fragen wie: Wie werden wir in Zukunft arbeiten? Wie muss ein Büro aussehen, um optimale Produktivität zu erzielen?

# Flash of Inspiration in a Think-Berth

## Wilhelm Bauer about the office of the future.

Where does value creation take place? In future everywhere. Modern technology makes new forms of co-operation possible. Brainworkers of the future can join in practically anywhere and at any time. The office – as the central workplace of the knowledge society – is growing beyond its confines. This, in turn, also gives rise to new requirements for work processes, office buildings and technology. Even if such terms as *think-cell, touch-down workplace, just-in-time office* and *clean desk policy* sound fancy – not only we from the Fraunhofer-Institute are debating about virtual enterprises, tele-work, desk-sharing and *hot desking*. Such work concepts are increasingly implemented. That there is wide-spread interest in them is also borne out by our combined project OFFICE 21, which is not financed by the government, but by industry. Here, we are presently engaged in research into the topics of communication, media-oriented working and team-oriented projects.

Everyday office life has changed drastically in the last few years. For companies, one of the central competitive benefits will be innovation dynamics. To this end, they will need creative, communicable people. Classical office work is quite clearly beating a retreat. Creativity, however, needs a work ambience fostering ingenuity and inventiveness. New office concepts cost money. Yet they are essential to satisfy people's needs for a »warm« workplace.

Not everyone will, however, have their own desks and offices in future. More and more people no longer spend their work time at the office, but, say, at customers. Frequently, actual use of employees' »own« office slot is only five to ten percent of its availability, or 30 to 50 percent of the work time on the collectively agreed scale. For this reason, the step in the direction of the »non-territorial office« – which is to say away from the employee's own office towards individually bookable rooms – is quite to the point. However, along with the office proper with a limited number of desks, roll containers and technical resources the staff share with each other, there also have to be think-berths, business lounges, conference zones, telecommunication stations, representation areas and recreation areas.

Our Office 21 in Stuttgart contains, amongst other elements, a haven zone, a cocoon-like room to stimulate associative thinking through visual, auditory and olfactory stimuli. It works as well. Yet, companies must be aware: Looming above any investments – as meaningful as they may be – is corporate culture. Which cannot be bought, but has to be worked for – the hard way.

Today, we have the opportunity to re-define, single out and more actively shape our (work) lives. It is also quite clear that this is something that cannot be done overnight. 9-to-5 thinking is not an easy pattern to shake off. We will need a good 20 to 25 years before this new mode of working stands on its own legs. That the TIME enterprises are further on the way has to do with the simple fact that they started very much earlier to digitalise their business processes – and to do without paper as much as possible. Communication is also of essential significance. Such technologies as UMTS, Wireless-LAN and Bluetooth rank amongst the key ones at present. Without them, we will be able to develop new forms of work only to a limited degree. But most important is a culture receptive to innovations, not only acknowledging frank, all-inclusive communication between people, but also welcoming it. This applies equally to society as well as companies.

*Wilhelm Bauer* is in charge of the Competence Center New Work at the Stuttgart Fraunhofer-Institut fuer Arbeitswirtschaft und Organisation (IAO). He and his colleagues are engaged in researching such questions as: How will we be working in future? What must an office look like to obtain optimum productivity?

# Bloß keine Dogmen!

Bernhard Kallup über Büroeinrichtung und Mitarbeiterzufriedenheit.

Höchste Effizienz oder Mitarbeiterzufriedenheit – zwischen diesen beiden Polen bewegen sich neu geplante Büros. Bei diesem Thema wird ganz schnell deutlich, ob der Mitarbeiter im Unternehmen nur in Sonntagsreden im Mittelpunkt steht oder ob wirklich auf seine Bedürfnisse geachtet wird. Es gibt Unternehmen, die den Mitarbeiter als reinen Kostenfaktor sehen und die auf höchste Quadratmeterproduktivität stark achten, auf der anderen Seite gibt es Unternehmen, die den Mitarbeiter als entscheidendes Leistungspotenzial sehen. Bei Bauprojekten solcher Firmen wird beispielsweise auch diskutiert, eine Cafeteria einzubauen oder Rückzugszonen in Bürogebäuden zu schaffen, in denen sich Mitarbeiter kurzfristig regenerieren oder in einer entspannten Atmosphäre kreativ arbeiten können. Unter Druck an einem flächenoptimierten Arbeitsplatz fällt das natürlich nicht so leicht.

## Der Lohn der Vision

Der Dreh- und Angelpunkt ist die Vision eines Unternehmens. Sie wirkt sich stark auf die Kultur aus und damit auch darauf, wie gearbeitet wird und welche Mittel dem Mitarbeiter zur Verfügung gestellt werden, um möglichst effizient zu arbeiten. Ein schönes Beispiel: Wir haben bei Sedus eine Vision, die eine rationale und eine emotionale Komponente enthält. Wenn ich eine solche Vision ernst nehme, muss ich dem Mitarbeiter nicht nur eine Bürolandschaft bieten, die all das enthält, was er braucht, sondern ich muss ihm dieses Büro auch so gestalten, dass er sich darin möglichst wohl fühlt. Damit die Arbeit nicht nur Arbeit, sondern Teil des Lebens ist.

Dafür ist ein individuelles Umfeld wichtig. Jeder Mitarbeiter kann sich bei uns für sein Büro Pflanzen und Möbel aussuchen, außerdem kann er sich aus dem Fundus verschiedener Galerien sein ganz persönliches Bild wählen. Da die Möbel alle aus einem vorher definierten Portfolio stammen und einem bestimmten Gesamtkonzept entsprechen, entsteht trotz dieser Wahlfreiheit kein buntes Chaos. Allerdings sollte man darauf achten, dass die Mitarbeiter bei der Möbelauswahl beraten werden, damit es nicht zu Fehlentscheidungen kommt. Wenn Sie sich beispielsweise nur kurz auf einen Stuhl setzen, werden Sie einen bequemen Stuhl als den besten Stuhl empfinden – ein härteres Polster ist aber ergonomisch sehr viel sinnvoller für längere Arbeiten.

Das emotionale Umfeld, das wir schaffen wollen, betrifft nicht nur den Einzelarbeitsplatz, sondern das ganze Umfeld. Zum Beispiel die Kantine, in der wir – was nur sehr wenige Firmen tun – unseren Mitarbeitern eine Vollwertküche mit ökologischen Lebensmitteln anbieten. Unsere Unternehmensvision war sogar entscheidend dafür, wie wir unser neues Hochregallager gebaut haben. Es ist 115 Meter lang, 30 Meter hoch und mit 17.000 bunten Paneelen verkleidet. Ein solches Lager würden Sie nie bauen, wenn Sie nicht eine emotionale Komponente in Ihrer Vision hätten. Sonst würden Sie einen grauen Klotz hinstellen. Für uns hat sich das Experiment gelohnt, wir erleben begeisterte Mitarbeiter, aber auch Kunden und Händler, die zu uns kommen und sagen: »Das ist ja ein tolles Ding, das ist ganz was anderes!«

Das ist für mich ein schönes Beispiel dafür, was sich ergeben kann, wenn man eine Vision hat und nicht nur nach strategischen Plänen vorgeht. Die Unternehmensvision ist für mich das tragende Element unseres Erfolges, weil wir dadurch alle an einem Strang ziehen und gemeinsame Ziele haben, an denen wir alle zusammen arbeiten können.

## Bloß keine Dogmen!

Wir haben sehr unterschiedliche Arbeitsplätze. In manchen Abteilungen gibt es zwar einzelne Arbeitsbereiche, aber auch einen großen Rahmen, das heißt ein Großraumbüro mit Unterteilungen. In anderen Bereichen hat sich gezeigt, dass für einige Mitarbeiter ein Einzelbüro besser ist. Wir haben aber auch Doppelbüros, Dreifachbüros und so weiter – alle Mischformen sind vertreten. Schlicht und einfach, weil die Büroformen den Bedürfnissen der Mitarbeiter angepasst sein sollten. Manche Menschen sind Einzelkämpfer, andere Teamworker. Wenn ein Mitarbeiter eine »Einzelkämpferfunktion« hat, macht es wenig Sinn, ihn mit vier anderen Kollegen in einen Raum zu setzen.

Man sollte das Thema »Raum« sehr variabel behandeln, strikte Dogmen wie »Bei uns soll es nur Zellenbüros geben« machen keinen Sinn. Alle Formen haben ihre Berechtigung, allerdings nur individuell zugeschnitten auf die Arbeitsprozesse. Konzepte, bei denen die Mitarbeiter keinen eigenen Schreibtisch mehr haben, sind vor Jahren extrem modern geworden. Wenn Mitarbeiter vier Tage beim Kunden und einen Tag im Büro sind, macht so ein System mit Sicherheit Sinn. Wenn ein Mitarbeiter vier Tage im Büro und einen Tag außerhalb ist, kann ich theoretisch 20 Prozent einsparen, wenn ich die Fläche optimieren will. Vielleicht sogar auch praktisch. Die wesentliche Frage ist aber eher eine psychologische: Wann fühlen sich Mitarbeiter besonders wohl und wann sind sie besonders leistungsfähig? Wissenschaftler haben herausgefunden, dass jeder Mitarbeiter einen Ort, einen Bezugspunkt im Unternehmen braucht. Ob das jetzt sein ganz persönlicher Schreibtisch ist oder die Cafeteria, wo sich eine Gruppe von Mitarbeitern regelmäßig trifft.

Ich würde heute niemals ausschließlich eine Flächenoptimierung machen, weil der Verlust an Produktivität durch mangelnde Leistungsbereitschaft der Mitarbeiter viel größer ist als die Kosteneinsparung. Denn die Leistungsfähigkeit hängt von der Motivation ab und diese wiederum – unter anderem – vom »Heimatgefühl«. Hat er das nicht, wird der Mitarbeiter vor sich hin arbeiten und vor allem sein Einkommen optimieren. Darauf weisen wir Unternehmen, die »Nomadenbüros« planen, immer hin.

Diese Zusammenhänge sind übrigens auch ein Problem der Ich-AGs. Meiner Meinung nach wird der momentane Trend zur Vereinzelung irgendwann kippen und die Leute werden erkennen, dass sie gemeinsam viel stärker sind als allein, dass viele Ergebnisse aus der Gruppendynamik heraus entstehen.

## Schritt halten mit der Veränderung

Solche Bürokonzepte sind entstanden, weil sich bei den Arbeitsprozessen in den letzten Jahren viel verändert hat. Heute gibt es kaum noch einen Arbeitsplatz, an dem nicht die Möglichkeit besteht, mit IT- und Datennetzen zu arbeiten. Das war eine gewaltige Veränderung, weil man viele Informationen über das Internet holen kann, ohne Kataloge und Akten auszutauschen. Auch die Informationsarchivierung hat sich verändert, obwohl heute immer noch sehr viele Schränke und Container mit

Archiven in Büros herumstehen. Der Papierverbrauch steigt interessanterweise permanent, obwohl die meisten Arbeitsprozesse inzwischen elektronisch ablaufen könnten.

Immerhin haben die Designer versucht, sich auf die neuen Arbeitsbedingungen einzustellen. Der Trend geht eindeutig in Richtung Möbel, die so aufgebaut sind, dass sie variabel auch an einem anderen Platz eingesetzt werden können. Aber unter alle Möbel Rollen zu machen, war auch nur ein gewisser Gag. Man braucht nicht unbedingt Rollen, um einen Tisch drei Meter weiter zu befördern. Und es gibt Bereiche, bei denen man erkennt, dass dort in den nächsten Jahren relativ statisch gearbeitet werden wird.

Leider ist es nicht ganz so einfach, auch das Gebäude selbst flexibel einzusetzen. Es gibt zwei unterschiedliche Möglichkeiten – entweder Sie bauen Ihr eigenes Unternehmensgebäude, das idealerweise auf Ihr Unternehmen und seine Vision zugeschnitten ist, oder Sie verwenden angemietete Räume. In Letzteren ist eine Individualisierung auf das Unternehmen kaum möglich. Manchmal hat man Glück und die Flächen sind relativ variabel gehalten, so dass sich jedes Unternehmen seiner Kultur und seiner Ausrichtung entsprechend einrichten kann. Aber oftmals sind die Büroräume fest vorgegeben und dann wird eine übergestülpte Büroausstattung oder -landschaft gestaltet, die nicht unbedingt mit der Vision und den Prozessen des Unternehmens in Einklang zu bringen ist.

## Passgenaue Bürogebäude

Auch bei dem für sich selbst gebauten Gebäude kann es passieren, dass man nach einer Weile unzufrieden damit wird. Dafür sorgt der permanente Wandel, dem Unternehmen unterworfen sind. Auch wir bei Sedus würden das, was wir vor ein paar Jahren für uns gebaut haben, heute wieder etwas anders gestalten. Um ein Beispiel zu geben: Wir hatten früher geschlossene Büros, und dann in einem Neubautrakt zum Flur hin Glaswände, so dass zum Beispiel jeder mich bei der Arbeit oder beim Mittagsschläfchen auf dem Open-up-Stuhl beobachten kann. Das hat sich bewährt, inzwischen würden wir drei Vorstandskollegen jedoch am liebsten zusammensitzen, was im Moment rein räumlich nicht möglich ist. Früher hatte jeder seinen abgetrennten Bereich und machte in seinem »Fürstentum« das Beste daraus. Heute arbeiten wir vernetzter und teamorientierter als früher im hierarchisch geprägten Unternehmen. Das Optimum wäre sicher ein variables Gebäude, in dem man schnell mal eine Glaswand einziehen oder die Aufteilung der Räume verändern kann. Solche Systeme gibt es, aber sie könnten noch deutlich besser werden.

Wenn ein neues Bürogebäude geplant wird, sollte die Zusammenarbeit zwischen den verschiedenen Dienstleistern möglichst früh einsetzen. Bei einem Neubau ist natürlich der Architekt maßgeblich gefragt, aber er sollte sich schon zu einem frühen Zeitpunkt mit dem Büromöbelhersteller kurzschließen und nicht einfach nur ein Gebäude entwickeln. Je früher Facility Manager, Architekten, Vertreter des Unternehmens und Ausstattungsberater zusammenwirken, desto besser wird das Gebäude auf die spätere Mannschaft passen.

Wenn jemand für Sedus arbeitet, ob es nun ein Architekt, Fotograf oder zum Beispiel Designer ist, muss er natürlich die Vision des Unternehmens verinnerlicht haben. Denn was letztendlich entsteht, muss zur Marke und Kultur der Firma passen.

*Bernhard Kallup* ist Vorstandsvorsitzender der Sedus Stoll AG, einem bedeutenden europäischen Hersteller von Büroeinrichtungen.

# Just No Dogma!

## Bernhard Kallup about office equipment and staff satisfaction.

Maximum efficiency or staff satisfaction – these two conflicting factors are the poles of office planning. There are companies that consider staff as a pure cost factor and lay great store on maximum square metre productivity; on the other hand, there are companies which consider their employees as the decisive performance potential. What is discussed in building projects for such companies, for example, is incorporation of a cafeteria or creation of retreat zones in the office building where employees can regenerate or work creatively in a relaxed atmosphere.

The central issue here is the vision of a company. This has a strong effect on the corporate culture and thus on how work is done and what resources are put at the disposal of staff for them to work as efficiently as possible. For work not only to be work, but also a part of life – individual surroundings are essential. Each member of staff can select plants and furniture for his or her office; moreover, they can also choose their very own personal pictures from what various galleries offer. Since the items of furniture all come from a previously defined portfolio and fall in line with a specific overall concept, this freedom of selection does not result in multi-coloured chaos.

We have very different workplaces. Simple and unpretentious, because the shapes in the office are to be adapted to staff needs. Some people like to work alone, others are teamworkers. The subject of »space« should be treated very variably, strict dogmas – such as »we only want cell offices« – don't work. All forms have their validity, but only adapted to the work processes involved. Nowadays, I would never do simple area optimisation. The decline in productivity is much greater than the cost-cutting effect. For proficiency depends on the motivation, and motivation, in turn, amongst other things, on »feeling at home«.

New office concepts (for example, the »nomad office«) have been conjured up, because a very great deal has changed in work processes in the last few years. Designers are trying to adjust to the new working conditions. There is a clear tendency towards furniture designed to be also used elsewhere in a variable way. Unfortunately, it is not so easy to utilise the building itself in such a flexible manner. Even in buildings that have been built by the companies themselves, discontentment about the buildings may be felt after a while. This is virtually ensured by the permanent changes companies are subjected to. Even we at Sedus would design what we had built for ourselves a few years ago rather differently today.

When a new office building is in the planning, co-operation between the various service companies involved should start as early as possible. Naturally, in the case of a new building, the architect is the central figure, but he should get together with the office furniture manufacturer early on and not simply develop a building. The earlier the facility manager, architects, company representatives and furnishings consultants start comparing notes and opinions the better the new building will »fit« the staff.

*Bernhard Kallup* is the the Chairman of the Board of Sedus Stoll AG, a leading European manufacturer of office furnishings and equipment.

# Emotional zugänglich

Andrej Kupetz über die Wettbewerbsvorteile von Design im Unternehmen.

Design kann für Unternehmen sehr hilfreich sein. Die Beschäftigung mit Design kann Differenzierungsfaktor und Mehrwert gegenüber der Konkurrenz bedeuten. Zumindest, wenn man es umfassend einsetzt – zum Beispiel, wenn es darum geht, wie ein Unternehmen kommunizieren möchte oder was seine Strategie ist. Corporate Identity und Design hängen eng zusammen und müssen ganzheitlich angegangen werden. Manche Unternehmen sagen: »Wir machen ein tolles Produkt, und wenn es fertig entwickelt ist, setzen wir einen Designer dran.« In diesem Fall kann der Erfolg höchstens kurzfristig sein und wird schnell verpuffen. Ganz im Gegensatz zu Unternehmen, die nach dem Motto agieren: »Ich habe diese und jene Haltung – sie wird deutlich in allem, was ich tue.«

Welche Leistung kann man von Designern erwarten? Ein Industriedesigner entwirft beispielsweise ein Produkt. Nicht aus dem Bauch heraus, sondern nach einem sehr detaillierten Briefing. Er wird Ihnen sehr wahrscheinlich neben dem eigentlichen Produkt auch eine Markt- und Gestaltanalyse anbieten, zudem kann er Ideen entwickeln, wie man das Produkt technisch umsetzen oder ökologisch vermarkten könnte. Doch Produktdesign ist nur ein kleiner Teil der heutigen Dienstleistungspalette für Gestaltung. Es gibt für alle Designdisziplinen Ansprechpartner – vom Kommunikationsdesign oder der maßgeschneiderten Zusammenstellung von Tönen oder Gerüchen bis hin zur Firmenarchitektur.

Sehr gefragt sind zurzeit Gestalter, die sich mit dem Themenkomplex Marke beschäftigen. Wie kann, so lautet die Kernfrage, mit einem Design ein Markenwert aufgebaut, erhöht oder gepflegt werden? Viele Unternehmen haben erkannt, dass sie über ihre Marke kommunizieren müssen. In den vergangenen Jahren hatten wir eine ruinöse Preisdiskussion, eine Verramschung von Werten. Momentan erleben wir, dass stärker darüber nachgedacht wird, wie Marken lebendig gehalten werden können – denn sie sind es, die den Mehrwert erzeugen und tragen.

## Durchgehendes Corporate Design

Geschichtlich betrachtet hat es im Design immer wieder Schnittstellen zur Unternehmenskultur und -führung gegeben. Beispielsweise Anfang des 20. Jahrhunderts bei AEG. Peter Behrens, seines Zeichens Architekt, hatte den Auftrag bekommen, nicht nur die Produktgestaltung, sondern die gesamte Architektur und Innenarchitektur des Unternehmens zu gestalten, um ein durchgehendes Corporate Design zu erzeugen.

Das hat bei AEG hervorragend funktioniert und in der Folge auch bei anderen Unternehmen; übertragen lässt sich dieses Beispiel jedoch nicht immer und schon gar nicht leicht. Allein schon deshalb, weil die meisten Unternehmen kein eigenes Gebäude bauen, sondern Mieter sind. Heutige Büroimmobilien werden meist standardisiert geplant und entwickelt. Darüber hinaus werden Büromöbel durchschnittlich erst nach 20 Jahren ersetzt. In demselben Zeitraum stehen heutzutage sechs bis acht neue Generationen von PCs auf dem Schreibtisch. Investitionen in neues Mobiliar oder neue Kommunikationsräume hinken meist hinterher. Umso stärker ist die Industrie gefordert – sie muss wesentlich intensiver als bisher über den Wandel von Wirtschaft und Arbeitsprozessen nachdenken, um neue adäquate Lösungen anbieten zu können.

## Leben und Arbeiten

Zwischen der »Arbeit« und dem »Rest des Lebens« zu trennen funktioniert immer seltener, weil sich die Anforderungen – beispielsweise durch die Globalisierung – in den vergangenen Jahren grundlegend geändert haben. Viele so genannte »Wissensarbeiter« arbeiten häufig mit Menschen in allen Teilen und verschiedenen Zeitzonen der Welt zusammen. Dadurch verschieben sich unter anderem die herkömmlichen Bürozeiten. Unternehmen haben es jedoch durch ihre Strukturen, ihre Größe und auch durch ihre Einbindung in gewerkschaftliche Zusammenhänge nicht leicht, auf diese Strukturveränderungen schnell und angemessen zu reagieren. Dennoch lohnt es sich, darüber nachzudenken und Arbeit als Teil des Lebens zu begreifen.

Das kann etwa heißen, dass zur Entspannung ein Kickertisch oder eine Tischtennisplatte im Büro steht. Wir reden immer über die Notwendigkeit, den Menschen mehr Freiraum zu geben, damit sie sich besser einbringen können. Aber in der Praxis hört man dann in Unternehmen oft den Satz: »Wir haben hier soundso viel Quadratmeter zur Verfügung, da müssen soundso viel Leute ihren Arbeitsplatz bekommen.« Das alles muss zusätzlich DIN-Normen, arbeitsschutzrechtlichen Bestimmungen und den Anforderungen des Unternehmens entsprechen. Ein Raumkonzept, das es dagegen ermöglicht, dass man sich schnell mit anderen trifft oder sich ein paar Minuten ausruhen kann – Stichwort: power napping –, gibt es in der Realität noch nicht. Obwohl mittlerweile belegt ist, dass diese Dinge neue Potenziale eröffnen.

## Emotional zugänglich und einfach

Ein weiterer Aspekt ist die Integration von immer mehr Technik in die Möbel. Wir müssen darauf achten, dass diese Möbel trotzdem emotional zugänglich bleiben und nicht erklärungsbedürftig werden. Bei vielen Geräten wie dem Handy nutzt man nie alle Funktionen. Bei Möbeln wäre es ähnlich. Es macht keinen Sinn, ein sehr kompliziertes Möbelstück zu bauen, das technisch und ergonomisch zwar hochgerüstet ist, die Features aber von den Benutzern nicht angenommen werden. Man muss mit und an dem Möbelstück gesundheitsgerecht arbeiten können, es muss flexibel einsetzbar sein und es sollte, wenn es ein technisches Interface hat, sehr einfach zu bedienen sein.

Es gibt im Bereich Design ohnehin einen sehr starken Trend zur Einfachheit. Was nichts mit Minimalismus zu tun hat – den hatten wir in den 90ern. Heute zählen Überschaubarkeit und eine wertige, klare Formensprache. Gleichzeitig sind aber auch volumengeprägte Formen wieder ein Thema. Das Wichtige dabei ist, dass die Produkte ihre Qualität über die verwendeten Materialien und durch hochwertige Oberflächen gewinnen: Welche Hölzer hat der Designer verwendet, welche Laminate, welche Eigenschaften haben Glas und Metall? Material ist ein unglaublicher Träger der Erlebnisqualität geworden. Beispiel: Sie können heute Mineralwasser nur verkaufen, wenn Ihnen die Flasche ein Gefühl von Wertigkeit vermittelt.

Auch Dekor und Ornament sind wieder aktuell, weil man versucht, den Dingen ihre emotionale Qualität zurückzugeben. Was in der Moderne überhaupt nicht denkbar war – da war das Ornament tabu, gefordert waren sehr klare, glatte Oberflächen. Heute sieht man dies nicht mehr ganz so streng, denn Dekor und Ornament können entscheidend zur ästhetischen Haltbarkeit eines Gebäudes beitragen. Gerade Bürogebäuden sieht man nach zehn bis 20 Jahren genau an, wann sie gebaut wurden, wenn sie keine dauerhafte ästhetische Qualität aufweisen. Hier in Frankfurt etwa könne Sie die architektonische Entwicklung genau beobachten. Es wird wieder sehr viel Wert auf die Fassadengestaltung und die Innenraumgestaltung gelegt. Es geht last, but not least immer auch um die Lebensqualität und das Wohlbefinden der Angestellten. Aus diesem Grund müssen Büros attraktiv gestaltet werden, damit sie zum Lebensraum werden und man seine Zeit gerne dort verbringt.

*Andrej Kupetz* ist Geschäftsführer des Rats für Formgebung in Frankfurt. Er studierte Industriedesign, Philosophie und Produktmarketing in Berlin, London und Paris. Er war Design-Manager bei der Deutschen Bahn Medien GmbH und lehrte als Gastprofessor an der UdK Berlin.

# Emotionally Accessible

## Andrej Kupetz about the competitive benefits of design in companies.

Working with design may mean a differentiation factor and added value over the competition. At least when it is used comprehensively, for example, if it is a question of how a company would like to communicate or what its strategy is. Corporate identity and design are intimately connected and must be approached holistically. Seen historically, there have always been interfaces between design, on the one hand, and corporate culture and management on the other. At AEG at the beginning of the $20^{th}$ century, by way of example, Peter Behrens, an architect, was commissioned not only to provide product design, but also the company's entire architecture and indoor decorations in order to produce a corporate design for the long haul.

This worked marvellously for AEG and consequently also for other companies. However, this example cannot always be translated and certainly not easily – if only for the simple fact that most companies do not build their own facilities, but rent their space. Over and above this, office furniture is generally replaced only after 20 years. In this same period, six to eight new generations of PCs take up their place on desks nowadays. Industry must have a more fundamental and more intensive re-think work processes and the changes industry is going through in order to be able to offer new passable solutions.

Drawing a demarcation line between »work« and the »rest of life« works less and less. But, in practice, the sentence can be heard time and again in companies: »We have so many square metres at our disposal and so many people have to have their workplaces there.« A spatial concept enabling, on the other hand, employees to quickly meet up with others or a few minutes of relaxation to be enjoyed – for example, power napping – is not yet to be found in reality.

Another aspect is integrating ever more technology into the furniture. We must take care here to ensure that furniture still remains emotionally accessible and does not need an explanation. In design, there is a very strong trend anyway towards simplicity. Which does not have anything to do with minimalism – that we had in the nineties. What counts today is clarity and comprehensibility – an unequivocal formal language of values. Décor and ornaments are also »in« again in an attempt to restore emotional quality back to things. This, of course, was not at all conceivable in the modern – when ornamentation was taboo and very clear, smooth surfaces in demand. This is no longer regarded quite so strictly today. It is after all also a question of the employees' quality of life and their well-being. For this reason, offices must be designed attractively, so that they become a place to live in where people like to spend their time.

*Andrej Kupetz* is Director of the Council for Design in Frankfurt. He studied industrial design, philosophy and product marketing in Berlin, London and Paris. He was a design manager at Deutsche Bahn Medien GmbH and taught at the UdK Berlin as visiting professor.

# Willkommen im Business-Club

Wolfram Fuchs über moderne Bürogebäude.

Bürohäuser sind mehr als reine Funktionsbauten – sie integrieren Informationstechnik, Organisation und Raum. Erst wenn diese Komponenten aufeinander abgestimmt ein intelligentes System bilden, können sich Mitarbeiter auf Ziele und den Erfolg konzentrieren, statt sich über Büros, die den Arbeitsprozessen nicht angepasst sind, streikende Netzwerke und unangenehmes Raumklima zu ärgern. Aber ein gutes Bürohaus muss noch mehr leisten. Es sollte auch Identifikation und Motivation fördern, die Werte der Unternehmenskultur als »stille Botschaft der Räume« nach innen, zu den Mitarbeitern, und nach außen, zu Besuchern, Kunden und Öffentlichkeit überzeugend kommunizieren. Die Architektur ist immer häufiger die einzige Chance zur Symbolisierung wenig anschaulicher Dienstleistungsprodukte oder immaterieller Erzeugnisse.

## Von der Legebatterie zum Business-Club

Immer seltener sind Bürohäuser Legebatterien für Schreibtischmuffel im Stechuhrbetrieb. Stattdessen wandeln sie sich zu Begegnungsstätten für Spezialisten und Teams, die erfolgsorientiert in ständig wechselnden Aufgaben und Rollen zusammenarbeiten. Das bedeutet auch, dass Bürohäuser der Zukunft anders gestaltet sein sollten als bisher. Sie könnten zum Beispiel wie Business-Clubs funktionieren. Als moderne Variante des traditionellen britischen Clubs mit Kaminfeuer, Bibliothek, entspanntem Ambiente, spannenden Kontakten. Er ist Treffpunkt für Mitglieder in unterschiedlichen Berufen, Rollen und Tagesabläufen, die nichts verbindet als die soziale Zugehörigkeit zu einer Institution, die Synergien für den persönlichen Erfolg schafft. Anstelle von Arbeitsplätzen bieten Business-Clubs eine Vielfalt an Aufgabenszenarien, die für einzelne Tätigkeiten und individuelle Arbeitsweisen optimiert sind: Teamzonen, Stützpunkte, Räume für konzentriertes Arbeiten, für diskrete Besprechungen, Meetings und Projektarbeit, Net-Cafes, informelle Treffpunkte, Bibliotheken, Doku-Center, Steharbeitsplätze und so weiter.

Angesichts der neuen Wahlfreiheit des Einzelnen zwischen der angebotenen Vielfalt sorgen sich viele um die gewohnte Heimat eines persönlichen Arbeitsplatzes. Wo es früher hieß: »Hier ist Ihr Platz – von neun bis fünf!«, heißt es heute: »Wählen Sie ein Aufgabenszenario, das zu Ihrer aktuellen Tätigkeit passt und Ihrer Produktivität dient.« Die neue Heimat ist mein Club, eine räumlich und sozial überschaubare Nachbarschaft, in der ich bekannt bin und mich auskenne.

Das Thema Lebensqualität im Büro rückt stärker in den Blickpunkt. Wer die Mehrzahl seiner Wachstunden unter der Woche in Bürohäusern verbringt, fragt heute nicht mehr nur: »Was bekomme ich dafür?«, sondern auch: »Was wird aus mir und meinem Leben?« Die Architektur kann zur Work-Life-Balance beitragen und das Dasein bereichern: durch Begegnungsqualität, Räume, die der Entspannung dienen, atmosphärisches Licht, emotionale Farben, charaktervolle Materialien wie Naturstoffe oder auch neue, sympathische Kunststoffe und Grünkonzept. Motto: »Hier lässt sich gut leben – und arbeiten.«

## Flexibilität ist Trumpf

Wer sich im Büro wohl fühlt, der arbeitet produktiv. Und auf Produktivität und Wirtschaftlichkeit kommt es bei Bürohäusern natürlich nach wie vor an. Flexible Bürokonzepte à la Business-Club helfen Fläche sparen: Sie reduzieren den Gesamtflächenbedarf von derzeit durchschnittlich zirka 25 Quadratmetern Mietfläche pro Arbeitsplatz auf weniger als 20 Quadratmeter. Gleichzeitig lässt sich der bisher geringe Anteil an Flächen für Kommunikation, Synergie und Zusammenarbeit, gewöhnlich weniger als zehn Prozent, auf 25 bis 30 Prozent steigern. Davon profitieren alle Mitarbeiter – und das Betriebsklima.

Vor allem sind solche Bürokonzepte flexibel. Das ist ein entscheidender Vorteil, denn Organisationen sind kontinuierlich in Bewegung. Mindestens zehn Prozent der Arbeitsplätze werden pro Jahr durch interne Umbelegungen umorganisiert. Bei extrem dynamischen Unternehmen, zum Beispiel aus der IT-Branche oder einer Firma, die stark projektorientiert arbeitet, sind es sogar ein Drittel oder die Hälfte. In Zukunft werden immer mehr Unternehmen sich so stark wandeln und brauchen damit Modelle, die das relativ einfach ermöglichen. Am flächenwirtschaftlichsten ist es, die flexible Nutzung der Flächen und Räume gleich mitzuplanen.

## Büros für Bürokraten

Trotz der Vorteile flexibler Konzepte hat eine Studie der Deutschen Gesellschaft für Immobilienfonds (DEGI) ergeben, dass solche Visionen bisher selten umgesetzt werden. Die Bürokonzepte in Deutschland sind nach wie vor sehr konventionell. Anscheinend steht die dringend notwendige Modernisierung der Deutschland AG in Büros vor einem ihrer schwierigsten Projekte. Der Wandel in Kopf und Raum hat in Deutschland allenfalls begonnen – im Gegensatz zu den konkurrierenden Industrienationen USA, Großbritannien, Holland, Skandinavien.

Weltweit gibt es kein besseres Beispiel für Bürokratie (übersetzt: »Alle Macht geht vom Amt aus«) als das gängige deutsche Bürohaus mit seinen Mittelfluren, an denen sich die Büros wie Amtsstuben reihen. Sie fördern Abschottung statt Transparenz und Teamgeist. Die Korridore dürfen als Fluchtwege nicht möbliert werden und sorgen für lange Wege, die zudem meist langweilig sind. Die Raumgrößen sind Statussymbole. Organisatorische Veränderungen erfordern kostspielige Umbauten mit Handwerkern, Staub, Lärm und Ausfallzeiten.

Zukunftsorientierte Bürohäuser sind Produktionsstätten für kundenorientierte wissensbasierte Dienstleistungen, und das heißt vor allem: flexibel, denn alle Macht geht vom sich ständig ändernden Markt aus. Sie erlauben den Ausbau mit verschiedenen Büroformen für unterschiedliche Nutzeranforderungen oder die Entwicklungsphasen einer Organisation: Loft, Team- und Großraumbüros, Kombibüro, Business-Clubs – und natürlich auch Mittelflurbüros.

Sobald sich flexible Bürokonzepte à la Business-Club erst einmal verbreitet haben, können Bürohäuser mit einer weniger stereotypen Architektur geplant werden. Denn das rechteckige, durch kleinteilige Raster geprägte Erscheinungsbild ist vorwiegend für den Ausbau mit Bürozellen erforderlich und für andere Nutzungsstrategien weit weniger zwingend.

Flächenwirtschaftlichkeit ist jedoch unabhängig von der Gebäudeform ein Merkmal guter Architektur. Eine unserer Studien hat Fachleute mit dem Ergebnis überrascht, dass jedes dritte Hochhaus flächenwirtschaftlicher ist als das durchschnittliche Bürohaus mit maximal fünf Obergeschossen.

Eine Erklärung: Bei der Hochhausplanung werden vom Architekten maximale Optimierungsanstrengungen verlangt bis zur Serienreife des vielfach reproduzierten Grundrisses.

Deshalb liegen Hochhäuser im Trend, natürlich auch wegen hoher Grundstückspreise und aus städtebaulichen Motiven. Ähnlich beliebt sind auch Projekte, die Campus-Charakter haben, also in überschaubare Einheiten gegliedert sind, die eine Synergie zwischen innen und außen suchen und sich eine eigene Infrastruktur schaffen. »Campeon«, der geplante Standort der Hightech-Firma Infineon, ist ein Beispiel dafür. Aber auch gemischte Projektentwicklungen wie »Arbeiten + Wohnen« gelten heute als zeitgemäß. Auf der Theresienhöhe in München wird zurzeit ein solches Projekt verwirklicht. Im Münchner »Oberanger« entstehen zweigeschossige Stadtvillen auf den Dächern fünfgeschossiger Bürohäuser.

## Preis pro Arbeitsplatz

Früher gab es nur drei Kriterien für eine gute Büroimmobilie: Standort, Standort, Standort. Die ortsunabhängige Verfügbarkeit von Information und die Kommunikationstechnik haben das inzwischen relativiert. Wenn ein Standort gut erschlossen ist, kann er auch in der preiswerten Peripherie liegen. Niedriglohnstandorte sind für manche Branchen entscheidend: Callcenter-Boom in den neuen Bundesländern, Technik- und Verwaltungszentren von Finanzdienstleistern in traditionellen Gewerbegebieten an den Rändern der Ballungsräume: Informatikzentrum der Bayerischen Landesbank in Dornach, Allianz-Hauptverwaltung in Unterföhring.

Die hohen Leerstandsraten von Büroflächen verschärfen den Wettbewerb und machen den Nutzwert der Flächen zu einem wichtigen Wettbewerbskriterium. Kaum ein Arbeitgeber ist sich bewusst, wie viel Fläche durch die Gestaltung des Gebäudes gespart werden kann: Je nach Erschließung, Gebäudetiefe, Fassaden- und Ausbauraster kann ein gegebener Bedarf an Arbeitsplätzen und Infrastrukturflächen in einem Gebäude leicht doppelt so viel Fläche benötigen wie in einem flächenwirtschaftlich geplanten Wettbewerbsobjekt. Diese Unterschiede spiegeln sich nicht in den marktüblichen Quadratmeterpreisen, die vor allem die Lage berücksichtigen, nicht den Nutzwert. Wer als Mieter Nutzwert sucht, sollte deshalb Euro pro Arbeitsplatz vergleichen und nicht Euro pro Quadratmeter. Mitunter bieten teure Standorte günstigere Kosten pro Arbeitsplatz als Angebote mit niedrigem Quadratmeterpreis – und umgekehrt.

Das größte Potenzial für die Reduzierung der Arbeitsplatzkosten sind heute ungenutzte IT-Potenziale, um den Flächenverbrauch zu minimieren. Die IT-Kosten pro Arbeitsplatz werden in wenigen Jahren die Flächenkosten als zweithöchsten Kostenfaktor nach den Personalkosten überholen. Im Gegensatz zu den Flächenkosten dienen steigende IT-Investitionen (Netze, Hardware, Software, Support) jedoch der Wettbewerbsfähigkeit. Und die Informations- und Kommunikationstechnik ermöglicht Flächeneinsparungen. Stichwort: Laptop als mobiles Büro, Video-Konferenzen, E-Mail statt Poststelle, E-Dok statt Ablagen, auslastungsoptimierte Raumverwaltung statt Büroleerstand.

Der resultierende Leerstand bereitet Investoren und Planern Kopfschmerzen. In Zukunft werden Vermieter von Bürogebäuden versuchen müssen, durch Mehrwert im Wettbewerb Vorteile zu suchen. Die leer stehenden Millionen von Quadratmeter sind relativ stereotyp, bestehen fast alle aus dem gleichen Gebäudetyp und Raster. Sie haben alle Heizung, Beleuchtung und einen Teppichboden. Der Mehrwert fängt da an, wo der Vermieter weitere Serviceleistungen anbietet, indem er Synergieeffekte für seine Mieter nutzt. Nehmen wir als Beispiel ein voll vermietetes Gebäude mit 20.000 Quadratmetern. Jeder der 20 Mieter hat einen bestimmten Jahresbedarf an Büromaterial. Wenn der Vermieter über diesen Bedarf Rahmenverträge mit Lieferanten abschließt, bekommt er 50 bis 60 Prozent Rabatt – der größte der 20 Mieter bekommt allenfalls die Hälfte. Mit einem Teil des Skalengewinns kann der Vermieter die Voraussetzungen einer kostengünstigen Logistik für den Lieferanten finanzieren (zum Beispiel Lagerfläche im Keller). Mit dem Rest kann er den Mietern eine Gemeinkosteneinsparung von zirka einem Euro pro Quadratmeter bieten – lediglich durch Bündelung des Verbrauchsmaterialeinkaufs. Dasselbe gilt für Telekomleistungen, Netzbereitstellungen und IT-Support. In Zukunft kann man solche Leistungen vermutlich gleich mit dem Gebäude buchen. Aus dem Vermieter könnte Schritt für Schritt ein »Provider« werden, der Dienstleistung rund ums Arbeiten bereitstellt.

*Wolfram Fuchs* ist Architekt und Mitinhaber der Münchner Unternehmensberatung congena GmbH, die spezialisiert ist auf die Gestaltung des Wandels in der Büroarbeitswelt.

# Welcome to the Business Club

## Wolfram Fuchs about modern office buildings.

Office buildings are more than purely functional – they integrate information technology and organisation as well as space. Only when these components – fitting together – make up an intelligent system will employees be able to concentrate on objectives and success – instead of getting irritated about offices not suited to their work processes, about constantly malfunctioning networks and an unpleasant ambience.

It is becoming rare that office buildings are hen batteries for desk grousers in time-clock operation. Instead, they are changing to meeting places for teams and specialists who work together – success-orientated – in continually changing roles and assignments. This also means that office buildings in future should be designed quite differently than up till now. They could, for instance, function like business clubs. Instead of workplaces, business clubs offer a variety of assignment scenarios optimised for individual activities and personal modes of work.

Flexible office concepts à la business club help save space; at the same time, the hitherto low share in areas for communication, synergy and cooperation – usually less than ten percent – can be raised to up to 30 percent. Above all else, such office concepts are flexible. At least ten percent of workplaces are re-organised every year for internal purposes. With extremely dynamic companies, for example, in the IT branch or a company working strongly project-oriented, a third or even half the workplaces are affected. In future, an increasing number of companies will be greatly changing and will thus need models to do this relatively simply. Despite the benefits of flexible concepts, a study by the Deutsche Gesellschaft fuer Immobilienfonds (DEGI) (German Association for Real-Estate Funds) has shown that such visions are seldom realised. Office concepts in Germany are still very conventional.

As soon as flexible office concepts à la business club have made their way, office buildings with less stereotyped architecture can be planned.

The rectangular appearance marked by small-sized grids is predominantly necessary for office cells and far less crucial for other workspace concepts.

However, the economical utilisation of space is – irrespective of the shape of the building concerned – a characteristic of good architecture. One of our studies surprised specialists with the result that each third high-rise building is more space-economical than the average office building with a maximum of five storeys. This is why there is at present a trend towards high-rises. Yet, similarly popular are also projects with campus character: many small units which provide a synergy between inside and out and create their very own infrastructure.

Since a lot of office space is vacant at the moment, competition is fierce and space efficiency is a significant criterion of competition. Hardly any employer is aware of how much space can be saved by a building's design. But anyone leasing offices should compare Euro per workplace and not Euro per square metre. Once in a while, expensive locations offer more favourable costs per workplace than offers with a low square metre price – and vice versa.

In future, owners of office buildings will have to try to offer added value. The current millions of vacant square metres are relatively stereotyped, almost all of them comprising the same building type and grid. Added value starts where the owner offers further services by utilising synergy effects for his tenants. This can be done, for example, by arranging high discounts for his leaseholders by packaging the demand for office material, as well as by providing network hook-ups and IT support. Presumably, in future you will be able to book such services at the same time as the building. The owner of the building might gradually turn into a »provider«, making services available – all to do with office work.

*Wolfram Fuchs* is an architect and co-owner of the Munich corporate consultancy congena GmbH, specialising in the creation of change in the office work world.

# Vom Glück des Arbeitens

## Johannes Busmann über die Frage, wie Spaß am Arbeiten und Büroimmobilien zusammenhängen.

Seit vielen Jahren erlebe ich Diskussionen zum Thema Büro und Bürobauten mit – und ich halte diese Debatte für extrem funktional und technisch. Es ist zwar sinnvoll und richtig, dass man sich über funktionale Aspekte und deren Optimierung Gedanken macht – über Flexibilisierung, bestimmte Formen des Büros, der Grundrisse und so weiter. Aber ich habe den Eindruck, dass wir an diesen Punkten nicht mehr viel weiterkommen. Was in dieser ganzen Diskussion fehlt oder was wir neu entdecken müssen, ist die lebendige Qualität der Arbeit. Wie rückt sie wieder ins Bewusstsein? Ich glaube, wir gewinnen in Zukunft viel mehr, wenn wir darüber nachdenken, was uns Arbeit in unserem Alltag und in unserem Leben bedeutet. Es wächst allmählich die Einsicht, dass etwas anderes mit auf die Tagesordnung muss – dafür spricht schon das Thema der Orgatec, »Living at Work«. Sie könnte der Beginn einer Debatte zum Thema Arbeiten sein, die wir in den nächsten Jahren wahrscheinlich häufiger führen werden und für die wir offen sein sollten. Doch bis zu einem echten Wandel muss noch einiges geschehen, denn wir haben in Deutschland auch das Arbeiten sehr lange funktionsorientiert betrachtet.

### Viel zu funktionsorientiert

Sicherlich spielt die fast 100-jährige Tradition der Moderne hier eine wesentliche Rolle. Zur Moderne gehören Begriffe wie »Funktion« oder Haltungen wie »form follows function« – das ist unser Konsens. Wir ordnen unsere gesamte Lebenswelt funktional. Wir betrachten die Welt in Funktionsordnungen, teilen sie ein in Verkehrsräume, Ladenraum, Wohn- und Büroraum. Auch das Thema Büro wird in dieser Tradition seit langem funktionsorientiert diskutiert. Wir sprechen von Großraum-, Einzel- und Kombibüros und ständig neuen Differenzierungen.

Doch das reicht nicht mehr aus, schon lange nicht mehr. Wir arbeiten 40, 50 oder sogar 60 Stunden die Woche – und sollten allmählich auch darüber nachdenken, was Arbeit für unser Leben bedeutet. Wenn wir begreifen, dass das Arbeiten nicht ein Verkaufen von Zeit bedeutet, sondern dass es um die Verwirklichung unseres eigenen Lebens geht, gelangt eine andere Fragestellung in diese Thematik.

Natürlich haben viele Menschen das bisher auch an den Arbeitgeber delegiert. Nach dem Motto: »Sorgt ihr mal dafür, dass die Büroräume in Ordnung sind, dass die Quadratmeter richtig organisiert sind, dass wir auf richtigen Stühlen sitzen« und, und, und. Das ist unsere Denkweise. Ist es aber nicht viel wesentlicher, darüber nachzudenken, ob unser Arbeiten in ein lebendiges Umfeld integriert ist? Rausgehen zu können, um kurz einkaufen zu können oder einen kleinen Spaziergang durch die Stadt zu machen. Sich ein Eis zu holen oder mit den Arbeitskollegen mittags zum Spanier gehen zu können. Leider haben wir auch den Stadtraum streng funktional organisiert: Industriegebiete und Büroviertel auf der einen Seite, Stadt auf der anderen Seite. Diese Büroviertel sind so entworfen, dass sie funktional und monoton sind. Jetzt merken wir allmählich, wie spannend und anregend es ist, Stadt, Arbeit und Leben zu verbinden.

## Arbeiten + Stadt = Zukunft

In den 80er Jahren war es für die Immobilienwirtschaft sehr bequem und einfach, neue Standorte zu erschließen. Ihr Rezept war, auf der Fläche und an der Peripherie ein klar umrissenes Format als Büroraum zu realisieren. Solche standardisierten Immobilien wurden in den vergangenen Jahren in Überfülle realisiert – und stehen heute oft leer. Die Reaktivierung von Objekten in der Innenstadt ist im Vergleich dazu lästig, weil man an solche Vorhaben differenzierter herangehen muss. Aber es mag auch interessanter sein, sich ein Objekt aus den 20er Jahren mit vier Meter Raumhöhe vorzunehmen, denn daraus lassen sich ganz andere Raumqualitäten entwickeln. Combi- oder Großraumbüros entstehen so ganz von selbst.

Das deutet schon an, dass wir uns von der Formatierung der Büroimmobilien wegbewegen und uns Bestände vornehmen müssen. Wenn wir uns mehr in Richtung Stadtraum bewegen, wenn wir Reaktivierung als Potenzial wieder annehmen und uns zusätzlich fragen, was das für das Arbeiten an sich bedeuten kann, rutschen wir fast von selbst in eine andere, vielversprechende Diskussion.

Ich glaube, dass wir ohnehin vor einer Renaissance der Innenstadt stehen, denn die Gravitation der Innenstadt ist größer, als wir in den 80er Jahren gedacht haben. Damals, als der Handel auf die »grüne Wiese« gegangen ist, sah man das Ende der europäischen Stadt nah: »O Gott, die Städte zentrifugieren, sie reißen auseinander.« Doch zurzeit lernen wir den Erlebnisreichtum der Innenstädte wieder schätzen. Er ist im positiven Sinne chaotisch, weil er durch zahlreiche Zufälle geprägt ist. Der Zufall aber ist bereichernd. Er bereichert das Leben, und die Arbeit. In der Stadt kann einem hinter jeder Ecke ein vertrautes Gesicht begegnen oder ein überraschendes Ereignis passieren.

Natürlich sucht die Immobilienwirtschaft verlässliche Lagen. In den 90er Jahren konnte sie sich auf die peripheren Lagen konzentrieren und in großer Zahl Neubauten realisieren. Die gegenwärtige wirtschaftliche Situation setzt zahlreiche Nutzer stark unter Druck und es fehlen für solche Objekte die Nachmieter. Deshalb entsteht eine Gegenbewegung, sich wieder auf beständige, werthafte Lagen zu konzentrieren – und das heißt Innenstädte. Die Innenstadt Köln wird immer Innenstadt bleiben, auch in 50 Jahren noch. Was die »gute Adresse« und die Verkehrsanbindung angeht, ist die Innenstadt einfach optimal – von dieser Standortbewegung wird auch das Arbeiten in Zukunft profitieren.

## Neu diskutieren über Qualität der Arbeit

Jeder Arbeitgeber, ob nur Nutzer oder auch Investor, überlegt sich wohlweislich, wo er sein Investment »Büroimmobilie« künftig platzieren wird. Die Innenstadt bietet hier die attraktivsten Standorte und wird von der Immobilienwirtschaft in den letzten Jahren zunehmend nachgefragt. Die Arbeit wird durch diese Bewegung wieder in andere Zusammenhänge gestellt. Sie ist nicht mehr Ausdruck einer monofunktionalen Optimierung, sondern integriert sich wieder in die vielgestaltigen Abläufe des städtischen Lebens. Die einfachen Ordnungen der »modernen Stadt« weichen wieder den komplexen chaotischen Strukturen unserer »alten Innenstädte«, die Grundlage aller Kreativität und Vitalität sind.

*Dr. Johannes Busmann* ist Verleger und geschäftsführender Gesellschafter des Verlages Müller + Busmann KG. Er ist unter anderem Herausgeber der Zeitschriften *build – Das Architekten-Magazin* und *polis – Zeitschrift für Stadt und Baukultur*.

# Fun in Work

## Johannes Busmann about the question of how fun at work and office furniture correlate.

For many years now I have followed the discussions about offices and office buildings – and I consider this debate extremely functional and technical. True, it is meaningful and quite correct to ponder on the functional aspects and how to optimise them, on flexibilisation, specific office forms, ground plans and the like. What is, however, lacking in this entire discussion or what we have to re-discover is the lively quality of work. It is my belief that we will gain a great deal more in future, if we have a think as to what work in our everyday lives and in our own lives actually means. Yet quite a lot must happen until changes happen, since we in Germany have been considering work as something functional for a very long time.

Certainly, the almost century-old tradition of the modern plays an important role here. Part and parcel of the modern are such terms as »function« or attitudes such as »form follows function« – that is our agreement. We regard the world in functional order, breaking it down into traffic areas, business, shopping, office and residential areas. The subject of the office has also been discussed in this tradition as functionally-oriented for a long time. But this is no longer adequate – indeed it hasn't been for some time. Naturally, many people have been delegating this to the employer. Along the lines of: »You take care of the offices being in order, of the square metres of space being correctly organised, of our sitting on the right chairs« and so on and so forth. This is how we think.

Wouldn't it be much more substantial to ponder the question as to whether our working should be integrated into a living environment, namely the city centre? Unfortunately, we have also been organising the municipal area strictly along functional lines: Monotonous industrial areas and office buildings on the one side, the city on the other. Now we are gradually noticing how exciting and stimulating it is to link up the city, work and life.

In the eighties, it was very convenient and simple for the real-estate industry to develop new locations. The recipe was to realise a clear-cut format as office space on site and at the periphery. If we then move in the direction of the city itself, if we again accept reactivation as a potential and additionally ask ourselves what this may mean for work per se, we will promptly slip – almost automatically – into another, promising discussion. In other words, the simple order of the »modern city« again gives way to the complex chaotic structures of our »old city centres« that are the basis of all creativity and vitality.

*Dr. Johannes Busmann* is a publisher and managing partner of the publishing house Mueller + Busmann KG. He is the publisher, amongst other periodicals, of the magazines *build – Das Architekten-Magazin* und *polis – Zeitschrift fuer Stadt und Baukultur*.

# What's Art Gotta Do with It?

## Stefan Shaw über Unternehmenskommunikation mit den Mitteln der Kunst.

Nie gab es so viele Produkte und Dienstleistungen wie heute. Nie war der Kunde so anspruchsvoll. Nie war es für den Kunden so leicht, Produkte und Dienstleistungen mit ähnlichen Produkten und Dienstleistungen zu vergleichen. Der Blick gleitet durch die Regale und 1.000 Tütchen, Päckchen, Döschen, Tübchen und Dienstleistungen schreien: »Hier!« Alle bieten »den vollen Service«, »die maßgeschneiderte Kundenbetreuung«. Sie wollen mit uns »laut nachdenken« und dann »den Weg frei machen«. »Das grüne Band der Sympathie«, »Gelber Strom«, »Für meine Zukunft sehe ich blau«. Nach den Farben jetzt die Liebe: Volkswagen produziert »aus Liebe zum Automobil«. ProSieben »loves to entertain you«. McDonald's sagt: »Ich liebe es«, und selbst bei McKinsey heißt es »Passion wanted«.

Worum geht es bei diesem multimedialen Lärm? Es geht in erster Linie um Differenzierung und Emotionalisierung. Zunächst sollen Firmen und Produkte erkannt und dann sollen sie begehrt werden. Je hochwertiger die Produktgruppe, desto notwendiger, sie gegenüber anderen Angeboten abzusetzen.

### Profis in visueller Kommunikation

Hierfür liegen in der bildenden Kunst und ihren Schöpfern enorme Potenziale, die von Unternehmen gewinnbringend genutzt werden können. Dies bestätigen sowohl konkrete Erfahrungen von Unternehmen, die Kunst und Künstler gezielt einsetzen, als auch empirische Studien, die in den letzten Jahren zu diesem Thema durchgeführt wurden.

Zeitgenössische Kunst operiert in erster Linie visuell und so sind es vor allem visuelle Anwendungsfelder, insbesondere im Rahmen der Unternehmenskommunikation, für die Künstler Wert schaffen können. Die

Schlüsselbegriffe für das Verständnis des konkreten künstlerischen Wertbeitrages sind »Distanz« und »Metapher«. Eigene Behauptungen allein reichen selten aus, um glaubwürdig zu sein. Da bedarf es schon einer Bestätigung von außen, um aus einer Meinung eine Tatsache zu machen. Eine solche unabhängige Position hat ein Künstler per se inne, da er sich in einer natürlichen *Distanz* zu seinem Gegenstand befindet. Nicht nur, dass der Künstler nicht dem Unternehmen zugehörig ist; er ist ja zumeist noch nicht einmal in der Wirtschaftswelt an sich zu Hause. Distanzierter, somit authentischer kann ein externer Beobachter kaum sein.

Gerade theoretische Konzepte wie Toleranz, Individualität, Respekt, Leistungsbereitschaft, Loyalität et cetera, wie sie als Unternehmenswerte und -kultur beschworen werden, bedürfen der Bilder und Symbole, damit sie als einprägsame Botschaft wahrgenommen werden können. Künstler sind Profis, wenn es darum geht, für Aussagen *Metaphern* zu finden, ihnen Symbole oder Bilder zuzuordnen oder ihnen durch die Neukombination mit anderen Inhalten frischen Wind zu verleihen.

Drei Beispiele aus einer Stadt sollen dies veranschaulichen.

## Dynamische Schritte für die Münchener Rück

Versicherungsunternehmen sind – visuell gesehen – ein schwieriges Thema, da ihnen kaum eindeutige Bildmotive zuzuordnen sind. Es geht um Absicherung gegenüber Schadensfällen. Bei einer Rückversicherung geht es gar um die Versicherung für Versicherungen. Wie soll man so etwas visualisieren? Durch Zahlenkolonnen? Ärmelschoner? Schadensfälle? Das Versprechen einer heilen, sicheren Welt? Was ist das passende Bild, die passende Skulptur?

Diese Aufgabe stellte sich dem Künstler Jonathan Borofsky, als die Münchener Rück ihrem Gebäude an der Münchner Leopoldstraße ein neues Gesicht gab und nach Kunst für den der Straße zugewandten Außenbereich suchte. Borofsky schlug vor, eine gigantische, die Bäume der Straße überragende, menschenartige Skulptur aufzustellen, die mit energischem Schritt voranschreiten sollte, einen »Walking Man«.

Die Münchener Rück entschied sich, dem Vorschlag des Künstlers zu folgen. Was nach der Aufstellung der 17 Meter hohen und 16 Tonnen schweren Skulptur im Jahr 1995 geschah, erstaunte alle Beteiligten. In nahezu jedem größeren Presseartikel, der über die Münchener Rück publiziert wurde, tauchte der Walking Man als willkommene Bebilderung auf. In der Folge weitete sich die Nutzung des Bildmotivs sogar auf Pressebeiträge über das Versicherungsgeschäft im Allgemeinen aus.

Somit wurde in einer als wenig aufregend und dynamisch wahrgenommenen Branche einem Unternehmen ein einprägsames Symbol zugeordnet, das Dynamik mit Stil und (Kunst-)Geschmack verknüpfte. Die vergleichsweise simple Entscheidung für die Arbeit von Jonathan Borofsky hatte einem der größten, mächtigsten und traditionsreichsten Unternehmen Deutschlands ein Image beschert, wie es durch die ausgefeilteste (und teuerste) Kampagne kaum besser hätte erreicht werden können.

## Symbolische Funktion für die TU München

Zweites Beispiel: Die Technische Universität München plante einen Neubau für ihre Fakultät für Mathematik und Informatik. Universitäten treten zunehmend miteinander in einen Wettbewerb um die besten Talente. Dieser Wettbewerb wird in Zukunft ergänzt werden durch einen Konkurrenzkampf um die potentesten privaten Förderer. Zumeist werden dies Alumni sein, die in der jeweiligen Universität ausgebildet wurden.

Es geht also um *Kundengewinnung* und *Kundenbindung*. Wie gibt man nun einer Fakultät für Mathematik und Informatik ein Gesicht, welches das Institut sowohl für die talentiertesten Studenten als auch die künftigen Alumni unverwechsel- und erinnerbar macht? Wie kann ein Symbol beschaffen sein, mit dem man den Ort und das Thema des Studiums miteinander verknüpft bekommt? Welche Metapher bietet sich an?

Das Künstlerduo Brunner und Ritz packte das Problem an der Wurzel beziehungsweise an dessen Exponentialfunktion. Zusammen mit einem Professor des Instituts wurde eine elegante Funktionsgleichung für eine Parabel entwickelt. In der Form genau dieser Parabel konzipierten Brunner und Ritz im Jahr 2002 eine Hochgeschwindigkeitsrutsche und bauten sie quer durch das gesamte Gebäude in den Lichthof. Wer vom dritten Stock nach einem schnellen Ausweg aus dem Gebäude sucht, kann sich auf die Rutsche setzen und binnen Sekunden das Erdgeschoss erreichen, von dem aus das Gebäude verlassen werden kann. Rutschen auf dem Buckel einer eleganten Funktionsgleichung – ein einzigartiges Symbol für die Fakultät, das Mitarbeiter, Studenten, Alumni und Besucher erfahren, indem sie es befahren.

## Lovells zeigt seine Hände

Die Sozietät Lovells gehört zu den größten Anwaltssozietäten weltweit. In Deutschland ist die Sozietät seit Anfang 2000 präsent, und zwar durch eine Fusion mit der deutschen Sozietät Boesebeck Droste, die wiederum aus Zusammenschlüssen lokaler Anwaltsbüros entstanden war. Das dynamische Wachstum von Lovells – auch in München – verlangte bald nach einem neuen Standort und damit auch nach Kunst für den repräsentativen Eingangsbereich. Aber nicht irgendeine Kunst, sondern Kunst, die für das neue Unternehmen Lovells stehen, aber auch die Tradition der (teils lokalen) Vorgängersozietäten transportieren sollte.

Der Schlüssel für eine Lösung lag in der Selbstdarstellung von Lovells. Viele Sozietäten, insbesondere Kanzleien mit vergleichbarer Größe betonen, mit ihrer »global firm« ihrem Kunden in alle Geschäfte und an alle Orte der Erde folgen zu können. Lovells hingegen stellt die Individualität, die Persönlichkeit des einzelnen Anwalts in den Vordergrund ihrer Kommunikation. Persönlichkeit heißt auch Geschichte und genau dies war die Klammer, die den Anspruch von Lovells mit der Geschichte von Boesebeck Droste zusammenführen konnte.

Lovells beauftragte die Künstlerin Nataly Maier, diese Aufgabe künstlerisch zu lösen. Gemeinsam mit den Partnern der Sozietät entschied sich Maier, sechs Personen zu portraitieren: einen langjährigen Mandanten der Sozietät, den Gründerpartner der ursprünglichen Sozietät in München, einen Namenspartner des Düsseldorfer Büros, die Sekretärin mit der längsten Firmenzugehörigkeit, die erste eingestellte Anwältin der neuen Sozietät und den Partner, der das Kunstprojekt initiiert hatte.

Von den Händen dieser Personen nahm Maier jeweils einen Abdruck und führte ein ausführliches Gespräch mit ihren »Modellen«. Ihre Interpretationen der Gespräche übersetzte Nataly Maier daraufhin in eine künstlerische Interpretation der »abgenommenen« Handlinien. Nichts wurde erfunden oder hinzugefügt, aber Maier verstärke einige Linien oder schwächte andere ab. Am Ende dieses Prozesses entstanden sechs Abstraktionen von Persönlichkeiten in Form großformatiger Arbeiten im Eingangsbereich, die nahezu jeden Besucher zu der Frage verleiten: »Was ist das?« Die Antwort ist die beste, die Kunst im Rahmen der Unternehmenskommunikation geben kann: »Das sind wir!«

## Aus der Distanz zu neuen Ideen

Kurz, als externe, unbefangene Kreative können Künstler einen neuen Blick auf ein Unternehmen entwickeln. Durch unkonventionelle Ideen sind sie in der Lage, Objekte und Botschaften zu schaffen, die eine – durchaus auch ironische – Distanz zu ihrem Gegenstand zeigen. Gerade durch diese Distanz können Künstler prägnante Metaphern entwickeln, die für das Unternehmen stehen, werben und damit nachhaltigen Wert generieren.

*Stefan Shaw* beriet nach kulturwissenschaftlichem Studium und Promotion für die Boston Consulting Group international führende Unternehmen in strategischen Fragen, bevor er 2001 das Unternehmen art matters gründete, ein Beratungsunternehmen an der Schnittstelle von Wirtschaft und Kunst. Shaw ist Lehrbeauftragter der Universität Marburg sowie des Instituts für Kulturmanagement an der PH Ludwigsburg.

# What's Art Gotta Do with It?

## Stefan Shaw about corporate communication with the means of art.

There have never been so many products and services as today. Never have customer been so discerning. Never has a customer found it so easy to compare products and services with similar products and services. This is how differentiation and emotionalisation turn out to be more important. To begin with, companies and products are to be recognised and then coveted. The higher-grade the product group, the more indispensable it is to market it over other offers.

To this end, there is enormous potential in the fine arts and their creators that can be put to remunerative good use by businesses. Contemporary art operates visually, and therefore it is, above all else, visual fields of application – particularly within the scope of corporate communication – for which artists can create value. The key terms for understanding the value of artistic contribution are »distance« and »metaphor«. The assertions a company makes are seldom sufficient to be credible. There has to be a confirmation from outside in order to transform an opinion into a fact. An artist possesses such an independent position per se due to the fact that he is at a natural *distance* to his subject. Not only does the artist not belong to the company; usually the artist is not even at home in the economic world either.

It is precisely theoretical concepts, such as tolerance, individuality, respect, readiness to perform, loyalty, et cetera as conjured up as corporate values and culture, that require images and symbols, so that they can be perceived as easily remembered messages. Artists are pros when it is a question of finding *metaphors* for statements, allocating symbols or images to them or providing them with a fresh wind with other contents through the new combination.

One example: Insurance companies are – seen visually – a difficult subject, there are few motifs you could allocated to them. Re-insurance is – what is more – insurance for insurances. How are you supposed to visualise something like that? Through columns of numbers? Elbow pads? Actual claims? This job was assigned to the artist Jonathan Borofsky when the Muenchener Rueck reinsurance company gave its building in the Leopoldstrasse in Munich a new face and looked for art for the outside area facing the street. Borofsky proposed setting up a gigantic humanoid sculpture projecting over the trees in the street, who was to make progress with energetic steps, a »Walking Man«.

Muenchener Rueck decided to go for the artist's proposal. What happened after the 17 metre high and 16 ton sculpture was set up in 1995 astonished all participants. In practically all major press articles published about Muenchener Rueck the Walking Man was shown as a welcome illustration. What we have here then is a company that is perceived in a less exciting and dynamic branch being allocated an easily remembered symbol that ties in dynamics with style and (artistic) taste. The comparatively simple decision for Jonathan Borofsky's work had presented one of the greatest, most powerful and most traditional companies in Germany with an image that could hardly have been attained better through the most sophisticated (and most expensive) advertising campaign.

After his cultural studies and doctorate, *Stefan Shaw* advised internationally leading concerns in strategic questions for the Boston Consulting Group, before he founded the company art matters in 2001, a consultancy at the interface between science and art. Shaw is a lecturer at the University of Marburg as well at the Institute for Cultural Management at the PH Ludwigsburg.

# Spielräume gefragt

Gottfried Richenhagen über gesünderes Arbeiten.

Der Faktor Gesundheit bei der Arbeit hat für die Unternehmen strategische Bedeutung bekommen, ist entscheidend für die Wettbewerbsfähigkeit. In einer Gesellschaft, in der immer mehr Menschen mit hochkomplexen, wissensintensiven Produkten zu tun haben, kommt es immer stärker auf die »Ressource Mensch«, auf die Köpfe der Mitarbeiter an. Und eine der wichtigsten Vorbedingungen, um gute Arbeit zu leisten, ist eben Gesundheit.

## An den Arbeitsprozessen ansetzen

Die zu gewährleisten ist gar nicht so leicht. Zwar müssen immer weniger Menschen befürchten, dass ihnen bei der Arbeit ein Finger abgetrennt werden könnte, sie verschüttet werden oder ihnen ein Ziegelstein auf den Kopf fällt. Aber es bringt neue Probleme mit sich, dass der Trend immer stärker zu einseitiger »Kopfarbeit« geht. Bisher war der Fokus darauf, ob der Mitarbeiter die richtigen Arbeitshandschuhe und Schutzhelme zur Verfügung gestellt bekommt. Inzwischen gibt es einen Wandel des Belastungsspektrums in Richtung Rückenleiden (einer der Hauptursachen von Krankenständen), Stress, mangelnder Handlungsspielraum und Zeitdruck. Mit solchen Krankheitsursachen muss man natürlich anders umgehen als mit den klassischen Gefährdungen physischer Art. Es gilt, an den Arbeitsprozessen anzusetzen.

Dazu gehört zum Beispiel, in der Arbeitszeit Phasen der Ruhe einzuplanen, die Tätigkeit abwechslungsreich zu gestalten und durch Teamarbeit die sozialen Ressourcen, die im Betrieb stecken, hervorzuholen. Aus der Arbeitswissenschaft wissen wir, dass eine Belastung – zum Beispiel Stress – nicht notwendigerweise zu Krankheiten führen muss. Wenn man in einem Team arbeitet, in dem sich die Mitglieder gegenseitig unterstützen und zusammenhalten, kann man Stress ganz anders bewältigen als ein Einzelkämpfer. Wichtig sind auch Spielräume. Wenn jemand Handlungsspielräume hat, um auftretende Probleme – ob mit dem Kunden oder mit Kollegen – umschiffen zu können, dann empfindet er Belastungen weniger stark. Zeit- und Entscheidungsspielraum (also einmal selber etwas entscheiden zu können, ohne jedes Mal den Vorgesetzten fragen zu müssen) wirken also positiv. Man hat nachgewiesen, dass Leute, die beispielsweise zeitlichen Spielraum hatten, weniger krank wurden als Leute, die unter Zeitdruck arbeiten mussten.

Leider ist es unterschiedlich, wie Unternehmen mit solchen Fragen umgehen. Beispiel Bildschirmarbeit. Es ist wichtig, bei dieser eindimensionalen, stark fokussierten Belastung öfter mal eine kurze Pause einzulegen. Manche Unternehmen ziehen das von der Arbeitszeit ab. Doch Mitarbeiter, die solche Pausen machen, sind unterm Strich effektiver als die, die keine machen.

Ähnlich kurzsichtig ist es, Personal abzubauen und den verbleibenden Mitarbeitern mehr Arbeit aufzubürden denn je. Man wird zwar kurzfristig Kräfte mobilisieren und Erfolge vorweisen können, wenn man sozusagen mit der Peitsche dasteht und Leistung erzwingt. Aber langfristig ist eine solche Taktik nicht sinnvoll. Wer strategisch und langfristig denkt, der will auch seine Marktposition halten und ausbauen. Dazu braucht man Innovation, also auch innovative Mitarbeiter, für die man entsprechende Arbeitsbedingungen schaffen muss.

## Prävention ist Trumpf

Im Bereich der klassischen Ergonomie hat sich in den letzten 20 Jahren zum Glück eine Menge getan. Früher gab es keine Diskussion darüber, wie ein guter Bildschirm aussieht. Heute sind aufgrund des starken privaten Markts Prüfsiegel und Qualitätsstandards entstanden. Allerdings differiert der Stand der Dinge in den Betrieben sehr stark: Es gibt immer noch Unternehmen, die auf diesem Feld relativ unbeleckt sind. Zum Glück beherrschen sehr viel mehr Betriebe die klassische Ergonomie sehr gut und verfügen über gute Schreibtische, Bildschirme et cetera. Der große weiße Fleck ist, wie erwähnt: Wie beherrsche ich die Arbeitsorganisation und die Kommunikation der Leute untereinander unter gesundheitlichen Aspekten?

Auch andere ungelöste Probleme gibt es noch. So bekommen nicht wenige Mitarbeiter, die am Bildschirm arbeiten, trotz ergonomischer Technik immer noch Beschwerden in den Händen. In diesen Fällen ist das Ursachenbündel groß und differenziert. Es hängt nicht nur mit der mechanischen Belastung durch die Benutzung der Maus zusammen, sondern auch damit, ob derjenige unter Stress, also verkrampft, oder entspannt arbeitet. Auch eine mangelnde Schulung kann Quelle für Belastungen sein. Diese Ursachen kann man nicht allein dadurch beeinflussen, dass man den Mitarbeitern eine gute Tastatur und einen Schreibtisch hinstellt.

Eine moderne Prävention muss sowohl bei den Verhältnissen als auch beim Verhalten ansetzen, das ist der Schlüssel zum Erfolg. Ein Unternehmen, das nur am Verhalten der Mitarbeiter herumdoktert, wird scheitern. Beispiel: Die Leute werden zu Anti-Stress-Seminaren geschickt, doch die Arbeit ist so organisiert, dass permanent Stress auftritt. So etwas funktioniert natürlich nicht. Umgekehrt geht es auch nicht: Wenn man die Arbeit vernünftig gestaltet, kann man trotzdem nicht darauf setzen, dass die Leute die Spielräume, die sie brauchen, für ihre eigene Gesundheit nutzen.

## Die richtige Büroplanung

Gute Prävention fängt schon bei der Planung der Büroräume an. Man sollte schon ganz zu Anfang überlegen, welche Arbeitsorganisation man im Unternehmen hat – dann kann man überlegen, welches die passenden Büroraumkonzepte dazu sind. Der zweite wichtige Punkt ist, dass man die Integration des Arbeits- und Gesundheitsschutzes direkt in der Planung berücksichtigen sollte. Wenn man weiß, dass nachher alles Bildschirmarbeitsplätze sein werden, sollte man die Räume auch entsprechend gestalten.

Nicht nur, wenn man ein neues Gebäude baut, auch wenn man nur die Anschaffung neuer Möbel plant, sollte man einen Experten hinzuziehen, der sich mit dieser Thematik auskennt und erläutern kann, was für Anforderung man an den Architekten oder Lieferanten der Möbel stellen sollte. Das ist einfacher und vor allem um den Faktor zehn billiger, als später nachzubessern. Solche Beratungen machen beispielsweise die Berufsgenossenschaften, es gibt aber auch reichlich freie Berater, die sich mit diesem Thema auskennen.

Ganz wichtig ist, bei der Büroplanung die Mitarbeiter zu beteiligen. Leider werden sie viel zu selten gefragt, was sie brauchen, um gut arbeiten zu können. Ein solches Prozedere muss nicht unbedingt teurer werden –

oft entstehen die Kosten, wenn Mitarbeiter in Büros gesetzt werden, zu denen sie nichts sagen durften und in denen sie sich nicht wohl fühlen. Zudem wirken Veränderungen, die man selbst nicht beeinflussen kann, ganz anders als Veränderungen, die man selber mitgestaltet hat.

Leider ruft der Begriff »Wohlfühl-Büro« immer noch Kritiker auf den Plan, die sagen: »Wir sind hier doch nicht im Urlaub.« Wie wichtig dieses Thema ist, zeigt sich jedoch daran, dass sogar in der Arbeitsschutzgesetzgebung steht, dass das »Wohlbefinden bei der Arbeit« ein ganz wesentliches Ziel der Bestimmungen ist. »Wohlbefinden« ist eine der Ingredienzien, die man in einer hoch industrialisierten Hochlohngesellschaft und -wirtschaft braucht, um permanent gute Produkte und Dienstleistungen erbringen zu können.

Diese Gesundheitsaspekte werden sich durchsetzen. Aber es wird ein langwieriger Prozess sein, denn die Vorteile für das Unternehmen entstehen nicht sofort. Studien haben gezeigt, dass betriebliche Gesundheitsförderung und Gesundheitsmanagement sich erst in einem Zeitraum von drei bis fünf Jahren rechnen. Viele Unternehmen haben leider eine kurzfristigere Perspektive. Das kann man verstehen, wenn diesem Unternehmen das Wasser bis zum Hals steht – aber eine solche Denkweise ist nicht gerade klug, wenn man eine langfristige Unternehmenspolitik machen will, die das Unternehmen weiterhin gut am Markt positioniert.

*Gottfried Richenhagen* von der Gemeinschaftsinitiative Gesünder Arbeiten e. V. ist Referatsleiter im Ministerium für Wirtschaft und Arbeit des Landes Nordrhein-Westfalen.

# Leeway in Demand

## Gottfried Richenhagen about healthier working.

The health factor in work has taken on strategic significance for companies, and it is of decisive importance for competitiveness. In a society where an increasing number of people have to deal with extremely complex, knowledge-intensive products, the »resource humankind« – the staff – are being increasingly focused on. And one of the most vital preconditions to perform good work is simply good health.

It is by no means an easy matter to ensure this. While it is true that fewer people have to fear losing a finger or being buried alive at work nowadays, yet certain new difficulties emerge from the trend to brainwork. This causes different health problems like back complaints (one of the main causes of sickness in companies), stress, lack of leeway in action and hassle. The word of the day therefore is to start on the work processes.

This involves, for example, planning quiet phases in work time, shaping work to be varied, and underscoring the social resources immanent in the business through teamwork. From industrial science we know that a strain or burden – for example, stress – does not necessarily have to lead to illness. If you work in a team with the members supporting each other and sticking together, you can deal with stress quite differently than when alone. Leeway is also important. If you have leeway in action and decisions that allow you to deal with problems that might occur – no matter whether with customers or colleagues – then you will perceive burdens less intensely.

Unfortunately it varies as to how businesses deal with such questions. Example – work in front of a screen. It is essential to take short, frequent breaks under this one-dimensional, strongly-focused strain. Some businesses subtract this from employees' work time. Yet those members of staff who take such breaks are, in the final analysis, more effective than those who don't. It is just as short-sighted to cut down on staff and to saddle the remaining with more work than ever before.

Fortunately a great deal has been done in classical ergonomics in the last 20 years. The essential issue here is: Modern prevention must start both in relationships as well as in behaviour – herein lies the key to success. A business that only tinkers around with employees' behaviour is doomed to failure. For example: Staff are sent to anti-stress seminars despite the fact that the work is organised in such a manner that stress occurs on a permanent basis. It doesn't work the other way round either: If work is organised reasonably, you still cannot guarantee that employees will behave in a healthy way.

Good prevention begins as early as when the offices are being planned. Right from the word go, you should think about what work organisation you want to have in your business. Only then will you be able to decide what office design will be fitting. The second essential is to integrate employment and health protection directly in planning. What is also of importance is to have employees participating in the office planning themselves. Regrettably, they are seldom asked what they actually need to be able to work well.

These good-health aspects will make their way. But it will be a long-drawn-out process, for the benefits for business are not immediately apparent. Studies have shown that health promotion and health management in companies only turn out to be profitable within a period of three to five years. Many businesses unfortunately have a shorter-term perspective. This is all readily understandable if the particular business concerned is up to its neck in debt, but such a line of thinking is not especially intelligent, if you are bent on a long-term policy that will continue to give your business that market edge.

*Gottfried Richenhagen* from Gemeinschaftsinitiative Gesuender Arbeiten e. V. is department head in the Ministery for Work and Industry of the State of North-Rhine-Westphalia.

# Die Infrastruktur von morgen

## Stephan Zinser über flexible Arbeitswelten.

»Wir arbeiten in Strukturen von gestern, mit Methoden von heute an Problemen von morgen, vorwiegend mit Menschen, die Strukturen von gestern gebaut haben und das Morgen innerhalb der Organisation nicht mehr erleben werden«, bringt der bekannte Managementautor Knut Bleicher die Situation in Deutschland auf den Punkt. Eins ist klar: Wir brauchen dringend Innovationen. Und zwar in drei Bereichen: bei den Produkten, bei den Prozessen und bei den Strukturen. Zu Letzterem zählen auch neue Bürostrukturen und -prozesse, denn diese fördern indirekt Produktinnovationen.

### Büros und die Wissensgesellschaft

Doch in diesem Bereich ist noch viel zu tun. Denn die Wirtschaft wandelt sich stark, während die Büros in vielen Unternehmen sich kaum verändern. Unternehmen sind heute keine isolierten Organisationen, sondern wandeln sich zu einem Knoten in einem Netzwerk interner und externer Leistungszentren.

Dabei lösen sich Unternehmensgrenzen auf. Die eigenen Mitarbeiter bewegen sich zunehmend aus dem Unternehmen heraus, gleichzeitig bewegen sich temporäre Mitarbeiter wie Freelancer, Consultants oder Zeitarbeitskräfte, aber auch Kunden und Lieferanten zunehmend in das Unternehmen hinein. Dies bedeutet, dass es drei Unternehmenszonen geben wird: die interne Unternehmenszone (geschlossene Bürozone), sowie semiöffentliche (zum Beispiel das »Home-Office«) und öffentliche Zonen (wie zum Beispiel Flughafen-Lounges). Dazu müssen Lösungen geschaffen werden, die neben den räumlichen, technologischen und sozialen Bedürfnissen im Netzwerk der Arbeitsplätze auch zunehmende Sicherheitsbedürfnisse erfüllen.

Das Büro ist heute nicht mehr ein Ort der Aufgabenerfüllung, sondern trägt als Werkzeug zur Wettbewerbsfähigkeit des Unternehmens bei. Es ist eine Produktionsstätte, bei der immateriell mit Daten und Informationen umgegangen wird, die einen wesentlichen Beitrag zum Unternehmenserfolg leisten. Innovative Bürostrukturen müssen diese geistigen Arbeitsprozesse genauso abbilden, wie in Fabriken Fertigungsprozesse optimiert wurden.

Heute müssen Bürostrukturen daher vor allem flexibel sein. So wie sich die Unternehmen der veränderten Wirtschaft anpassen, so müssen sich auch die Büros verändern. Schnelligkeit, Wandel, Kreativität und Innovation – dies sind die Wettbewerbsfaktoren, die Büros in der heutigen Wissensgesellschaft unterstützen sollten. Und doch sind nur wenige Beispiele erfolgreicher Einführungen von flexiblen Bürolösungen bekannt. Oft zeigt es sich, dass neue Bürokonzepte von Mitarbeitern nicht immer akzeptiert und die Ziele, die damit verbunden sind, nicht erreicht werden. Dabei steht fest, dass durch die Entscheidung für oder gegen ein bestimmtes Bürokonzept Arbeitsprozesse, Verhaltensweisen, Effizienz und Wohlbefinden der Mitarbeiter entscheidend geprägt werden. Doch der Wechsel von Einzelbüro hin zu flexibleren, offeneren und transparenteren Strukturen ist in vielen Fällen mit Widerstand verbunden. Und das, obwohl Management und Mitarbeiter meist einsehen, dass sich Bürostrukturen den veränderten Arbeits- und Organisationsstrukturen anpassen müssen. Mobilität, Kommunikation, Team- und Projektarbeit entlang ganzheitlicher Prozesse sind nur einige der Treiber, die innovative Bürostrukturen fordern.

Gerade durch zunehmende Mobilität der Mitarbeiter und Komplexität der Arbeitsinhalte wird sich der Büroarbeitsplatz zu einem Netzwerk von Arbeitsplätzen entwickeln. Die Grenzen zwischen Arbeit, Zuhause und Reisen verschwimmen. Der Büroarbeitsplatz wird durch weitere Arbeitsplätze ergänzt: Büro im Auto, Büro im Zug, Büro zu Hause, Büro beim Kunden et cetera. Letzten Endes wird das Internet zum »Arbeitsraum« und das Büro zum Knotenpunkt im Netzwerk der Arbeitsplätze und -prozesse. Die Büroimmobilie wird zum Ort der Kommunikation, der Teamarbeit, der kooperativen Planung und des informellen Austausches: Ort der sozialen Interaktion und Heimat für ständige als auch temporäre Büronutzer. Also auch für Kunden.

## Eine neue Infrastruktur entsteht

So, wie für die Industriegesellschaft eine Infrastruktur in Form von Straßen, Raststätten, Tankstellen, Eisenbahnnetzen und Bahnhöfen aufgebaut worden ist, ist nun die Herausforderung, eine der so genannten Wissensgesellschaft angepasste Infrastruktur zu konzipieren und umzusetzen. Lösungsansätze liegen darin, dass das Netzwerk der Arbeitsplätze durch räumliche, digitale und soziale Infrastrukturen verbunden wird.

Räumliche Infrastrukturen sind die physischen Arbeitsplatzangebote (im eigenen Bürogebäude, beim Kunden, im Zug ...). Jeder dieser Arbeitsplätze bietet eine bestimmte Infrastruktur und erfüllt für den jeweiligen Nutzer unterschiedliche Bedürfnisse und Anforderungen. Aber auch unterschiedliche Arbeitsplatztypen in einem Firmengebäude, die den Anforderungen der jeweiligen Tätigkeit entsprechend genutzt werden, fallen in diese Kategorie. Digitale Infrastrukturen erlauben den Zugang zu allen digitalen Informationen zu jeder Zeit an jedem Ort der Welt. Dazu zählt beispielsweise auch der Aufbau so genannter Wireless Hotspots, wie sie zum Beispiel in den Lounges der Deutschen Bahn und der Lufthansa sowie verschiedenen Hotels bereits vorhanden sind. Der Nutzer hat dabei über seinem WLAN-fähigen Laptop kabellosen Zugang zu Internet und seinen E-Mails.

Soziale Infrastrukturen bedeutet das bewusste Bilden so genannter Communities, in denen die Mitarbeiter ein Identitäts- und Zugehörigkeitsbewusstsein zu ihren Teams oder zum Unternehmen entwickeln können. Aber auch Dienstleistungen, vor allem wenn diese zentral im Unternehmen erbracht werden, erweisen sich als stabilisierender Faktor bei Veränderungen, schaffen Identität und sind ein Ruhepol für die Mitarbeiter. Denn die Mitarbeiter brauchen Konstanten und Kontinuität im Unternehmen. Dezentrale Lösungen beinhalten oft keine einheitliche Standards (wie zum Beispiel Telefon- und Raumlisten) – das kann zu ungewollten Subkulturen führen.

Wichtig ist beim Thema Infrastruktur auch, dass es genug Rückzugsmöglichkeiten gibt. Da sich die Arbeit immer weiter verdichtet und beschleunigt, sind Ruhephasen und damit auch -zonen unverzichtbarer Bestandteil flexibler Arbeitswelten und müssen in flexiblen Konzepten berücksichtigt werden.

Teil des Netzwerks von Arbeitsplätzen sind Telearbeitsplätze. Das Institut für Arbeitsforschung und Organisationsberatung hat die grundsätzliche Bereitschaft sowie die Schlüsselkriterien für die Einführung von

Telearbeit an einem konkreten Fall untersucht, dem Urserntal in der Schweiz. Damit sollte geklärt werden, unter welchen Voraussetzungen in der Region solche standortunabhängigen Arbeitsplätze geschaffen werden könnten. Denn solche neuen Möglichkeiten könnten die Bewohner des Urserntals motivieren, trotz immer knapperer Arbeitsplätze in der Region zu bleiben und aktiv an der Gestaltung ihrer Wohnumgebung teilzunehmen. Die grundsätzliche Bereitschaft für Telearbeit erwies sich als hoch: Für 64,6 Prozent der antwortenden 231 Personen (27,3 Prozent der Bevölkerung im erwerbsfähigen Alter) ist Telearbeit durchaus vorstellbar, allerdings lieber daheim als in einem Telearbeitscenter. Mit zunehmendem Alter jedoch sinkt die Bereitschaft etwas ab. Personen, die ihre Soft- und Hardwarekenntnisse als weniger gut einschätzen, zeigten auch weniger Bereitschaft für Telearbeit. Die Studie zeigt zudem auf, dass man bei der Einführung von Telearbeit zu Hause berücksichtigen sollte, ob sich das häusliche Umfeld des zukünftigen Telemitarbeiters überhaupt dafür eignet und es dort nicht zu viele störende Einflüsse gibt.

## Warum flexible Arbeitswelten?

Bei der Einführung flexibler Arbeitswelten gibt es drei Zielebenen:

- Strategische Ziele: dynamisches, schlagkräftiges Image.
- Operative Ziele: Erhöhung der Kommunikation und Flexibilität.
- Finanzielle Ziele: Senkung der Kosten pro Arbeitsplatz.

Auch andere Ziele gibt es: Das Telekommunikationsunternehmen Orange oder der Automobilzulieferer Brose beispielsweise setzen ihr Arbeitsplatzkonzept gezielt als Rekrutierungsargument für neue Mitarbeiter ein. Andere Unternehmen sehen flexible Arbeitswelten als Instrument der lernenden Organisation.

Genau dieser Wissenserwerb durch Lernen gibt den Ausschlag, warum Unternehmen, die eigentlich komplett virtuell arbeiten könnten, trotzdem ein Büro aufbauen. Die wertvollsten Informationen sind nicht diejenigen, die in Lehrbüchern stehen, sondern Erfahrungen, die andere schon gemacht haben und weitergeben. Und genau diese Erfahrungen werden überwiegend persönlich ausgetauscht. Wir gehen ins Büro, weil wir wissen, dass wir dort Menschen treffen, von denen wir etwas lernen können. Es entwickelt sich zunehmend zum Lernort und zur Wissensbörse. Flexible Arbeitswelten unterstützen das Lernen am Arbeitsplatz, da die Kontaktquote mit verschiedenen Mitarbeitern höher ist als in starren Strukturen. Eine Studie hat nachgewiesen, dass die Einarbeitungszeit neuer Mitarbeiter nach der Einführung einer flexiblen Arbeitswelt um rund ein Drittel gesunken ist.

Doch flexible Arbeitswelten bringen auch neue Probleme, Unzulänglichkeiten und Kritik mit sich. Entscheidend ist der Saldo: Wiegen die Vorteile die Nachteile auf? Wer Veränderung will, sollte daher immer auch ihren Erfolg evaluieren und schnelles und direktes Feedback ermöglichen, um das System immer wieder anzupassen. Ein Office Change Management, das sowohl die Führungskräfte als auch die Mitarbeiter einbezieht, muss als permanenter Begleitprozess verstanden werden. Denn in allen Veränderungsprozessen ist festzustellen: »Nie war die bisherige Lösung so akzeptiert wie in dem Moment, in dem sie abgeschafft werden sollte.«

*Stephan Zinser* lehrt Organisationslehre und Innovationsmanagement an der Fachhochschule Heidelberg. Daneben forscht und berät er als Partner am Institut für Arbeitsforschung und Organisationsberatung in Zürich und Nürtingen

# Tomorrow's Infrastructure

## Stephan Zinser on flexible work worlds.

»We work in yesterday's structures, with today's methods on tomorrow's problems, predominantly with people who built yesterday's structures and who will no longer be experiencing the future of this organisation«, is how the well-known management author Knut Bleicher spells out the situation in Germany. The economy is undergoing intense changes throughout the world: A company's own staff are increasingly on the move outside the company, at the same time temporary staff such as free-lancers, consultants or time-workers, as well as customers and suppliers are increasingly moving into the company. Answers must be found here that will also meet growing requirements for safety and reliability – apart from spatial, technological and social needs in the network of the workplaces. Above all else, however, office structures nowadays must be flexible. Yet, there are but few examples known of flexible office solutions being successfully introduced. What is frequently observed is that new office concepts are not always accepted by the staff and the pertinent objectives not attained.

It is precisely this growing mobility of staff and complexity of what work entails that cause the office workplace to evolve into a network of workplaces. The office workplace will be supplemented by further workplaces: office in the car, office in the train, office at home, office at the customer's, et cetera. In the final consequence, the internet will become the »workroom« and the office a nodule in the network of workplaces and processes. The company's headquarters will turn into the place of communication, teamwork, co-operative planning and of informal interchange: the place of social interaction and the home for permanent as well as temporary office users, which means for customers as well.

The challenge is to conceive and realise infrastructure tuned to the so-called knowledge society. Initial solutions are being offered by connecting the network of workplaces through physical, digital and social infrastructures. Physical infrastructures are, for example, WLAN hotspots. Social infrastructures are for example so-called communities where staff are able to develop an awareness of identity and belonging to their teams or company. However, services, especially when they are provided centrally in the company, also prove to be a stabilising factor in changes, creating identity for staff.

Acquisition of knowledge through learning decides the issue as to why businesses that could – properly speaking – work completely virtually nevertheless set up an office. The most valuable information is not what you read in textbooks, but is the experience already gained by others and passed on by them. And it is precisely this information that is predominantly exchanged on the personal level. Flexible work worlds support learning at the workplace, since the contact quota with different staff is higher here than in rigid structures.

However, flexible work worlds also harbour new problems, shortcomings and criticism. What is decisive is the balance: Do the benefits offset the drawbacks?

*Stephan Zinser* teaches organisation theory and innovation management at the Heidelberg Technical College. Aside from this, he is engaged in research and consultancy at the Institute for Labour Research and Organisation Consultancy in Zurich and Nuertingen.

# Gelungener Selbstversuch

Wilhelm Klümper über das Büro als Chefsache.

Die Planung von neuen Büros liegt in der Regel in den Händen von Architekten oder Innenarchitekten. Zwar werden dabei auch Fachhändler zu Rate gezogen, im Mittelpunkt steht zumeist jedoch wie eh und je die Auswahl des Mobiliars. Ganzheitliche Planung der Bürowelten, wie sie exzellente Hersteller, Fachhändler und geschulte Büroberater anbieten, wird immer noch zu selten nachgefragt. Auf der anderen Seite stehen die Chefs. Sie sehen es als ihre Aufgabe, sich um Kosten, Bilanzen, Merger, Hire and Fire, aber nicht um vermeintlichen »Kleinkram« zu kümmern. Zum Beispiel um die Frage, wie die Büros auszusehen haben. Das im Betrieb zu verfolgen und zu koordinieren wird allenfalls in irgendeine Abteilung delegiert.

Doch gute Manager wissen, welche Unternehmensziele sie verfolgen. Dazu brauchen sie die entsprechenden Gebäude und Arbeitsmöglichkeiten für ihre Mitarbeiter. Fähige Beschäftigte müssen durch ein angenehmes Ambiente und optimale Bedingungen im »Lebensraum Büro« motiviert und im Unternehmen gehalten werden: oberstes Gebot vorausschauender Manager angesichts der bevorstehenden demografischen Katastrophe. Kurz, es ist Zeit für eine neue, sehr viel engere Kooperation zwischen Chef und Architekt.

## Gelungenes Beispiel: das »Spherion«

Das 22.000 Quadratmeter große »Spherion« in Düsseldorf ist eines der raren Bürogebäude, die vom Chef mitgestaltet wurden. Dr. Michael Göttgens, Geschäftsführer der mit 1.000 Beschäftigten größten Niederlassung der Wirtschaftsprüfungsgesellschaft Deloitte & Touche, hat gemeinsam mit dem Düsseldorfer Architekturbüro Deilmann & Koch das Bürogebäude von der Stunde null geplant und gestaltet. Mit spannendem Resultat: Das mit 3.500 Quadratmetern größte freitragende Glasdach in Deutschland überspannt die transparenten, gläsernen Bürogebäude und ein 30 Meter hohes Atrium.

Warum sind Besprechungsräume zumeist kahl und wirken kühl, fragte sich Dr. Michael Göttgens bei der Planung des Spherions. Gemeinsam mit einem Kollegen setzte er sich eine Stunde vor eine weiße Wand, um auf andere als die eingefahrenen Gestaltungsideen zu kommen. »Wir wollten wissen, was passiert, wenn wir einfach nur so dahocken.« Das Ergebnis ist eine selbst entworfene warm-braune Wandvertäfelung, in die der Flachbildschirm für Präsentationen eingelassen ist.

Auch vermeintlich Nebensächliches selbst in die Hand zu nehmen scheint beim Deloitte-&-Touche-Manager nichts Ungewöhnliches zu sein, von der Bauzeichnung bis zur Klobürste planten sie alles akribisch. Für den Architekten Jürgen Koch war es ein Glückstreffer, mit dem Chef der späteren Büronutzer gemeinsam ans Werk gehen zu können: »Das haben wir nicht oft, dass wir quasi von der Stunde null unsere Ideen ständig rückkoppeln können. Das ist aber gut für uns Architekten, denn wir bauen schließlich Immobilien, in denen sich Menschen und Organisationen wohl fühlen müssen.«

## Vereint unter einem Dach

Um den wirtschaftlichen Erfolg zu sichern, setzt Deloitte & Touche auf zufriedene Beschäftigte. »Wir sind Dienstleister und sind ohne unsere Mitarbeiter gar nichts«, sagt Göttgens. Überdies stecke sein Unternehmen eine Menge Geld in die Schulung der Belegschaft, das verloren sei, wenn diese nicht langfristig an den Betrieb gebunden werde. Angesichts der demografischen Entwicklung komme hinzu, dass es in Zukunft immer schwieriger werde, gute Leute auf dem Arbeitsmarkt zu bekommen. »Beim Kampf um Talente wollen wir die Nase vorn haben. Und ein Argument ist sicherlich ein attraktiver Arbeitsplatz in einem schönen Bürogebäude.«

Aber nicht allein hehre Philanthropie war Göttgens Motiv, die Büroplanung zur Chefsache zu machen. Manager pflegen in der Regel knallhart zu kalkulieren. So hatte sich als wenig sinnvoll erwiesen, dass die vier Geschäftsbereiche des Unternehmens (Steuerberatung, Corporate Finance, Managementberatung und Wirtschaftsprüfung) unkoordiniert im gesamten Düsseldorfer Stadtgebiet untergebracht waren. Ein Problem, das vielen Unternehmen bekannt vorkommen dürfte – doch nicht jede Firma findet das geeignete Gebäude, um die verstreuten Einheiten zusammenzulegen. »Jeder Spezialist ist häufig auf das Know-how einer anderen Abteilung angewiesen. Das kann man hier auf ganz schnellen Wegen erledigen«, so Göttgens. Und so gruppieren sich vier siebengeschossige Baukörper, die durch verschiedenfarbige Fassadenbänder gekennzeichnet sind, um das gewaltige, lichtdurchflutete Atrium. Wer kurzfristig Rat vom Kollegen einer anderen Abteilung benötigt, kann rasch über eine Brücke die Nachbargebäude erreichen. »Alles ist hier auf schnellen, direkten Informationsaustausch angelegt«, so Göttgens. Zentrum der Kommunikation ist jedoch das vor Wind und Wetter geschützte, großzügige 30 Meter hohe Atrium mit Kaffeebar, Bibliothek mit dicken Steuerrechtwälzern sowie Schulungs- und Konferenzzentrum. Das durch das Glasdach einfallende Tageslicht zeichnet wechselnde Licht-, Farb- und Schattenspiele.

## Glas und Licht

Wenngleich das Bürogebäude überaus großzügig erscheint, ist bei der Fläche pro Mitarbeiter eingespart worden. Verbrauchte rein rechnerisch ein Kollege vor dem Umzug ins Spherion 23 Quadratmeter, so sind es jetzt lediglich 15. »Diese enorme Flächeneffizienz haben wir auch durch die vielen Glasfronten erreichen können«, sagt Koch. Dadurch kann der vorhandene Raum optimal genutzt werden, bei Mitarbeitern unbeliebte »dunkle Ecken« gibt es keine. Denn das eindringende Tageslicht wird überdies durch ein Lichtlenkungssystem weit in das Innere der Büros geleitet, die mit gläsernen Trennwänden ausgestattet sind. Bei Büroimmobilien können von der Bruttofläche in der Regel 85 Prozent als Nettofläche genutzt werden. Im Spherion sind es 95 Prozent.

Zeitgemäß ist im Spherion auch, dass darin unterschiedlichste Bürokonzepte verwirklicht sind – jeder sollte bekommen, was er für seine Arbeit braucht. Es gibt die Zelle, das Zwei- und Mehrpersonenbüro hinter Glas sowie eine stattliche Anzahl an Besprechungsräumen. Lounge und Kaffeebar sind Marktplätze für spontane und ungezwungene Kommunikation.

Um die Arbeitsplätze möglichst kompakt zu organisieren, entwickelten die Architekten gemeinsam mit Göttgens eine Workstation, die eine vertikale Organisation von Bildschirm, Leuchte und Ablagen oberhalb des Arbeitsplatzes erlaubt. Somit lassen sich die Schreibtische von der Wand lösen und für Besprechungen frei in beliebigen Positionen aufstellen. Die Bürotrennwände sind selbstredend flexibel.

Dem Deloitte-&-Touche-Chef und den Architekten ist mit dem Spherion ein großer Bürowurf gelungen. Das große gläserne Haus wirkt wie ein eigenes Hightech-Dorf, wo die Büroarbeit etwas spielerisch Leichtes bekommt. Hier herrscht eine Atmosphäre, große Dinge zielstrebig anzupacken.

Aber sind die Mitarbeiter eigentlich vom Chef in seine akribischen Planungen mit einbezogen worden? Göttgens verneint: »Kaum, denn wer zu viel fragt, bekommt zu viele Antworten. Die Geschmäcker sind viel zu verschieden. Und Entscheidungen zu treffen ist mein Job.«

*Wilhelm Klümper* ist Chefredakteur der Zeitschrift *Mensch & Büro*.

# Successful Experiment

## Wilhelm Klümper about office design as the responsibility of the boss.

Planning new offices is generally in the hands of architects and interior decorators. Managers regard it as their job to take care of expenses, balance sheets, mergers, hire and fire, but not of supposed »bits and pieces«. For example, of the question as to what their offices should look like. But good managers are well aware of what corporate objectives they are pursuing. For these purposes, they need the corresponding building and working possibilities for their staff. Capable employees must be motivated and kept in the company by a pleasant working atmosphere and optimum conditions in the »office habitat«. In other words, it is time for new, much closer co-operation between the boss and architect.

The 22,000 square metre »Spherion« in Duesseldorf is one of those rare office buildings that was also designed by the boss. Dr. Michael Goettgens, managing director of the largest – with 1,000 staff – branch office of the auditors Deloitte & Touche, planned and designed the office building right from the word go with the Duesseldorf architects Deilmann & Koch. With exciting results: The – with 3,500 square metres – largest cantilevered glass roof in Germany spans the transparent, glass office building and a 30-metre high atrium.

Why are conference rooms mostly cool and bleak, was the question Dr. Michael Goettgens asked himself when planning the Spherion. Together with a colleague, he sat down in front of a white wall for an hour to hit upon creative ideas other than the old well-worn ones. »We wanted to know what happens when we just sat there like that.« The upshot is self-designed warm-brown wall panelling in which a flat-screen for presentations is set.

For the architect Juergen Koch, it was a stroke of luck to be able to get on with the job jointly with the boss of the subsequent office building user. »It doesn't often happen that we can constantly have feedback with our ideas quasi right from the start. But this is good for us architects, for, in the final analysis, we build real-estate in which people and organisations have to feel at home.«

In the past, it turned out to be unfortunate that the company's four spheres of business (fiscal consultancy, corporate finance, management consultancy and auditing) were accommodated in different buildings throughout the Duesseldorf City. »Each specialist frequently has to make reference to the know-how of another department. This can be done here very quickly«, explains Goettgens. In this manner, four seven-storey buildings, characterised by different-coloured façade bands, are grouped around the gigantic, light-flooded atrium. Anyone needing advice from colleagues in another department simply crosses a bridge to the neighbouring building. The centre for communication is, however, the 30-metre high atrium protected from wind and weather. It has a coffee bar, library with thick law tomes, as well as a training and conference centre.

Even if the office building does appear extremely spacious, the area per member of staff was reduced. If a colleague – purely statistically – needed 23 square metres for him or herself prior to the move to Spherion, now it is a mere 15 square metres. »We were able to attain this enormous area efficiency through the many glass fronts as well«, says Koch. Now the given space is optimally utilised, the unpopular »dark corners« are a thing of the past.

It's also state of the art that Spherion has varied office concepts – each member of staff was supplied with the workspace what he or she needed. Available are cells, two and multi-person offices behind glass as well as an imposing number of conference rooms. The lounge and coffee bar are market places for spontaneous and informal communication.

*Wilhelm Kluemper* is editor-in-chief of the magazine *Mensch & Buero*.